JN274451

マトリクス人間生活学

藤女子大学人間生活学研究会

溪水社

人間生活学のマトリクス（本書の構成）

共生と共同体をもとめて ——イエスとパウロの言葉から—— 〈105－125ページ〉	
	循環型社会形成を目指して ——生活資源のリサイクルとエコビジネス—— 〈27－42ページ〉
オランダにおける共生社会の伝統 〈127－153ページ〉	食生活と環境問題 〈43－60ページ〉
EUにおける教育政策の展開 ——統合と共生のはざまで—— 〈155－175ページ〉	

エコロジカルな生き方と宗教〈89−103ページ〉	人間の発達——発達観を顧みるためのヒント——〈71−88ページ〉		
E.H.S.リチャーズの生活環境思想とその時代——女子高等教育と科学——〈1−25ページ〉			
	ホームプロジェクトと学校家庭クラブ活動〈61−69ページ〉	消費者としての生活環境〈229−262ページ〉	
国際理解と福祉，その実践的な展開〈177−209ページ〉	福祉教育・福祉体験をする上での課題と実践〈211−228ページ〉		

まえがき

　「人間生活」の名称が付いた日本で最初の学部が藤女子大学に設立されて10年が経過した。その間，本学部は，時代とともに変化してゆく人間生活を理論的・実践的に理解するための教育・研究基盤の整備を進め，「生命および人間の尊厳と個人の多様な生き方を尊重しつつ，生活の様々な領域で直面する諸問題を研究・教育」するという学部理念の実現を目指してきた。なかでも人間生活学科は，人間・発達・生活・環境・福祉・教育など多彩な領域を含む学際分野の学科として位置づけられる。これは，社会情勢の変化に伴ってますます複雑・多様になる人間の営みを正確に把握するためには，これまでの個別専門領域での知見を人間生活という大きな枠組みの中で捉え直す必要があるとの認識に基づいている。

　本書は，こうした人間生活学科のスタッフが，それぞれに培ってきた教育・研究の成果を持ち寄り，それら相互の結びつきを具体的に提示する試みとして作成された。したがって，スタッフが分担執筆した記述は，スタッフ自身の研究対象や研究方法に基づき，一つ一つの独立したまとまりを形づくっている。同時に，これらの記述は，人間生活という共通の研究対象に対する多様なアプローチの可能性をスタッフ自身が広く意識したことにより，相互に一定の関連性を確保した内容となっている。つまり，本書は，個別専門領域からみた人間生活についての記述を単に並べたものではなく，それぞれの記述が直接的かつ部分的な重なりをもちながら，複雑・多様な人間生活を多面的に把握することができるよう配慮されている。

　本書では，スタッフが分担執筆した記述に章としての番号をつけることはせず，また，一般的な書籍で馴染みの深い目次も設けていない。そのかわり，本書の巻頭には，それぞれの記述のタイトルと相互の関連を図示した「人間生活学のマトリクス」が用意されている。読者は，このマトリクスを参考に，どこから本書を読み始めていただいても結構である。そして，本書を読み進めるにつれて，人間生活に対する自分流のアプローチを見つけてもらいたい。そもそも人間生活とは，きわめて私的な性格をもつもの

であり，いわば「私の人間生活観」を形成するための材料を読者に提供することが本書のねらいとなっている。

また，人間生活は，あらゆる事象が相互に関連し合う中で営まれる。この意味において，本書は，学科のスタッフ構成を反映した人間生活の一部を取り出したものに留まる。巻頭の「人間生活学のマトリクス」に空欄が設けられているのも，そうした自覚があるからにほかならない。しかし，あらゆる事象を収めた百科事典が「人間生活学」の概説書になりえないことからも明らかなように，人間生活の総合的な理解には，いかに個別専門領域で得られた知見の一つ一つを直接に結びつけていくかが重要といえる。そのため，本書では，「人間生活学」の体系化を図るというよりは，人間生活を考えるにあたって必要な視点を具体的に提示することに力点が置かれている。

本書は，人間生活学科スタッフによる教育・研究成果の総合化を図ろうとする最初の「挑戦」であり，こうして刊行という結果に辿り着いたことに大きな喜びを感じる。もちろん，挑戦的な試みであるだけに，個々の記述や全体の構成において気負いや未熟な点もあるにちがいない。しかし，本書の執筆を機会に学科スタッフによる新たな共同研究や合同授業の動きが起こるなど，本書が，より大きな成果を得るための土台づくりになった。このスタッフのささやかな努力の結集が，「人間生活学」の発展に多少なりとも貢献できれば幸せである。是非，読者のみなさんからの厳しい叱責を賜りたい。

最後になったが，溪水社の木村逸司氏には大変お世話になった。木村氏の辛抱強い励ましがなければ，本書が刊行されることもなかっただろう。記して，感謝の意を表したい。

2002年6月29日

藤女子大学人間生活学研究会
『マトリクス人間生活学』編集ＷＧ

〈付記〉　本書は，藤女子大学の教育・研究推進にかかる特別予算の助成を受けて出版された。

マトリクス人間生活学

マトリクス人間生活学

E.H.S.リチャーズの生活環境思想とその時代
―女子高等教育と科学―

　今からおよそ一世紀前，アメリカ最初の女性化学者エレン・リチャーズは健康で幸福な家庭を築くための応用科学「エコロジー」を提唱した。それは，農薬や殺虫剤による生態系の破壊を警告し今や環境問題の古典となったレイチェル・カーソンの『沈黙の春』（1962）に先立つこと70年前のことである。リチャーズの意図する健康で幸福な生活とは，新鮮な空気，清潔な水，そして安全な食べ物をすべての人々が手に入れることであり，彼女はこれらのものを人々にもたらすことこそ，科学者の仕事だと考えた。公衆衛生，そして健全な家庭という身近な生活環境に光を当てたリチャーズの思想は，今日，改めて見直され始めている。

1. はじめに―共生的人間観に立つ学際科学の誕生―

　本章では、人間環境（社会）、とりわけ身近な生活環境からエコロジーを見つめたエレン・リチャーズ（Ellen H. Swallow Richards: 1842-1911）の思想を背景に、19世紀半ばから20世紀初頭のアメリカ女子高等教育と科学との関わりを見ていく。その際、多くの女性に高等教育の道を開いた家政学教育に焦点を当てる。

　「社会学的エコロジー」の創唱者リチャーズは、公衆衛生学の発展に貢献したアメリカ最初の女性化学者である。奇しくも、同じ時代、大平洋を隔てた日本にも、エコロジー運動の先駆者田中正造（1841-1913）がいる。共に「水」から生涯の仕事に入っていった正造とリチャーズは、置かれていた状況の違いはあれ、常に自然と社会との関わりで、民衆のレヴェルから文明の在り方を問い続けた。エコロジー運動に関わった人の思想と生涯を辿ると、そこに共通するものは、相互に関連する生態系（エコシステム）という全体性の中で物を見つめる広い視野である。

　エコロジーは本来、生物の「生活」に関する科学であるが、今日では一般に「環境との共生を図る人間の生き方・在り方」というより広い意味で使われている。エコロジーの思想は、自然科学から社会科学にわたるいろいろな学問のなかに存在するが、共通する原理は「共生」である。それは、グローバルな視野にたつ「分かち合う幸せ」や「分かち合う責任」を意味する。「成長の法則に従う人間は有機的自然の一部である」と考えたリチャーズにとって、生活環境に及ぼす影響への配慮は、社会的・倫理的課題であった。

　環境を「一つの総体」として把握するリチャーズの有機的自然観は、我々に新たな生活スタイルの再考を促す。彼女の思想は、学際科学としての近代家政学（ホーム・エコノミクス）の源流となったが、今日、我が国においても、改めて見直され始めようとしている。[1),2)]

2．新しい応用科学―リチャーズのエコロジーの命名（1892）―

　リチャーズは，MIT（マサチューセッツ工科大学）理学部最初の女性卒業生であり，初の女性スタッフとなった人である。およそ1世紀前，彼女は人間が生命に及ぼす影響に配慮して，人間の環境，とりわけ身近な生活環境を研究する学問（ヒューマン・エコロジー）を提唱した。このヒューマン・エコロジーの見解に先立つ15年前，それは，農薬や殺虫剤による生態系の破壊を警告して今や環境問題の古典とされるレイチェル・カーソン（Rachel Carson: 1907-1964）の『沈黙の春』（1962）刊行に先立つこと70年前の1892年11月30日のことである。彼女は，読み（Reading），書き（Writing），計算（Arithmetic）の the three R's に続く第4のR「正しい生活」（Right Living）を導く応用科学をエコロジー（Œkology）と命名し，次のように説明した。

　　「正しい生活」（right living）に関するこの知識のために，私たちは新しい名称を探して参りました。……神学が宗教生活の学問であり，生物学が〔物質的〕生命の学問であるように，……これから，エコロジーを，私たちの健全な家族生活の学問に，……健康でかつ幸福な家庭を築く基盤となる諸原理を教えるあらゆる応用科学のうちで最も価値ある学問に，いたそうではありませんか。

　　　　　　　　　　　　　　　　　　　(*Boston Daily Globe*, December 1, 1892)

　翌日の「ボストン・ディリー・グローブ」紙は，それを「新しい科学」，「第一級の生活の技術」と評した。（図版1）そこでは，健康で幸福な家庭を築くために貢献する応用科学が強調されている。それは家庭に関する知識体系，すなわち科学の家庭生活への実用的応用であり，環境の中でどのように生活すべきかを教える科学を意味した。リチャーズは産業の発達を否定しなかったが，その急成長が生みつつある危険性にいち早く気づいていたのである。リチャーズの意味する健康で幸福な生活とは，新鮮な空気，

清潔な水,そして安全な食べ物をすべての人々が手に入れ得ることであり,彼女はこれらのものを人々にもたらすことこそ,科学者の仕事だと考えたのである。

リチャーズは,人間こそがあらゆる環境の汚染源だと考え,人間を自己の環境に相応しい主人公にするためには科学を日常生活のためのもの,女性のもの,一般の人々のものにしなければならない,と確信していた。彼女にとって「ホーム」とは,自然と社会を含む「総体」の基礎単位であり,人間の精神と身体を最もよく育む場であった。そして生命を育む最初の環境ともいえる女性は,環境の最小単位「ホーム」から,巨大化する産業社会に向かって発言し,それを変えてゆくことのできる存在として,即ち,女性は社会的要素として把握されたのである。リチャーズは,文明の基盤である家庭生活の改善を,新しい科学の教育目標とした。しかし,当時,彼女の提唱したエコロジーは自然科学の専門家からは強く否定されたのである。

注:図版1.のイラストによる肖像画は,その数ヵ月前に創立されたシカゴ大学(The University of Chicago)の女子部・部長アリス・フリーマン・パルマー(Alice Fleeman Palmer: 1855-1902)であり,彼女は,アメリカ女子高等教育の推進や学校教育改革等でリチャーズと協力しあった著名な人物である。パルマーは,リチャーズに続いて演壇に登場している。

なお,図版1.は,ボストン公立図書館でマイクロフィルムからコピーしたものであり,図版2.は,MITのリチャーズ ロビーのブロンズレリーフである。表1.は,リチャーズの生涯と活動を概観する略年譜である。

リチャーズは,広義の環境科学教育の目標に「善き市民の育成」を掲げ,その後,著作 *Sanitation in Daily Life*(『日常生活における衛生』, 1907)において,ヒューマン・エコロジーを「生命に及ぼす影響に配慮して,人間の環境(生活)を研究するもの」と定義している。これまで科学技術と称された多くは,それらの研究成果が「生命(生活)や健康・安全」に与える影響にまでは配慮してこなかった。我々は今日,人間自らが誕生させた科学技術によって,自らの生命や生活を脅かされている。しかし,すでに1世

図版１．ボストングローブ紙1892年12月1日付朝刊

図版2．MITリチャーズロビーのブロンズのレリーフ［1994.8：筆者撮影］
　公衆衛生分野の指導者であり，家政学のパイオニア。彼女は，人間の能率向上への第一歩として，より善い生活状況の実現に尽力した。
　1873：ヴァッサーカレッジA.B., 1873：ヴァッサーカレッジA.M.・MIT S.B., MIT初の女性卒業者，MIT衛生科学の講師（1873～1911), 1910： スミスカレッジSc.D.

表1．E.H.S.リチャーズ（1842-1911）略年譜

1842	12月3日，マサチューセッツ州ダンスタブルで誕生。
1859	ウェストフォード・アカデミー入学（～62），父親の雑貨店を手伝う。
1863	リトルトンへ移住。
1864	教職（イーストセンタースクール）に就く。（～65）
1868	ヴァッサー大学に入学。（～70）
1870	MITに願書提出。
1871	MITに最初の女子学生として実験的に入学が許可される。
1872	ニコルス教授と共に州の水質調査に従事。（～73）
1873	MIT卒業（理学士），大学にとどまる。ヴァッサー大学から文学修士号。
1875	鉱物学者ロバート・ハロウェル・リチャーズと結婚。
1876	MITに女性化学研究所創設。通信教育（衛生科学）開始。
1878	女性化学研究所が化学研究所となり，男女共学となる。
1879	ポーキープシー女性クラブで講演，消費者・環境運動の開始。
1885	ボストン教育長就任の誘いを断わり，学校給食運動を開始。
1886	MIT衛生化学研究所開設，MIT教員に正式に任命される。
1887	州の上下水道を分析調査し「正常塩素量地図」作成，世界で最初の水質基準確立。
1890	MITで世界初の衛生工学（化学，細菌学，工学を統合したもの）を担当。ニューイングランド・キッチン開設。
1892	人間環境（社会）を含む新しい科学"エコロジー"の提唱。
1893	シカゴ博覧会でランフォード・キッチン大成功。
1899	『コスト・オブ・リビング』刊行。
1904	『正しい生活の方法』刊行。
1905	環境教育モデルが第5回国際結核会議で銀メダル受賞。
1908	アメリカ家政学会の初代会長に選ばれる。
1910	スミス大学から理学博士を授けられる。『ユーセニクス：コントロールし得る環境の科学』刊行。
1911	フォードホールで講演「生活費の増大は社会進歩のしるしか？」。3月30日，ジャマイカプレインの自宅で死去（享年68才）
1921	キュリー夫人がリチャーズを記念して，スミス大学・ヴァッサー大学訪問。

出典：『環境教育の母―エレン・スワロウ・リチャーズ物語―』（東京書籍）
〔1996：筆者作成〕

紀前，リチャーズは「生命に及ぼす影響」という視点，即ち，「いのちの論理」に立って，公共の善を追求し続け，あらゆる人間活動の進歩と発展を可能とする教育の役割に注目していた。彼女にとって，「正しい生活」とは知性を伴うものであり，それは教育の結果によるものであった。

3．19世紀アメリカの高等教育と女子高等教育の発達

アメリカの高等教育は多種多様な要因によって形成され，発達してきたが，とりわけ女子高等教育の発達はアメリカ固有の歴史的背景をもつ。その発達の源流と深く関わるホーム・エコノミクスの生成・発達の歴史的概観を通して，アメリカ女子高等教育の特色の一端を考えてみたい。

R. F. バッツとL. A. クレマンはアメリカ高等教育機関の発達を以下の4期に区分している。(Butts, R. S. & Cremin L. A.: *A History of Education in American Culture*, 1953)

Ⅰ期　……　植民地のカレッジ（1600-1775）
Ⅱ期　……　国家統一期のカレッジ（1776-1860）
Ⅲ期　……　大学の発展・拡張期（1861-1918）
Ⅳ期　……　大学の大衆化の時期（1919-1993）

本稿ではアメリカにおけるホーム・エコノミクス思想の生成・発達とリチャーズの生涯にわたる活動との関わりで第Ⅲ期に焦点を当てる。さらに，女子高等教育史上ホーム・エコノミクスの発達に強い影響力をもった連邦政府の公的制度に注目，Ⅲ期をさらに，Ⅲ－前期（1860-1900）とⅢ－後期（1901-1930）に区分，中でもとりわけ，Ⅲ－前期を中心に展開する。即ち，19世紀半ばから1910年に焦点を当てる。なお，Lavry Owens によると，アメリカにおける科学の発達は次のように区分されている。(*Science in the United States, Science in the Twentieth Century*, Chap. 42)

第Ⅰ期 …… 1870s〜第一次世界大戦
第Ⅱ期 …… 第一次世界大戦〜第二次世界大戦勃発
第Ⅲ期 …… 第二次世界大戦〜

　彼によると，第Ⅰ期は science-based university（科学に基づく大学）の登場期であり，それは科学者共同体の専門職業化をもたらした。この科学の発達第Ⅰ期（1870s〜第一次世界大戦）が前述の高等教育機関の発達のⅢ期……大学の発展・拡張期（1861-1918）に重なる。

　南北戦争以前，すでに約500校のリベラル・アーツ・カレッジが創設され，女子高等教育の門戸は開かれてはいたが（1833：オバーリン　カレッジ男女共学化，1858：アイオワ大学女子の入学許可），19世紀後半，高等教育機関の発達と科学の発達は，当時の産業化がもたらす新しい職業専門分野の需要に伴い，職業化してゆく科学的世界を形成していった。即ち，女性たちの世界にも，職業専門化を目指す高等教育というくさびが徐々に打ち込まれたのである。19世紀末までに，アメリカにおける女子教育の大転換がなされ，私的教育はアカデミーやカレッジで，さらに15才以上の女性には高等教育の道が開けていった（Margaret W. Rossiter: *Women Scientist in America*）。

　科学史上，科学の発達と高等教育は常に密接な関係にある。"科学の本拠地"として発展した大学の組織は，科学の組織と常に同一線上における関係にあった。それゆえ科学の歴史において大学教育の役割は重要な意味をもつ（Roger L. Geiger: Science and the University-Patterns from the US Experience in the Twentieth Century, *Science in the Twentieth Century*）。つまり，高等教育と科学研究は密接な関係の下で発達してきたのである。なお，我が国では，第1次モリル法制定から19世紀末までを，高等教育「多様化期」（1862-1900）とする教育史上の分類把握もみられる。（江原武一『現代アメリカの大学』，玉川大学出版部，1994, pp.27-32）

　この時期の高等教育は従来の古典教養中心の教育内容から脱出，当時の産業社会への移行・進展に対応した「有用な学問」を積極的に導入し，現実社会に対応した多様なタイプの大学を創立していった。この高等教育の

大衆化に貢献したのが1862年のモリル法である。

　このような動きに附随して次第に女子高等教育も拡大されていった。同時にそれは種々の社会改革運動と連動している。多くの社会改良運動の1つがリチャーズを中心としたホーム・エコノミクス運動であった。ホーム・エコノミクス運動は，当時のアメリカ社会が抱えていた都市化・産業化・移民・女性問題等にみられる当時の社会問題を，家族・家庭生活との関わりで解決しようと努めたのである。リチャーズは健全な家庭生活を通して間接的に社会の浄化を考えたのである。この新しい学問であるホーム・エコノミクスの生成・発展に積極的に関与したのが，連邦政府によるモリル法を中心とした一連の立法である。

表2．アメリカ家政学と公的制度（略表）

年	公　的　制　度
1862	第1次モリル法…国有地無償交付大学設置により女子が入学（1863～），女子教育のためのカレッジ発達，最初の家政系学部設立（1868～アイオワ，カンザス，イリノイ各大学）　　　　　　　　　　　　　　　　　　　　［リンカーン農務省設立］
1882	大学婦人協会結成，Mass.州純正食品法制定，さらに連邦政府は栄養問題に取り組むようになる　　　　　　　　　　→健康・環境・教育の改善が全国に広がる
1887	ハッチ法…国有地無償交付大学農事試験場維持の為に援助金交付
1890	第2次モリル法…農科大学維持助成金増額　※L.P.C.（1899-1908）
1911	家政学コースをもつ大学は134校
1914	スミス・レーヴァー法…農学・家政学に資金提供　　　　　　　　　　　　　用語"家政学"米国立法に初登場
1917	スミス・ヒューズ法…基金を家政の公開講座とその為の教師養成・職業教育に使用
1920	婦人参政権獲得
1923	農務省家政局創設
1925	パーネル法…基金を家政学の調査研究に当てる。(主に食物・栄養関係)

（『生活学・生活経営』・ *Rural Life and Education* 等関連資料より筆者作成）

(1)モリル法と高等教育―農学・家政学の発達と公的制度―

　1862年，連邦議会は「農業および機械技術の振興のための大学を建設する意図の下に，国有地を各州並びに各準州に交付する法」を可決した。この "the Land-Grant Act"（国有地無償交付法）が，一般にモリル法（Morrill Act）と呼ばれているものである。この法案は，従来の伝統的高等教育に「有用な知識」を取り扱う新しい学問分野を積極的に導入する目的を有する制度であった。具体的には，科学の応用教育としての農工の分野に焦点が置かれ，科学と農業の統合を目指した。モリル法は「教育を万人に！」のスローガンの下，男女別なく全ゆる階級の人々に教育機会を与え，同時にそれは専門職業教育への女性進出を可能にした。しかし，法令的には Land Grant College の理念が具現化した「家政学」は，必然的に農家の主婦を対象とする実践的な性格をもつ女子教育であった。とりわけ，中西部の農業州が中心であったが，そこでは建国以来の平等主義やヒューマニズムの精神も存在していた。当時の農家は社会の発展の中心であり，「明日の市民」を育てる農家にとって，女子教育は大きな意味をもつものであった。

　いづれにしても，モリル法による国有地無償交付大学の設置は高等教育の機会均等と応用科学に対する認識の向上に寄与したのである。各州は農業と機械技術（agriculture and machinery arts）の大学設立に使うため，公有地3万エーカーが各上・下院議員毎に与えられた。この払い下げ地は議員数に応じて，Delaware 州の9万エーカーから New York 州の99万エーカーと様々であった。同様の目的で新しい州に交付された土地を合わせると全部で11,367,832エーカーとなり，Indiana 州の半分の広さに当たる。この国有地無償交付により，農業大学の設立が続いた。

　多くの国有地無償交付大学は1870年までに指導を始め，これらの多くは1875年までには有能な教育機関に成長した（*Rural Life and Education*, p. 37）。それまで農民のためにその種の教育機関はなく（cf. 神学・法学・医学），農業の教育機関の教育課程は，すべての卒業生が農場においてあらゆる仕事をすることが出来，それがいかに広くても管理運営することができる科学的・実際的農民となることを目標としていた。そこでは，「農科大学を創

るには実際にどうすべきか」が問われた。その内容は，交付土地売却金の利息は少なくとも1大学の創設と維持に使用すること，その際，他の科学および古典の科目を除外することなく，軍事教練を必ず実施すると同時に，農業と機械技術とに関連する学問分野を教授すること，その方法は，各州議会が，産業労働者階級に生涯の職業のための一般教養および実務教育を修養させるために，独自に規定できる，というものであった。農業にとっていかに教育が重要であるか，科学一般，大学における種々の実験，講演等が論じられたが，以上のような州立大学の理念の定着は19世紀後半を待たなければならなかった。(『クラーク―その栄光と挫折』：pp.101-110，以下『ク』)

しかし，注目したいのは，ランド・グラント大学の目的が，単に実用の学問を目指したのみではなく，人間教育のためのリベラル アーツを教育課程に並存させたことである。学生の教育の完成とは，即ち知性の最高の訓練，肉体の健全な発達を促す鍛練，および美的，道徳的涵養の三つを達成することであった(『ク』：p.111)。

なお，S.モリソンによると，当時アメリカ人の考える科学者というのは南北戦争以前同様，T.A.エジソンのような実際的発明家であり，また，アメリカ人の頭にある学者というのは，小さな単科大学でラテン語やギリシア語，数学等を教える教師であった。アメリカは図り知れないほどの恩恵をリベラル アーツを授けた当時の大学の教師に受けていたのである。(『アメリカの歴史 2 (1815-1900)』：p.541)

表2．から，アメリカでは，公的制度を通して，農学と家政学が抱合せで充実・発展してきたことが推察出来るであろう。ここに農学と家政学との本来の密接な関係をみる。ちなみに，我が国の学術会議における学問分類表では，1985年家政学は第6部の農学部門に位置づけられたが，その経緯はアメリカ家政学の影響を受けている。しかし，日本学術会議への参加は「家政学研究連絡委員会」を単位としたもので，実質上は農学から距離をもつようになった，という見方が出来る。アメリカのランド・グラント大学の流れに基づくと，農学と家政学は歴史上，思想的には近い関係にあっ

たといえよう。

　1917年の「スミス・ヒューズ法」は，第一次世界大戦下の状況の中で，産業振興を支える職業教育をめざしたが，基金を家政の公開講座とその為の教師養成に使用，という特色をもつ。このいきさつは，ドイツのケルシェンシュタイナーの職業教育の考え方がアメリカにおいて関心をもたれたことにあるが，農学・家政学共に技能教育と密接に関わる実践的性格を有する。このような流れは，1920年代，従来の一般教育としての技術教育と industrial arts の結びつきを生じさせ，当時のハイスクールの教育を変化させた。同時に，それは従来の manual training の技能訓練を超えた生産的作業学習に向かったのである。1925年の「パーネル法」は家政学の専門化を促進させる。

(2)科学としての農村家政学

　農学の発達は，高生産性農業のみならず，農村の生活や環境改善へも拡大して行った。家政学は，生活改善のための家庭管理や健康・長寿のための栄養学としての内容をもつ生活環境科学として，学問の生成に向かってゆく。一方で，ピューリタン的コミュニティ精神に満ちた隣人愛，平等，進歩，および労働尊重思想の下で，共同や協調は地域全体の精神的関心事であり，家族・家庭生活に関する学習は，当時の農村生活を支えるための家政学，所謂，Domestic science（家事科学）と manual training（手工）の授業であった。この2つの授業は現実の生活教育として最高の機会であり，パートナーシップ理念に支えられた農場生活における「生きる力」を培う総合学習であった。料理・裁縫・掃除等の家事は当時の創造的技能であり，それはまた，生きる歓びと結びついた暮らしの表現でもあった。

　アメリカの公教育制度の確立は，マサチューセッツ州に端を発する。当時，マサチューセッツ西部は農業が唯一の産業であった。しかし，他方で農学と農場主の経済的成功は，時に，農村社会に変化をもたらせた。家を貸したり，ついに閉じたりして，家族全員が社会的・教育的便宜を享受する為に町（town）に移住した。この都会への移動「タウンムーヴメント」

では，古い農村の旧家を捨て去った一部の住民が注目される。この家族移住の最初は1890年頃始まるが，その十年前から迅速に変化していた (Ellowood P. Cubbetley: *Rural Life and Education-A Study of the Rural-School Problem as a Phase of the Rural-Life Problem-*)。ここに，農家に求められた家庭内家政学のみならず都市家政学への視点が生まれる。因みに，札幌農学校へのクラーク来札（1876：明治9年）も，この動きが始まった頃とほぼ重なる。

(3) **女性の社会参加と科学—リベラル・アーツとしての家政学—**

　農学の発達に附随して誕生した家政学の流れは，その研究対象の性格上，女子高等教育，中でもとりわけ女子大学の誕生に向かう。東部のアメリカ最初の女子大学であり，リチャーズの母校でもあるヴァッサー大学は1865年に創設された（1969年共学制移行決定，70年男子学生入学）。創設者マシュー・ヴァッサーは，女性に男性と同じ教育を授けるべき，という考えを持っていた。従来の伝統的リベラル・アーツは，自由人の一般教養を意味するが，N.O.コーヘンヌによると，今日では，自由人という概念は「一般の市民」にとって替わられている。（日本女子大学女子教育研究所：『女子大学論』）

　社会におけるリベラル・アーツの使命は男女を問わず，「善き市民」の育成にある。そこでは，自律性と社会改良の意思が求められた。学問のsocial service の立場を貫くリチャーズは，知識は地域社会で使われてこそ意味をもつ，と考えていたが，次第に，教育を受けた女性たちが社会参加に向かうようになる。当時のデューイ（J. Dewey: 1859-1952）とアダムズ（J. Addams: 1860-1935），さらにアダムズとリチャーズとの交流も顕著な例である。3人の努力は，社会の変化に対応出来る教育改革へ向かったが，3人に共通する関心は産業社会が引き起こす社会問題にあった。より具体的にはデューイは哲学，アダムスは慈善活動，リチャーズは環境科学教育からアプローチした。3人共に社会改良運動の環の中にいたのである。当時の社会改革の優先目標は国民の健康や衛生であった。

　農学の派生的1分野として誕生しつつあった栄養学は家庭科学と結びつき，家政学運動の中心的存在となった。それは従来の家事が科学に成長す

る時を迎えたことを意味した。家政学運動にとっても科学は救世主であった。スペンサー (H. Spencer: 1820-1903) の社会進化論の影響とともに，進歩や効率が社会改革のキーワードとなった。とりわけ，家庭生活を対象とする家政学分野は社会と直接に関わる内容をもつものであった。

産業社会における労働力の需要の中，家事科学は手工業とも結びつき，職業教育という形で進められた。当時，共和国において形成されつつあった市民社会は職業教育を必要としたのである。しかし，一方で，啓蒙思想の影響下で生まれた産業教育のための職業教育は低く見なされていた。その風潮は今日まで続いている。

科学の世界においては，「純粋な学問」は実際の日常生活や家庭生活をはるかに超越していた。さらに，産業化は鉄道の発展とともに農村の若者男女を都会に引き寄せた。

4．科学としての家政学の発達―科学における「女性の仕事」―

(1)科学的農村生活・家庭生活・都市生活における教師育成のニーズ

科学の大衆化に伴う女子高等教育の楔として，家政学の教育は，当時の大学でどのように行われていたのであろうか。リチャーズによるMIT女性化学研究所における高等学校女性教師の実験教育や当時スタートした通信教育等もその一例ではあるが，L.P.C.議事録 (*Lake Placid Conference on Home Economics Proceedings*: 1899-1908) からその教育課程を見てみよう。なお，L.P.C.議事録にみる高等教育に関する論題は,「家政学部・講座の設置」，「農家子女のための農科大学の役割」，「農科大学における家政学」，「家政学を導入した単科大学」，「高等教育におけるユーセニクス：よりよい生活環境」等である。高等教育における家政学は，「女性の仕事」（家事）が科学（学問）になったことを意味した。

(2)高等教育における家政学コースのカリキュラムの概要

リチャーズは，新しい科学としての「エコロジー」を提唱した10年後，

第4回L.P.C.（1902）で，高等教育における家政学として"ユーセニクス"を提唱している。その後，第7回L.P.C.（1905）では，"大学におけるユーセニクス"というテーマの下に，家政学を導入している15の大学が報告をしている。（ ）…報告者名

1）シカゴ大学（M.タルボット‥リチャーズの教え子）
　　——家政学コースを17講座をもつ家庭経営学部*として組織化，他学部の教授支援。（*…筆者註：後に教育学部に吸収される。）
2）ウイスコンシン大学（C.L.ハント）
　　——家庭衛生（3/W）・家庭経営（2/W），主婦会議を農民講座と連携して2週間開催。
3）ウェルズリー大学（O.デービス）
　　——舎監という新しい専門職業の誕生。
4）イリノイ・ロックフォード大学（M.T.ウェルマン）
　　——応用化学・食品と栄養学・衛生学と細菌学。家庭装飾は芸術学部からの支援。
　　※調理講座は単なる実践的なものゆえ履修単位は与えず，近隣の家庭科クラブと連携。
5）オハイオ・エリーレイク大学（M.エバンス学長）
　　——スミス大卒業生 Gere により導入された。イリノイ大学に移った化学者である家政学部長イザベル・ベビアーは学部の水準を高める。その助手E.スプラギューは，後に栄養学の研究を農務省刊行物に掲載，食事と家庭仕事は女性が担当という主婦観，料理学校出身者や工科大学出身者による家政学・家事研究。
　　※家政学標準課程は問題を抱えているが，衛生学は高く評価。
6）NY・トーマス・S・クラークソン記念工科大学（A.ペティー）
　　——教員養成2年課程，調理・裁縫の実用的授業の高等学校解放による民衆への啓蒙。
7）オハイオ州立大学（M.A.ストナー）
　　3大目標…(1)4年課程の専門課程としての教師教育（家事科学・家事技術）
　　　　※家事科学・家事技術の時間は1/3以上，他は様々な学部での学

習。家事科学学部の専門教育は13講座
　(2) 2年課程の合理的・科学的家事管理教育
　　※(1), (2)は農学部・家事科学部が担当
　(3) 全ての若い女性のための教養教育（芸術・哲学・科学の単科大）

　なお，最初に学部が組織された時，名称として「家事科学」（Domestic Science）が採用されたが，研究の専門性上，現在検討中である。様々な科学講座がこの専門性に見合うよう変更されたが，この刷新は名称より教育的重要性をもつ。家事科学の教育的価値は証明されている。すでに，専門課程卒業者は大学，教員養成校，小・中・高等学校で家政学を担当。

8) カンザス州立農科大学（H.W.カルバン）
　　——家事科学使用教科書：『食物と栄養』（ハッチンソン），『実用的栄養学』（トンプソン：ランフォード伯爵），『病気と健康回復のための料理』（F.ファーマー）。

9) ネバダ州立大学（K.バーデンワーバー）
　　——家事科学講座はリベラル・アーツ学部の選択科目，州の4つの農業学校でも講義。

10) サウス ダコタ農科大学（R.ワーデル）
　　——"平凡で独特な研究への配慮"。学生の多くは英会話困難，その上，書くことも困難という実情ゆえ，学習は清掃，拭き掃除，調理等の簡単な家事仕事。

11) ノース ダコタ農科大学（G.スチュワート）
　　——来年，スタートする家政学部の財政上から食堂管理活動。

12) コロンビア大学教育学部（ヘレン・キーン）
　　——リベラル・アーツを修めた学部の上に位置付けられる高等学習としての家事科学・家事技術。高等学校教師の入学。教師養成校の質的格差。科学と教養学の融合。

13) ブラウン大学（M.L.ショレー）…1年課程のみ提供。
　　——食品，個人・家庭・都市衛生，知的女性としての家庭管理，教師・主婦の準備。

14) テネシー大学（A.M.ギルクリスト）

──「ユーセニクス」の確立に向けての「個人衛生」，「家庭衛生」，実用的"正しい生活"思想の啓蒙，総合的学問に対して少女たちは未熟すぎる！
15）イリノイ大学（イザベル・ベビアー）…家政学部は5年目。12講座160名。
　　　──卒業要件130単位中25単位が学部で取得可能。（他学部との連携，教師養成のため教育学部との連携）全て選択であるが，家事科学の学位取得には規定の講座。"家事科学"の評価に対する学生の貢献。3講座内容は，1）家事サーヴィスのための経済学専門教育，2）農科大学2年生向けの「公衆衛生」，3）地方の学校教師のための夏期学校（6/26人が男性）。※教員養成課程は緊急課題。近い将来，本大学における家事科学は，単に化学，薬学，細菌学の応用ではなく，経済学，倫理学，美学の応用科学となろう。
　以上から，家政学部スタート時の様々な問題点や課題が読みとれる。

5.『ユーセニクス』(*Euthenics*, 1910) にみるヴィジョン

　リチャーズの最晩年の著作『ユーセニクス』は，彼女が生涯の集大成として著したものである。人類のためのより善い生活環境を追求したリチャーズの思想やアメリカ家政学史を語る際に，常に「ユーセニクス」(学問名称・著作名) はクローズアップされる。他方，「ユーセニクス」は，我が国における家庭科教育学会レヴェルにおいても，家庭科固有の教科理論の拠り所とされているが，未だ，我が国では著作『ユーセニクス』の根本的ヴィジョンは充分には把握されていない。これまでに部分的紹介（L.P.C.議事録）やある観点（経済学）からのアプローチはなされているが，その全体像は，未だに見えないままであることは，誰しもが認めざるをえない事実であろう。因に，今日，インターネットで「E. H. S. Richards」を検索すると，先づ，学術用語「Euthenics」が出る。即ち，「ユーセニクス」は，エレン スワロウを記述する際のキー ワードなのである。彼女の夫ロバートは，彼の自伝 (*Robert Hallowell Richards, - His Mark*, 1926) で，"『ユーセニクス』は常に彼女の名と結び付けられるであろう"，と述べている。

Euthenics - The science of controllable environment -（1910）の日本語訳は，「優生学」に対応させて，「優境学」と一般的には訳されているが，本稿では著作を『ユーセニクス』と表記する。なお，学問名称として扱う場合，「優境学」よりも，「生活環境学」なる用語の方が，現代ではむしろ理解され易い，と考える。

「優境学」とは，優生学（eugenics）が基づかなければならない予備的科学の為に，リチャーズによって提案された造語である。彼女はそれを，著作『ユーセニクス』の中で，「意図的努力によって生活状況を改善し，有能な人間の育成をめざす学問」(vii)，と定義している。ギリシア語〔Eu（エウ）〕を起源とする「ユー」は，本来 good（よい）とか well（うまく）の意がある。筆者は，『ユーセニクス』に，自己発展的・有機的自然観に基づくリチャーズの環境教育思想をみる。因みに，この考えは J. デューイの教育思想の本質と重なる。なお，本稿の『ユーセニクス』分析・把握の手法は，デューイの「哲学は思慮深い実践のための教育理論」(*Democracy and Education*: 1916) という視点による。なお，R. クラークによると，辞書『スタンダード ディクショナリー』では，用語「ユーセニクス」は，「個人の身体的・精神的・道徳的発達と健康および活力の維持のために，最善の外的環境と環境諸条件を確保することによって人類を発展させる科学と技術」，と記載されているが，科学・技術の教育的側面が見落とされている。即ち，このような環境教育や家庭教育の視点をも包摂している全体的視野を有する思想が，リチャーズの『ユーセニクス』にみる生活環境思想である。

今日では，様々な環境問題浮上を背景に，改めて自然観の認識の仕方が我々に問われている。そこではホリスティックな視野の下，「オートポイエーシス」論や共生進化説との関わりで，自己形成的・自己発展的自然観がひとつの論題となっている。しかし，リチャーズは『ユーセニクス（優境学）』(*Euthenics*, 1910) の第3章―希望―のなかで，「成長の法則に従う人間は有機的自然の一部である」(p.39) と，共生的人間観を述べている。1世紀近く前，すでにリチャーズは自己発展的（形成的）な有機的自然観を

『ユーセニクス』で展開していたのである。

　リチャーズは *Euthenics* で，社会的精神と良心をもつ人たちが教育を受けて，社会全体が聡明になるとき，初めて人間性が発揮出来ることを訴えている。彼女にとって，社会的コントロールの方法を教える家庭生活こそが，善き市民，および神と人間への責任感をもつ有能な男女の育成の場であった。

6．むすびにかえて―奥深い家政学（ヒューマン・エコロジー）の意味―

　学問としてのホーム エコノミクスは19世紀以降，科学としての農学の発達とそれに附随する農村生活の改善との関わりで派生的に発展した。モリル法をはじめとする一連の連邦政府の制度的支援（cf. 農務省における家政局の位置づけ），さらに農村生活と教育問題（ドメスティック・サイエンスやマニュアル・トレーニングという教科の発達とそれらの教師養成に附随する高等教育における科学教育）等の時代的要請を背景としながら，ホーム・エコノミクスは，従来「女の領域」＝家政を研究対象とする学問として，それはまた女子のための家庭向け科学教育として，当時の女子高等教育と合い乗りしたかたちで発達してきた，と言えよう。

　モリル法制定を契機として発達した「農学」から派生的に発展した科学としての「家政学」は，ランド・グラント大学の特徴であり義務である科学と技術の応用を通して地域社会へのサーヴィス（任務・奉仕）を意味した。さらに一方で，リベラル・アーツとしての伝統的性格をもつ家政学は，単なる一般教育を超えて，学問全体を貫いている社会的・倫理的要素をもっていることが理解出来る。

　リチャーズの環境思想は社会思想と生活倫理を基盤に形成された1つのプロセスであり，その連続性の中で人間の可能性に信頼を寄せる教育方法の思想でもあった。それは科学技術の進展と共に加速的に発展しつつあった19世紀半ばのアメリカ産業社会における人間の在り方・生き方への問いからスタートしている。そこには，当時の産業主義が引き起こす様々な社

会問題が存在していた。それは今日の時代が抱えている我々の問いでもある。リチャーズはとりわけ,「産業社会における人間の在り方」を問題とした。衛生化学者である彼女は,生活環境,特に環境衛生に注目し,総ての科学を環境の汚染源である人間の教育問題に,又家族・家庭生活の場に,収斂しようとしたのである。その活動の場は,たまたま伝統的に「女性の領域」であった。その象徴とも言える新しい科学がヒューマン・エコロジー思想に依拠する「ユーセニクス」である。このもう一つの学問は倫理をも包含する規範的な「実践の学」であり,家政学的実践は社会奉仕 (social service) そのものであった。

19世紀におけるアメリカの大学の雰囲気は一般的には清教徒的であったが,当時の文化的・社会的時代背景には,環境問題,とりわけ衛生問題と教育問題の密接な関わりがそこに切実に顕在化していたのである。例えば,当時,母親たちの不注意や無知のため,子供たちの半数が初誕生を迎えられず,やっと3歳まで生き延びてきた子供たちの多くが健康という生得権を奪われていた (Euthenics:第Ⅴ章)。そこで,リチャーズは「人命の浪費」に注目,栄養不足と粗末な食事で生き抜いている無数の子どもたちの健康と幸せに関心を寄せた。都市における衛生問題と子どもの養育問題の関わり,それは身近な生活問題であり常に社会的問題と繋がっていた。

リチャーズの環境観は,環境を「一つの総合体」として,さらに「生命の連鎖」として把握したが,その精神の具現化が新しい科学「ヒューマン・エコロジー」の誕生であった。リベラル・アーツ的性格を有する家政学は,以上のような全体的・普遍的視野を有する「関係性の学」である。この新しい科学は進化する複雑な社会背景を抱えていたのである。なお,アメリカ高等教育にみるホーム・エコノミクスの発達と時代背景との関わりをリチャーズの生涯と重ねて概観すると,以下のような考察に辿り着く。

1) リチャーズは産業主義が引き起こす社会問題に注目したものの,現実の教育は,産業社会のための職業教育とどこかで結びつき,アンヴィヴァレンツな構造的二重性を呈していた。

2）環境を「一つの総合体」・「生命の連鎖」として把握するリチャーズの環境観は彼女自身の科学研究を通して培われた。さらに彼女は，健全な家庭生活を通して間接的に社会を浄化しようとして教育活動を試みたが，産業化社会の構図は余りに複雑で巨大過ぎた。所詮，システム社会で科学的効率を家庭内だけで追究すること自体無理があるが，その問題と「家族・家庭の持つ意味」は次元が異なる。

3）著作 Euthenics は現代社会が抱えている諸問題に意味ある示唆を与える。Euthenics は社会的精神と良心をもつ人たちが教育を受けて，社会全体が聡明になるとき，初めて人間性が発揮出来ることを訴えている。ヒューマン・エコロジー思想に依拠する「ユーセニクス」は人間福祉のための科学であり，『ユーセニクス』はそのための啓蒙の書であり，人間存在・家庭教育に関わる思想の書である。神に代わっての社会的奉仕，それはピューリタンとしてのリチャーズの良心であった，と思われる。

女性に未だ参政権が与えられず，女性にとっては「市民」概念すら曖昧な時代に，リチャーズは Euthenics で，社会のより善き形成者をめざす市民教育としての家庭科学（家政学）を男女に等しく必要なものとして述べている。その名称の如何はともかく，彼女は認識対象・研究対象としての「家庭生活」・「家政学教育」がもつ社会的意味の観点から教育の重要性を指摘した。女性が"共和国の母"という視点で把握されていた1世紀前，彼女は女性を一人の「市民」として，さらに女性を一人の「社会的存在」として育成する必要性を強調した。これはまさに，ヒューマン・エコロジカルな普遍的視野をもつ故である。ちなみに，シカゴ博（1893）のドメスティック部門の展示館選択に際し，パルマーの勧める「女性館（Woman's Building）」を断り，敢えて，「リベラルアーツ・アンド・サイエンス館（Liberal arts and Science Building）」を選択したというエピソードも彼女の強い信念を物語る一例である。(*The FAIR WOMEN-The Story of The Woman's Building World's Columbian Exposition Chicago 1893*, 1981)

以上の考察を通して，リチャーズの思想をその時代背景との関わりで把握すると，彼女は19世紀後半に勃興しつつあった巨大な産業社会を生きねばならなかった故にこそ，人間性に関わる環境としての「家族・家庭・日常生活のもつ意味」に注目し，それらの重要性を強調した。産業組織の巨大化，科学技術の細分化，環境破壊，家庭崩壊等との関わりで複雑・困難化した今日の教育問題を改めて彼女の思想から注目したい。生態系の問題と社会問題は常に繋がり，さらにそれは人間の精神と関わる。環境問題は常に教育の本質と関わる根本問題であり，それらの根源は一つである。

　リチャーズのホーム・エコノミクス運動に夫妻で積極的に協力した，ＤＤＣ図書分類体系で有名なメルヴィル・デューイ (M. Dewey: 1851-1931) は，第10回Ｌ.Ｐ.Ｃ.(1908)における演説で，「社会問題は家政学への関心の欠如」とさえ語っているが,それは現代の社会問題にもそっくり当てはまる。「子育てと環境との関わり」，「環境調和的存在としてのライフスタイル」等，現在の社会においても，また家政学にとっても最大のテーマであろう。同時にそれは，現代社会の変化と学校における教育内容のギャップにも影を落としている。リチャーズが追求した家庭教育を原点とする「正しい生活」のための教育は，生涯を通して健全に生きるための市民教育であり，また環境教育であった。彼女は，すべての人々が環境問題を自分自身の生活や人生における大切な問題として考えることの必要性を訴えたのである。

　最後に，今日の大衆化した高等教育機関のカリキュラムに，諸専門科目を人格形成に統合させる機能をもつホーム・エコノミクス（名称不問）を男女別なく，遍く導入することを提唱して結びに代える。即ち，「ヒューマン　エコロジー」を源流とするリベラル・アーツとしての家政学の奥深い意味がそこに存在するのである。

注
1） *Scias*, 1998, pp.66-67・朝日新聞社, 1997年11/28号
2） 人事院への公務員採用試験「人間科学Ⅱ」区分における「家政系」追加要望書, 日本家政学会, 2001.4. pp.4-5

主要参考文献

※ E. H. S. Richards の著作・論文：
- E. H. S. Richards: *Euthenics - The science of controllable environment -*, Whitcomb & Barrows, 1910
- E. H. S. Richards: *The Cost of Living*, John Wily & Sons, 1899
- E. H. S. Richards: *The Art of Right Living*, John Wily & Sons, 1904
- E. H. S. Richards: *Sanitation in Daily Life*, Whitcomb & Barrows, 1907
- The Relation of College Women to Progress in Domestic Science (1890)
- The Elevation of Applied Science to an Equal Rank with the So-called Learned Professions, 1911

※その他，関係書（当時の社会的・文化的・政治的背景に関する資料）
- Margaret W. Rossiter: *Women Scientists in America - Struggles and Strategies to 1940 -*, Johns Hopkins, 1982
- *Lake Placid Conference on Home Economics Proceedings* (1899-1908)
- *Historical Sketch of the U.S. Depertment of Agriculture; Its Objects and present Organization*, Government Printing Office, 1907
- *A Monthly Magazine Education - The Science, Art, Philosophy, and Literature of Education -*, New England Publishing Company, 1881-1910
- American Home Economics Association: *Home Economics in Higher Education*, 1949
- Robert Clarke: *Ellen Swallow—The Woman Founded Ecology*, Follett Publishing Company, 1973
- Esther M. Douty: *AMERICA'S FIRSTWOMAN CHEMIST*, Messner, 1964
- Dolores Hayden: *The Grand Domestic Revolution*, The MIT Press, 1981
- Donald C. Blaisdell: *American Government in Action Series: Government and Agriculture - The Growth of Federal Farm Aid -*, Farrar and Rinehart, 1940

- Lowry Nelson: *Rural Sociology*, University of Minesota Press, 1969
- Barbara Miller Solomon: *In the Company of Educated Women - A History of Women and Higher Education in America*, Yale Univ. Press, 1985
- Ellowood P. Cubbetley: *Rural Life and Education - A Study of the Rural-School Problem as a Phase of the Rural-Life Problem -* , The Riverside Press Cambridge, 1914
- David J. Hess: *Science Studies - an advanced introduction -* , 1997
- M. B. Stern: *We the Women Career Firsts of Nineteenth - Century America*, 1963
- R.クラーク（工藤秀明訳）：エコロジーの誕生―エレン・スワローの生涯―，新評論，1994
- R.F.バッツ＆L.A.クレメン（渡部晶他訳）：アメリカ教育文化史，学芸図書，1977
- H.G.タウンセンド（市井三郎訳）：アメリカ哲学史，岩波書店，1951
- 金子忠史：変革期のアメリカ教育〔大学編〕，東信堂，1994
- 桑原雅子：先端科学技術と高等教育―アメリカ多元社会展望，学陽書房，1994
- 坂本辰郎：アメリカの女性大学：危機の構造，東信堂，1999
- 日本女子大学女子教育研究所：女子大学論，ドメス出版，1995
- 大塚久男：共同体の基礎理論（岩波現代文庫），2000
- 丸島令子：アメリカ家政学教育（今井光映編：家政学教育の発展第2章），ミネルヴァ書房，1972
- S.モリソン（西川正身翻訳監修）：アメリカの歴史2（1815-1900），集英社，1971
- 有賀貞・大下尚一編：新版概説アメリカ史，有斐閣，1998（初版1979で「アメリカ史のなかの女性」加筆）
- 野村達朗編：アメリカ合衆国の歴史，ミネルヴァ書房，1998
- ジョン・エム・マキ（高久真一訳）：クラーク―その栄光と挫折―（John M. Maki: W. S. Clark: A Yankee in Hokkaido），北大図書刊行会，1978
- 教師養成研究会：近代教育史，学芸図書，1962
- 阿部謹也：「教養」とはなにか，講談社現代文庫，1997

マトリクス人間生活学

循環型社会形成を目指して
―生活資源のリサイクルとエコビジネス―

　2001年は循環型社会の実行元年とも言われるように，今後，私たちは環境問題を人類共通の課題として対応していかなければならない。そうした一方で，私たちは，これからも生活の便利さや豊かさを追求する経済的な活動を継続していくだろう。環境問題に留意しつつ，経済社会をより高次なものとして発展させていくことは，至極困難な課題である。生産→消費→廃棄と「一方通行」の経済社会であった従来のシステムを改め，限りある資源の節減と良好な環境を保ちながら持続可能な経済社会を実現するための試金石として，今日，生活資源のリサイクルやエコビジネスの創出などによる循環型社会の形成が目指されている。

1. はじめに

　近年，人間生活や生産活動に関わる資源の対象は，時代とともに大きく変化し，中でも人間生活に活用する資源の対象は特に著しい変革をきたしている。人間らしい快適で豊かな生活を維持するには，多様な資源の消費なくては不可能であると同時に，自然界では分解の困難な多大な有害物質を環境中に排出することで成立している。つまり大量の資源の流れは，生産，消費，廃棄と「一方通行」の経済社会となっている。そこでこの様な従来のシステムを，限りある資源の節減と良好な環境を保ちながら，持続可能な経済社会を実現するために，リサイクルする思想が強く求められるようになってきた。

2. 人間生活と生活資源

　人間生活における資源の活用は，まず生活を構成している製品素材についての資源に関する考察が必要である。ついでその製品を使用する生活の場が，資源の消費といかに係わっているのか，また使用された製品は最終的にどの様に処理されているのか。具体的に幾つかの身近な製品を例として，製品の完成から使用を経て消滅するまでのプロセスを，理解し易いよう参考までにおおまかな数字ではあるが，消費する資源やエネルギー等の面から考察してみる。

(1)衣料用素材
　衣料品の主原料である繊維素材は天然繊維と化学繊維であるが，これら繊維についての生産に要する，資源的エネルギーの消費量を比較検討してみると，天然繊維は化学繊維に対し特に優っていることは，自然界の太陽エネルギーの有効利用によるところが極めて大きく，中でも生産量の最も多い綿は，エコロジカルな面からも最適な繊維資源といえる。

つぎに綿及びその他の繊維について，それぞれの生産に要するエネルギーの消費量を，各繊維10キログラム当りの熱カロリーで比較してみよう。ただし，太陽エネルギー，労働力，機械の製造エネルギー，土地の耕作などは一応除外した，極めて大まかな数字であるのは避けられない。[1]

- 綿：117×10^3 Kcal／10kg
- 絹：97×10^3 Kcal／10kg
- 羊毛：49　79×10^3 Kcal／10kg
- レーヨン：207　379×10^3 Kcal／10kg
- キュプラ：392×10^3 Kcal／10kg
- ポリエステル；310　335×10^3 Kcal／10kg
- ナイロン：325　350×10^3 Kcal／10kg
- アクリル：338×10^3 Kcal／10kg

これより天然繊維ではおよそ50　110×10^3 Kcal／10kg程度に対し，化学繊維は大略200　390×10^3 Kcal／10kg程度とみられ，化学繊維に比し天然繊維はいかに生産に要する消費エネルギーが少なく，また地球環境への物質収支に係わる公害問題の上からも，著しく優位であることは明確である。

(2) 衣料品類

各種衣料製品は上述の繊維を原料とし，これから糸，織編物，染色仕上げ，縫製等の加工工程を経て，ひとつの完成品が出来上がる。この工程は繊維の種類や製品によって可成り異なっているが，一応，繊維から製品に完成するまでの，加工に要する生産エネルギーの概算値を基に，個々の衣料品の一点当りの総消費エネルギーを示すと下図（次頁参照）のようになる。図の中の数値の単位は10^4 Kcal（10,000Kcal）であるが，これは石油の量に換算すると約1リットル(l)に相当するので，石油消費量の1リットルと考えても良い。

したがって，日常着用している厚地の紳士用背広上下では石油約10リットル分のエネルギーが消費され，また家庭用一般の敷物においては，サイ

ズの大小や繊維材料等の違いによるが，50～100リットルの石油に相当するエネルギーが消費されていることになる。しかし衣料や繊維製品におけるリサイクルの実態は未だ課題が多く，立ち遅れているが，最近フリーマーケットや衣料品のリサイクルショップ店が良く見かけられる様になり，省エネルギーはもとより，焼却による環境汚染やダイオキシン等の公害問題からも，極めて望ましいことであり，今後の衣料ごみの再資源化に寄せる技術の確立が期待される。

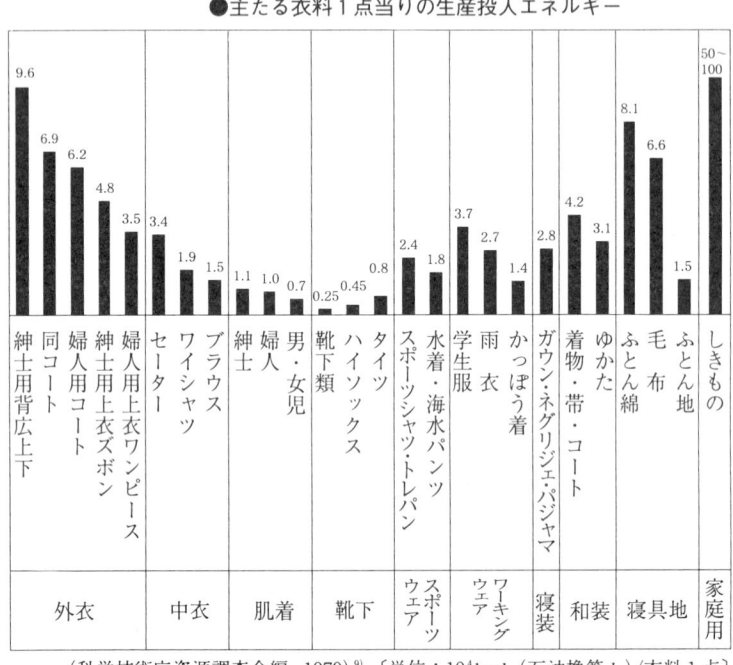

● 主たる衣料1点当りの生産投入エネルギー

分類	品目	数値
外衣	紳士用背広上下	9.6
外衣	同コート	6.9
外衣	婦人用コート	6.2
外衣	紳士用上衣ズボン	4.8
外衣	婦人用上衣ワンピース	3.5
中衣	セーター	3.4
中衣	ワイシャツ	1.9
中衣	ブラウス	1.5
肌着	紳士	1.1
肌着	婦人	1.0
肌着	男・女児	0.7
靴下	靴下類	0.25
靴下	タイツハイソックス	0.45
靴下		0.8
スポーツウエア	水着・海水パンツ	2.4
スポーツウエア	スポーツシャツ・トレパン	1.8
ワーキングウエア	学生服	3.7
ワーキングウエア	雨衣	2.7
ワーキングウエア	かっぽう着	1.4
寝装	ガウン・ネグリジェ・パジャマ	2.8
和装	着物・帯・コート	4.2
和装	ゆかた	3.1
寝具類	ふとん地	8.1
寝具類	毛布	6.6
寝具類	ふとん綿	1.5
家庭用	しきもの寄せ	50～100

(科学技術庁資源調査会編, 1979)[9] 〔単位：10^4 kcal（石油換算 l）/衣料1点〕

(3) 容器包装類

　包装の目的は，われわれの生活基盤である社会・経済の変革により大きく拡大しているが，同時にその包装機能も様ざまな段階に対応する必要がある。即ち従来における包装物の品質の保全と保護に加えて，包装の利便

性・情報伝達の機能・販売促進の機能などのほか,地域生産物の広域流通を可能とする機能があり,現代の生活では包装の有効な活用なくしては,どのようなマーケッティングも成り立たない時代である。そこで実際に市場に出回っているいくつかの包装用パッケイジについて,資源と消費エネルギーの面から考察してみよう。[2)3)4)]

ガラスびん

　古くから液体製品の商品包装の主体となっていた容器類にガラス瓶があり,リサイクル資源としては古紙の再生利用以前から行われていた。ガラスびんはリサイクルの面から「リターナブルびん」と「ワンウエイびん」に大別され,前者は使用後そのまま洗って繰り返し使用するもので,後者はごみとして回収後,カレットと呼ばれるガラス屑にして新しいびんの原料とするものである。しかし,リサイクル資源として極めて優れたびんであるが,近年では軽量で丈夫なプラスチックボトルや,アルミ・スチール缶等の安全性と利便性に加え,これらごみ資源のリサイクルの進展に伴う製造コストの低減化などから,リターナブルびんをはじめ,びん類全体の需要がかなり減少している。

——ガラスびんリサイクルの需要拡大計画——
　そこで,この現状から如何にしてガラスびんの需要を拡大すべきかについての対応策を検討するため,関係省庁,関係業界,地方自治体の関係者からなる連絡会議として「ガラスびん再商品化需要拡大検討委員会」が設置されている。本委員会は,これらの課題解決の方向として,利用しやすく,運送に適した軽量なリターナブルびんの,技術開発と消費者へのＰＲを行う。またびんの多くを占めるワンウエイびんにおいては,込みカレット（黒,緑色などのびんの混ざったカレット）を100パーセント利用した［エコロジーボトル］の利用拡大,さらにはカレットの低コスト化（びん原料の珪石,長石等の新原材料；3－5千円／トン,よりかなりの割高となる）により,タイル,ブロックへの利用や,道路舗装材,路盤材,ガラス繊維,窯業製品

など，びん以外の他用途への利用拡大を順次検討するという「ガラスびん再商品化需要拡大のためのアクションプログラム」を取りまとめている。
（平成11年4月）

スチール，アルミ缶類

商業流通において，コンビニエンスストアや自動販売機などで販売される，各種飲料水の包装容器の缶化率は，他の容器類に比べ極めて高くなっている。缶の素材ではスチールとアルミが主体となり，加温や熱殺菌を要する飲料容器には，変形等の安全性の点からスチール缶が用いられる。つぎに日本の平成11年度1年間のスチール缶とアルミ缶の消費重量，回収重量，リサイクル率を示す。(出展：あき缶処理対策協会)

	スチール缶	アルミ缶
消費重量（トン）	1,268,928	275,751
回収重量（トン）	1,051,397	216,549
リサイクル率（％）	82.9	78.5

スチール缶のリサイクル率は約83％であるが，この1年間の全国における飲料缶の消費量はおよそ360億缶で，このうち54％がスチール缶が占めている。スチール缶のリサイクルが順調に進んでいるのは，ごみの減量施策の面で消費者の協力と，市町村等の分別収集の進展のほか，処理施設の充実とスクラップの品質向上により，缶以外の鋼材（自動車・家電製品・鉄筋鋼など）へ再利用する鉄鋼メーカーが増えていることである。

またアルミ缶のリサイクル率は約79％とやはり増加の傾向であるが，アルミ缶の再資源化の進展もスチール缶の状況と同様であり，平成11年度のアルミ缶の再資源化量217千トンのうち，アルミ缶材（CAN to CAN）には76％の164千トンが使用され，残りの53千トンはアルミ合金，アルミ鋳造物，脱酸剤などの他，日用品の素材としても利用されている。

次にスチール缶とアルミ缶について，新たに製造したときの製造エネルギーと，リサイクルによる場合の製造エネルギーを，それぞれ1トン当りで比較すると次のとおりである。(出典：金属系材料研究開発センター)

	鉄　鋼	アルミニウム
新たに製造	520万Kcal	5千600万Kcal
リサイクル	160万Kcal	580万Kcal

つまりアルミニウムの生産エネルギーは鉄鋼の約11倍の消費エネルギーを必要とし，また新たに製造する場合に対するリサイクルエネルギーでは，鉄鋼の約3分の1に対し，アルミニウムは約10分の1であり，アルミ缶のリサイクルによる省エネ効果のかなり大きいことが知られる。

PETボトル類

「PET」ペットはポリエチレン・テレフタレイト樹脂の略で，合成繊維の「ポリエステル」の原料でもある。平成12年度のPETボトルの生産量は約39万トン |予測値| で，このうち大半の93%は清涼飲料用の容器に，その他は食品用，アルコール飲料等に使用されている。生産量は近年において急増しているが，これまでの資源としての回収率は，極めて低い状況で推移してきた。しかし平成9年の容器包装リサイクル法の施行から，自治体や民間企業のごみの分別収集への積極的な取り組みにより，回収率も急速に向上している。PETボトル協議会の報告による，平成12年の予測では，生産量：388千トン，回収量：120千トン，回収率：30.9%である。また平成11年度に回収されたPETボトルの再生樹脂：39,605トン，(平成11年4月〜12年3月)の用途別の内訳は，衣料・カーペット等の繊維製品：63.6%，シート類：28.9%，成形品：7.0%，ボトル：0.5%である。|出典：㈶日本容器包装リサイクル協会|

この再生資源の用途から，肝心の「ボトル to ボトル」の再生率は0.5%と極端に少なく，今後のリサイクル効果の向上のためには，ボトルへの再利用技術の研究に帰すところが大きいと考えられる。

プラスチック包装材

日常生活から排出されるプラスチック包装材の多くは，一般廃棄物として回収される「ごみ」のかなりの部分を占めている。しかもその大半は焼

却や埋立てにより処理されているといわれ，またこれら種々雑多のプラスチック類と他の一般ごみとの混合焼却は，ダイオキシン類|猛毒物質|の発生や，最終処分場からの浸出水による重金属等の汚染の恐れの問題も指摘されている。

　現在の廃棄物におけるリサイクル率は，厚生省資料によると，一般廃棄物|主として家庭ごみ|で約11.0％，産業廃棄物では約40.7％と低調であるが，この両者のリサイクル率は平成9年度の水準と殆ど変わっていない。したがって，廃棄物の抑制に併せてリサイクルをより一層推進することが重要であり，特にリサイクル率の低い一般廃棄物については，大半を容器包装材・紙・生ごみ等で占めているので，更なる分別収集の徹底の必要性がある。

　かような実状において，ＰＥＴボトル以外の各種プラスチック包装材は，資源ごみとして分別回収が進展しつつあり，再利用分野もマテリアルリサイクル，油化による原料資源，高炉還元剤，ガス化による原料・燃料等へリサイクルされている。なお，この種プラスチック樹脂の新たな生産に必要な消費エネルギーは，おおよそ1トン当り640万kcalであり，鉄鋼のときの1トン当り520万kcalに比べ消費エネルギーが大きいだけに，省資源・省エネルギーの面では，スチール缶の再生資源化よりも，リサイクルの方法によっては，プラスチックの再生資源化はかなり有効であるといえる。

古紙と容器包装材類

　最後に古くから実施されている，古紙や製紙容器包装材における最近のリサイクル状況についてみると，製紙原料全体に占める古紙利用率は年々増加の傾向にある。平成11年度の日本の紙及び板紙の生産量は，30,631千トンでその殆どが国内で消費され，その製紙原料全体に占める古紙の利用率は，56.1％に達し，生産される紙の半分以上は再生資源によることになる。また紙の品種別による生産比率の内訳は下図に示したとおりであり，印刷・情報用紙と段ボウルで約7割を占めている。

　最近では古紙の再生利用技術も進歩して，古紙を多量にブレンドしてい

ても，新しいパルプ原料の紙と遜色のない白さが維持されるようになってきた。今後は古紙利用の少ない印刷・情報用紙などの分野のほか，一般の生活用品や事務用品への積極的な使用，さらには製紙原料以外の用途の開発利用が重要であるといわれる。

●紙の品種別生産比率（平成11年度）

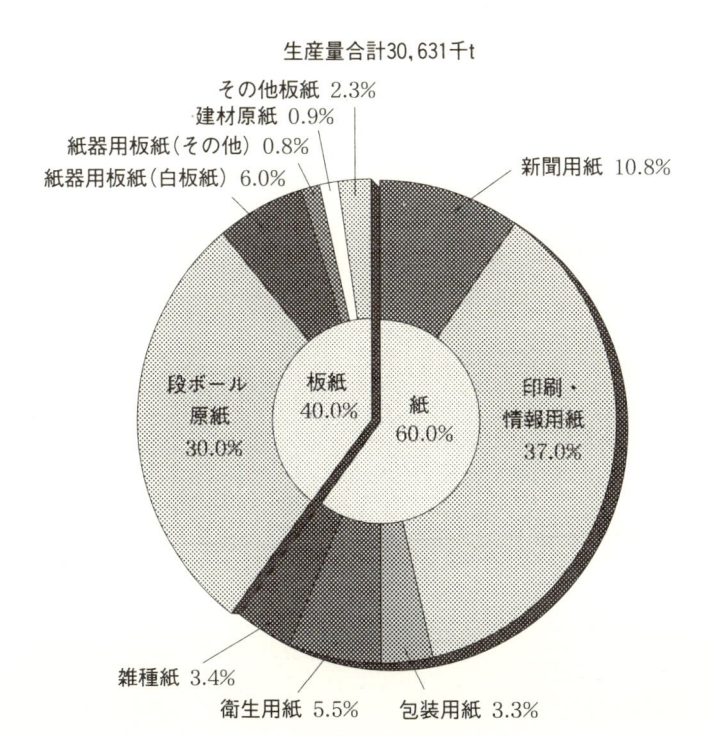

生産量合計30,631千t

- その他板紙 2.3%
- 建材原紙 0.9%
- 紙器用板紙（その他）0.8%
- 紙器用板紙（白板紙）6.0%
- 新聞用紙 10.8%
- 段ボール原紙 30.0%
- 板紙 40.0%
- 紙 60.0%
- 印刷・情報用紙 37.0%
- 雑種紙 3.4%
- 衛生用紙 5.5%
- 包装用紙 3.3%

（出典：通商産業省調査統計部、紙・パルプ統計）

3．生活資源と環境

　冒頭にも触れたように21世紀の経済社会は，「自然の循環」と「経済社

会システムにおける物質循環」の相互の密接な関わりの制約の下に，循環型経済システムの構築が急がれている。したがってこの様な循環型経済社会を実現化していく上で中心となるのは，消費者の意識改革と産業・経済の力であり，当然のこと環境産業（エコビジネス）が成長していく。（わが国におけるその市場性は2010年で40兆円規模になると推測される）[2]

そこで循環型経済システムにおいては，大量に消費・使用された後の廃棄物や不用製品は，再び生産プロセスに戻して再生製品，あるいは再生部

●わが国の廃棄物処理・リサイクル制度の変遷

明治33（1900）	汚物掃除法 （汚物（し尿，ごみ）を行政サービスとして市，特定の町村が処理）
昭和29（1954）	清掃法（処理主体を全国の市町村に拡大）
昭和45（1970）	廃棄物処理法（産業廃棄物の処理責任の明確化）
平成3（1991）	廃棄物処理法改正 （「排出抑制」「再生利用」等の減量化を位置付け，マニフェスト制度の導入　等） 再資源利用促進法（リサイクル促進のための上流対策）
平成7（1995）	容器包装リサイクル法 （ガラス瓶，PETボトルについて平成9年度から再商品化義務付け紙製・プラスチック製容器包装については12年度から義務付け）
平成9（1997）	廃棄物処理法改正 （廃棄物の再生利用認定制度の新設，生活環境影響調査の実施，関係住民・市町村長からの意見聴取など施設の設置手続きの明確化，不法投棄対策の強化　等）
平成10（1998）	家電リサイクル法 （テレビ，冷蔵庫，洗濯機，エアコンについて平成13年度から再商品化義務付け）
平成12（2000）	循環型社会形成推進基本法 廃棄物処理法改正 再生資源利用促進法改正 建設リサイクル法 食品リサイクル法 グリーン購入法

品としてリユース（再使用）することが重要である。またリユースが不可能な場合は，もとの原料資源の形に戻し，再び製品の原料となるようリサイクル可能なものにすることである。したがって，この様な循環型システムをより着実に推進するためには，やはり法的な枠組みの整備が必要となる。

つぎに最近の循環型社会に向けての法的制度に至るまでの，わが国における廃棄物処理・リサイクル制度の変遷についてみると，前頁の表のとおりである。[3)4)]

(1)循環型社会の形成に関する法体系

これまでみてきたように，廃棄物行政及びリサイクル行政は，逐次整備されながら展開されてきているが，依然として残されている課題は多い。特に，資源の投入から製造―流通―消費―収集―再生製造への再投入という，とぎれのない物質循環の環を形成し，且つ環境保全の上からも負荷のない包括的なシステム化が求められている。この様な循環型社会の形成を目的として，喫緊の課題に対応すべく，平成12年5月，先の表に示されている「循環型社会形成推進基本法」，～「グリーン購入法」までが新たに制定されたところである。以下にわが国の循環経済社会に向けた法的枠組の整備の大要を示す。

①循環型社会形成推進基本法（基本的枠組み法）
　・循環型社会の明確化
　・「循環資源」の概念
　・処理の優先順位の明確化
　・国・地方公共団体，事業者，国民の役割分担
　・政府の「循環型社会形成推進基本計画」の策定
　・循環型社会形成のための国の施策の明示（拡大生産者責任を踏まえた措置など）

②廃掃法の改正
- 都道府県は必要と認められる産業廃棄物の処理を事務として行える
- 多量排出事業者の処理計画の策定
- 廃棄物処理センター制度の見直し
- 廃棄物処理施設の設置に係わる規制強化（業の許可取り消し用件の追加，施設の設置に係わる許可要件の追加，マニフェスト制度の見直し，焼却の規制，不適正処分の措置命令の強化，罰則の強化など）

③再生資源利用促進法の改正（資源有効利用促進法）
- 廃棄物の発生抑制・部品等の再使用，原材料としての再利用による総合的な取り組み
- 3R概念の採用

④建設資材リサイクル法
- 工事の受注者が建築物を分別解体して，建設廃材などを再資源化

⑤食品リサイクル法
- 食品の製造・加工・販売事業者が食品廃棄物を再資源化

以上が循環型社会システムの法的概要であるが，容器包装リサイクル法，家電リサイクル法，資源有効利用促進法などはすでに施行されており，その他自動車やパソコン等のリサイクル法の整備も進められている。

しかしこれらの課題は，単に法的規制だけで解決できるものでなく，消費者の積極的な理解と参加による新しいシステムの環境創りが極めて重要であり，各地域における諸々の規制やコミュニケーション促進のためのシステムつくりが期待される。

(2) 3R（スリーアール）活動[4]

3Rはリデュース（Reduce），リユース（Reuse），リサイクル（Recycle）の3つの頭文字による環を意味している。
- リデュース＝ごみをなるべく出さないようにする。
- リユース＝一つ一つのものをもっと大切にする。

・リサイクル＝使い終わったらもう一度資源にする。

1992年に開催されたリオデジャネイロ地球サミットを契機に，環境の保全と持続的発展の両立が世界各国の共通の課題とされた。日本では1991年に「再生資源の利用の促進に関する法律」（再生資源利用促進法）が施行され，この頃から「リサイクルへの関心」（1R）が急速に高まり，以後リサイクルの実績も増加していて，ことに一般廃棄物（ごみ）のリサイクル率の増加が目立っている。

しかしながら廃棄物の総排出量においては依然として高水準で推移していて，最終処分場の新設はますます困難を来たしている。それと同時に鉱物資源の中にも既に枯渇の危機を迎えている希少金属の問題が憂慮されてきた。こうした環境と資源の両面からの制約が現実となった今日，もはや従来の経済システムの存続は許されない。

かくして平成11年7月通商産業省の産業構造審議会は「循環型経済システムの構築に向けて」の答申を行った。それは従来の施策の中核であった，発生した廃棄物のリサイクル（1R）に加えて，リデュース（廃棄物の発生の抑制）とリユース（再使用）に力を入れること，即ち3Rの実行を強調したのである。

4．エコビジネス

環境庁では，The Environmental Goods and Service Industries (OECD, 1999) のエコビジネスの分類に従って，1997年及び2010年のエコビジネスの市場規模と雇用規模について推計を行った。それによると2010年の市場規模の将来予測として，39兆8000億円の成長産業になると推計され，中でも循環型社会を支える廃棄物処理・リサイクル関連ビジネスが，その約50％を占めることが注目される。[3]

エコビジネスとは，環境への負荷の軽減に役立つ商品・サービスの提供や，種々の社会経済活動を環境保全に適切な技術，またはシステム等に変革していく様なビジネスを中心とする幅広い概念である。したがって，あ

らゆる部門の産業にまたがる横断的な商品・サービスを提供する産業分野で，環境産業と言うことができる。これに関わる環境問題は，その質的な変化と，環境保全の必要性の多様化に伴って，対象分野も拡張しエコビジネスもその範囲と規模を一層拡大しつつある。

また同庁では，エコビジネスを次のように四分野に分類している。
①環境負荷を低減させる装置
②環境への負荷の少ない製品
③環境保全に資するサービスの提供
④社会基盤の整備等

一方企業側においては，エコビジネスの進展の上で全く問題が無い訳ではなく，「市場規模がわからないこと」「開発費が多額になること」「消費者やユーザーの関心がまだ低いこと」などが挙げられる。しかし，消費者やユーザーの関心の低さを問題とする企業の割合は，平成9年の45.9%からみると最近では大幅に減少しており，消費者の意識変化を企業としても捉えていることが窺える。

かくして「循環型社会」は，企業と市民が創り出し，そして行政はよりよい状況をつくるコーディネーター役を果たすということもできる。今や『グリーンコンシューマー』は，限りある資源の有効活用や，ごみ問題の解決策としても大きな意味を持つことで，その重要性はさらにクローズアップされてきており，『グリーン購入法』の施行でも，行政機関の物品調達にグリーン購入を義務ずけている。[6]

また，「環境にやさしい」商品を，消費者が選択するための目安となるマークをつける『環境ラベリング』も，グリーンコンシューマと共に世界的な広がりを見せている。1996年2月に発足した『グリーン購入ネットワーク』も，この様な動きの一環といえるが，単に商品選択の次元にとどまらず，消費者の立場から政府や企業に環境保全を要求する運動や，リサイクルへの協力といった活動をも含めて，「グリーンコンシューマリズム」と呼ぶことが多くなってきている。[5]

さらにこれら環境ビジネスの問題は，地球規模の視野から人類共通の課

題として取り組む姿勢が重要であり，これまでの規制を中心とした対応から一歩進めて，グローバルな広がりの中で新しい社会経済活動の仕組みを再構築する必要がある。現在世界人口の推計では60億人突破とみられ，この世界的規模で見た人口の急速な増加は，地球環境を考える上での基礎となるが，これに比例してくるのがエネルギー消費である。世界規模で人間が消費してきたエネルギーは，石油に換算して1950年に20億トンであったものが，20000年には80億トンまでに急激に増加していることである。この人口増加とエネルギー消費による様々な問題は，これからの地球環境と安全な人間生活を考える上に，大きく関わることの認識にたって，行政，消費者，企業が互いに協力して，原料・生産・輸送・使用・廃棄・再資源に至るまでのエコビジネス活動を，常に見直していくことが必要である。最近のニュースによると，環境省は廃棄物処理法を抜本改正する方針「家電4品目のように生産者が廃棄まで責任を持つ，拡大生産者責任（EPR）の考えを新たに盛り込むこと，処理責任で二分離している廃棄物を四分類にするなど」等は，今後の環境産業のあるべき姿に他ならない。

5．おわりに

2001年は循環型社会の実行元年とも言われるように，私たちはこの21世紀を環境の世紀としてとらえ，人類共通の課題として取り組む姿勢で，今後における様々な環境問題に対応していかなければならない。そうした背景の基に，経済社会をより高次なものとして発展させていくことは，至極困難な課題ではあるが，上述の循環型社会の形成は，そのための試金石としての役割を担った，全人類的な課題ともいえる。つまり人間生活における，英知と決意を問われているともいえるこの課題に対して，現代に生きる私たち世代はもちろんのこと，将来の世代につけを残さないよう，適切な役割分担と各主体の自主的，積極的な取り組みが，循環型社会の形成に向けた施策を，着実に推進していくものと考えるのである。

参考文献

1) 家政学シリーズ生活資源論日本家政学会編（1992年6月発行）朝倉書店
2) 2000年版資源・環境・リサイクル：政府関係資料集㈱産業技術会議（1999年9月）
3) 2001年版産業と地球環境：政府関係資料集㈱産業技術会議（2001年3月）
4) リサイクルシンポジウム2001北海道「循環型社会実行元年の幕開け」講演資料，主催：北海道経済産業局・㈶クリーン・ジャパン・センター（2001年10月10日）
5) 1998年版現代用語の基礎知識：自由国民社（1998年1月1日）
6) 崎田裕子「市民が創る循環型社会」めざして：環境研究2001，No.121　環境調査センター

マトリクス人間生活学

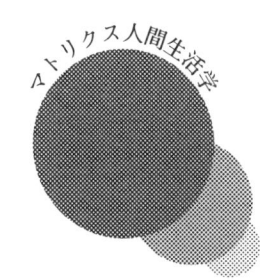

食生活と環境問題

　食生活は元来その地域の気候・風土によってそれぞれ内容が異なるものであった。しかし，近年科学技術の進歩によりわが国の食料の生産・加工・流通等は大きく変化し，さらに国際化の進展により食材の均一化も進むなど，食事内容も多様化している。本章では最適生産，最適消費，最小廃棄型社会を目指し，生活全体の見直しが求められるなかで，資源・環境の視点からの食生活課題について，我が国の食生活の変化と食材の供給，消費，廃棄の側面などから考えていきたい。

1. 食材の変化

(1)食料需給表

　わが国の食生活は経済成長とともに著しく変化したが，ここではまず食材消費に関わる問題について見ていきたい。図1，図2は食料需給表における純食料の年間国民1人当たり供給量の推移である。米はいうまでもなくわが国の食生活と食文化の基幹をなす重要な食料であるが，その供給量は1960年〜1990年の30年間で60％まで減少し，その後も緩やかな減少が続いている。また米と同様のカーブで減少したものは，わが国の伝統的調味料である味噌，醤油であり，味噌は50％に，醤油は60％に減少した。芋類は高度成長期には急減したが，その後徐々に増加しているのは，じゃがいもが洋風食材として利用されるようになったためであろう。この間著しく増加したものは牛乳・乳製品と肉類で，牛乳・乳製品はこの40年間一貫して増え続けており，現在までに約4倍，肉類（鯨肉を除く）は8倍に増加した。さらに油脂類は3.5倍に増加するなど食材は洋風化，多様化へと向かい，このような変化はわが国の栄養改善の目指す方向と合致するものであった。しかし，一方では米余りなど国内の食料資源の有効利用という点では問題が生じ，食材の豊かさは次項で述べるように輸入食料への依存によるものであった。

(2)日本型食生活

　一般に経済的に豊かになるとその国の食品構成は，安価なでんぷん質食品から高価な動物性食品に移行することはよく知られているが，わが国の場合は所得水準が高い割りには他の先進諸国に比べて，肉類，牛乳・乳製品が少なく，でんぷん質食品の割合が高いのが特徴的であり（表1），1983年には「日本型食生活」という概念も提唱された（農水省）。それは米を基本として，魚介類，野菜，果実，大豆などに新たに牛乳・乳製品が加わったパターンで，欧米型の食事に比べて栄養素等の量的バランスがよく，健

食生活と環境問題

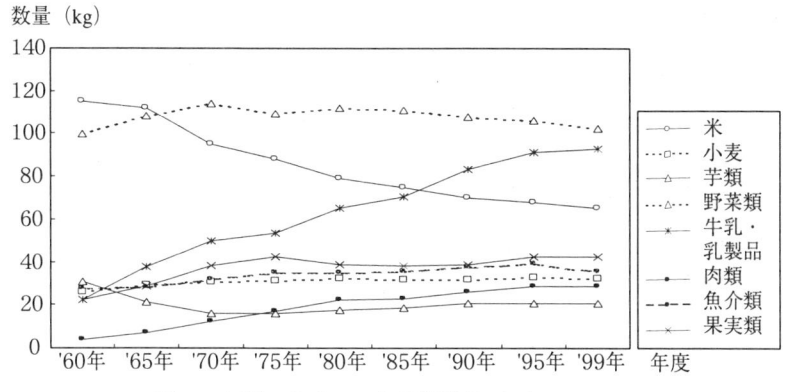

図1　年間1人当りの食料供給量（a）

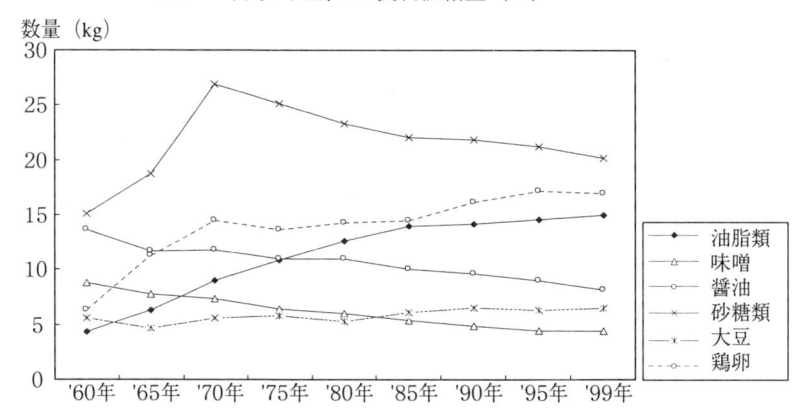

図2　年間1人当りの食料供給量（b）

資料：H11年度　食料需給表　品目別累年表より作成

康維持のためにも望ましいと国際的にも評価された。しかし，最近ではむしろ肥満や生活習慣病の増加が懸念され，さらには食べ残しや廃棄など食料資源の無駄が目立ち，「飽食」傾向が顕在化している。この間の変化を国民1人1日当たりの供給熱量と実際に食べた量すなわちエネルギー摂取量を比較したのが図3である。1970年代以降は供給される量と食べた量との乖離が大きくなっているが，この差が余分に供給された分すなわち廃棄

表1　国民1人・1年当たり食料供給量の国際比較

	年	穀類	いも類	砂糖類	豆類	野菜類	果実類	肉類	卵類	牛乳・乳製品	魚介類	油脂類
オーストラリア	1998	90.2	63.2	46	7.6	91.7	86.5	118.4	9.2	269.5	19.3	21
カナダ	1998	107.1	57	35.3	8.5	119.1	126.1	95.6	11.1	274.5	21.7	25.4
フランス	1998	113.7	67.1	34.3	3	123.3	89.7	109.3	15.6	396.8	29.1	21.3
ドイツ	1998	96.9	76.7	35	3.4	79.4	119.6	91.7	12.7	378.6	14.6	24.4
イタリア	1998	159.6	39.3	29.7	6.2	173.2	135.7	89.3	12.8	300.7	23.6	31.9
オランダ	1998	72.6	80.7	48.6	3.4	105.2	130.7	102.8	18.1	354.9	16.1	21.9
スペイン	1998	102.9	87.6	31.6	8.7	156.4	105.9	111.3	13.9	175.5	41.2	29.6
スウェーデン	1998	106.2	63.8	41.6	2.2	74	102.8	71.4	11.8	445.9	27.5	19.8
スイス	1998	104.7	39.9	41.5	2.1	94.1	117.2	76.9	9.9	386.8	17.6	21.1
イギリス	1998	95.9	110.1	33.9	7.8	86.2	90.7	78.9	9.5	268.3	22.3	22.5
アメリカ	1998	118.8	66.1	32.9	7.1	120.6	120.2	123.1	14.1	277	20.8	28.6
日本	1999	115.9	23.3	20.2	9.5	118.9	57.3	43.6	20	93	64.8	19.5

単位：kg

資料：農林水産省総合食料局政策課編　平成11年度食料需給表　関連指標より

量と見なされている。食料需給表と国民栄養調査の2つの統計を比較するには算出方法の根拠が異なることを考慮しなければならないが，'90年代の廃棄量は輸入食料の三分の一に相当する[1]など，食料の大量廃棄が大き

食生活と環境問題

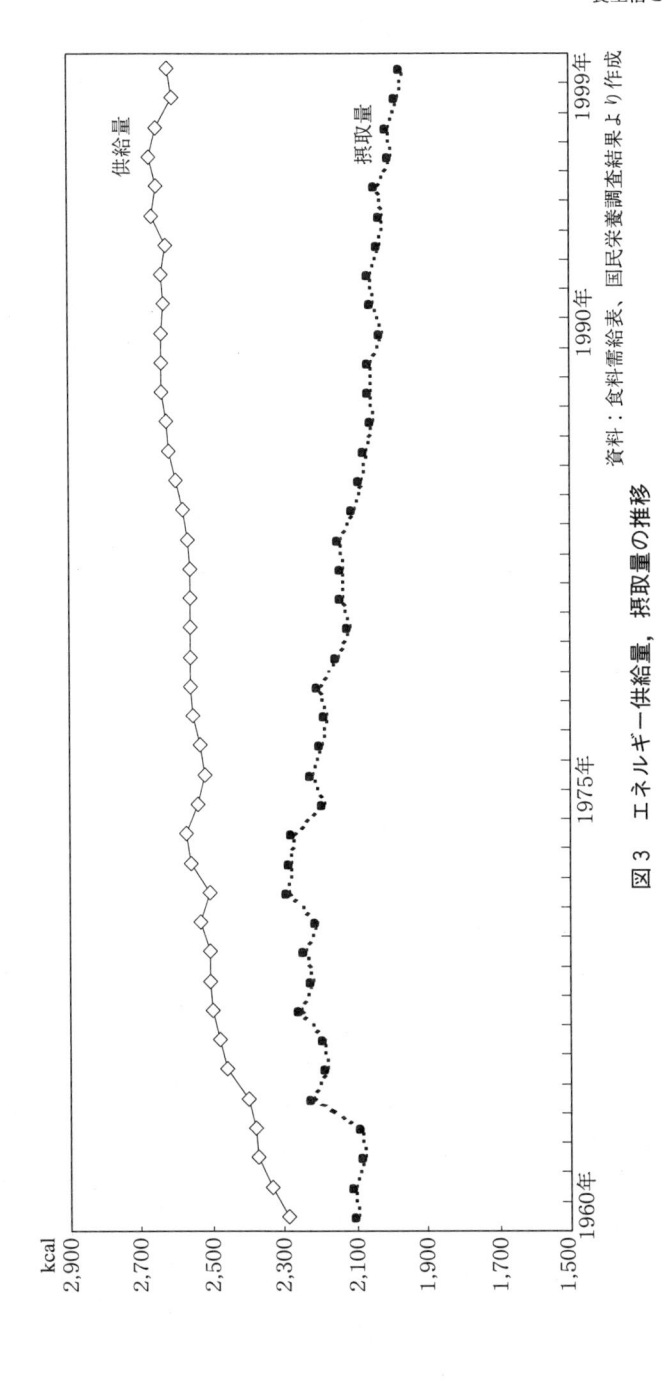

図3 エネルギー供給量，摂取量の推移

資料：食料需給表，国民栄養調査結果より作成

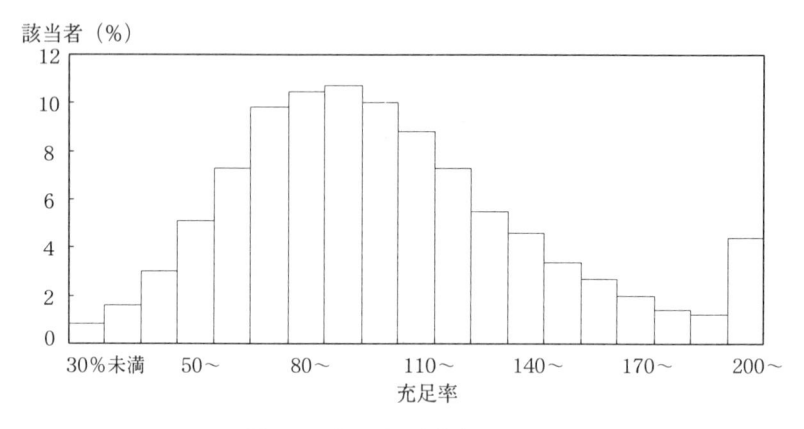

図4　エネルギー充足率
資料：平成11年度国民栄養調査結果より作成

な問題となっている。供給された量は消費量と読み替えることが出来るから，消費のあり方すなわち私たちの日々の食事計画や食材選択にも問題があることを示している。国民栄養調査の結果では日本人の栄養状態は平均的には，1970年代ですでにカルシウム以外の栄養素はすべて所要量に対して100％以上の充足率になっており[2]，この点からも食の過剰が窺える。しかしこの場合，図4に見られるように，実際には過剰群と不足群が平均化された数値であり，ここでは詳述しないが「飽食の中の不足・過剰」現象は私たちの健康面の問題とも繋がっている。

2．輸入食品の増加

(1)食品の輸入状況

現在わが国は世界一の食糧輸入国であることは周知の事実である。特に1985年以降は円高の進行や牛肉，オレンジ等の輸入自由化，関税率の引き下げなどに加えて食品工業，外食産業の発展，量販店の低価格販売戦略等を背景に素材のみならず，加工食品，半調理品，フライ類などの調理済み冷凍食品の輸入も益々増加する傾向にある（図5～図8）。調理冷凍食品の

主な生産国は中国，タイ，韓国などアジア諸国が上位である[3]。食べ物の生産地と消費地の距離の拡大は，お互いに顔の見えにくい関係になり，生産現場の実態なども消費者には届かないことが多いが，細かな調理作業はアジア諸国の安価な労働力に支えられているのである。

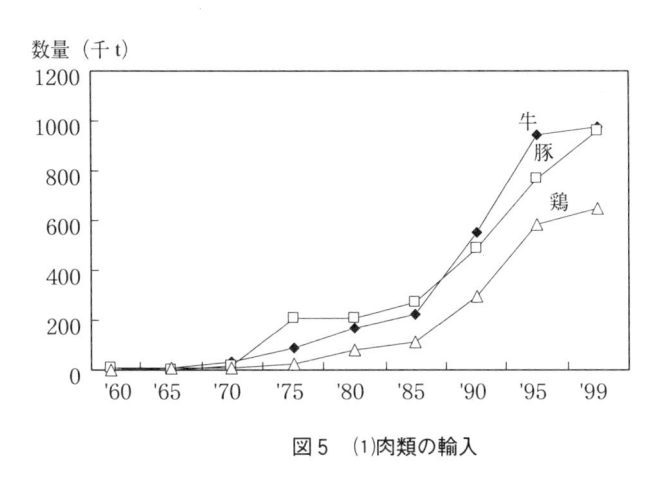

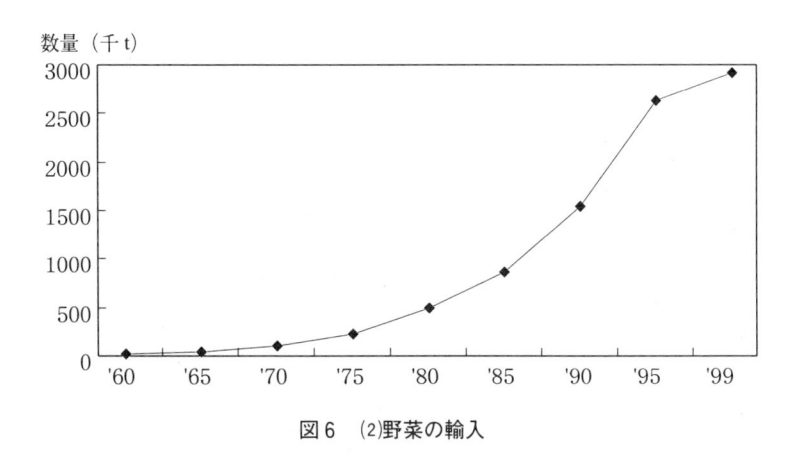

図5　(1)肉類の輸入

図6　(2)野菜の輸入

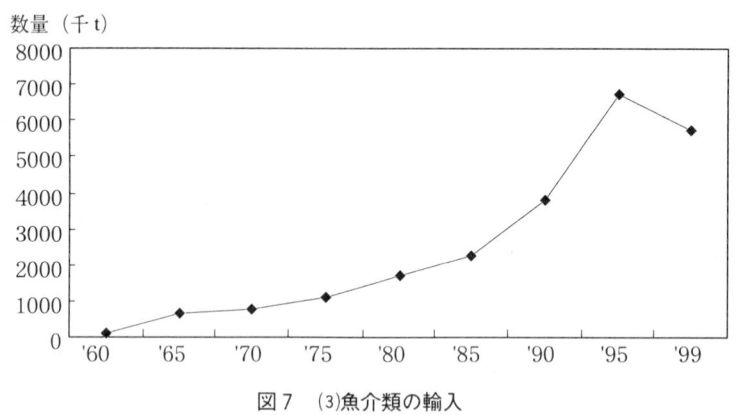

図7　(3)魚介類の輸入
資料：平成11年　食料需給表の表頭項目の累計表(2)輸入量より作成

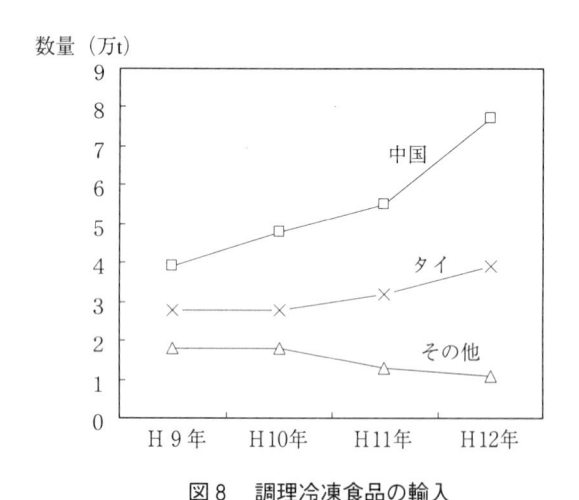

図8　調理冷凍食品の輸入
＊（社）日本冷凍食品協会資料より　同協会会員31社を対象の調査結果

(2)生鮮野菜の輸入

　日々の食卓に欠かせない野菜類は塩蔵，冷凍，トマト加工品など加工品としての輸入が多いが，比較的地域性，季節性の強い食材である生鮮野菜も最近では次第に輸入品が目立つようになった。ここで札幌市の中央卸売市場での実態を見てみよう。1960年代では，年間を通じて市場に入荷され

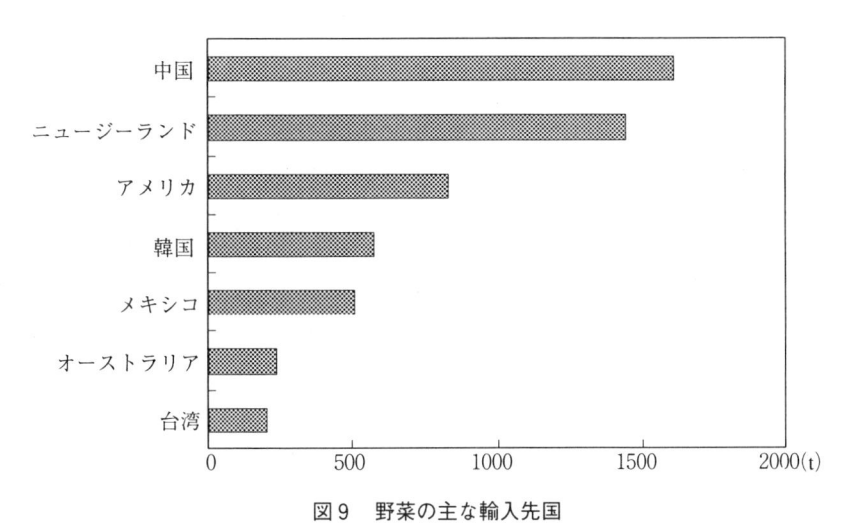

図9 野菜の主な輸入先国
資料:札幌中央卸売り市場年報(青果部)より作成　H10〜12年の3ヵ年の取り扱い高平均を示す

る野菜類の産地は道内産が約25％,道外産が75％であったが,1970年代にはその割合が逆転して最近では道内産が約7割を維持している。しかし,品目によっては中国産,アメリカ産なども日常的に見られるようになった(図9)。市場で取り扱われた輸入野菜の総量は平成元年で755トン,平成12年では7,095トンと約9倍に増加しており,野菜の取り扱い総量に対する輸入野菜の比率は0.4％から2.5％へと増加し,価格はいうまでもなく輸入品の方が安価である。

(3)野菜の周年供給

5〜6月の初夏の味覚であったグリーンアスパラやイチゴも周年供給され(＊ここでは食料需給表にならい,イチゴは野菜類として扱う),地物が出回る頃には市場の最盛期は終わっており,北国札幌でも今やイチゴは冬の味覚である(図10〜13)。現在,野菜類は品種改良,栽培技術の進歩,産地間の出荷調整,貯蔵・輸送技術などの改良が目ざましく,ほとんどの野菜で周年供給体制が確立されており,市場には道内産地のもの,道外産地のもの,さらにわが国の端境期には輸入ものが出回っている。北海道の食生活に

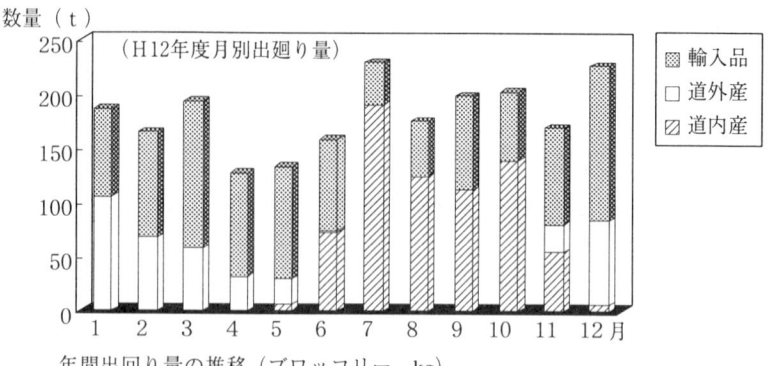

年間出回り量の推移（ブロッコリー　kg）

	H元～3年	H4～6年	H7～9年	H10～12年
道内産	629,691	656,033	578,702	737,310
道外産	481,464	427,823	382,260	332,972
輸入品	99,925	425,021	602,075	645,695
合計	1,211,081	1,508,877	1,563,037	1,715,977

図10　ブロッコリーの入荷状況
資料：H元～12年度　札幌中央卸売市場年報（青果部）より作成

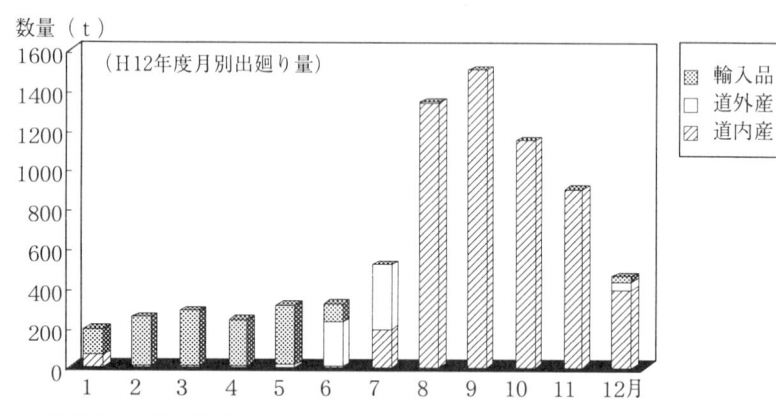

年間出回り量の推移（かぼちゃ　kg）

	H元～3年	H4～6年	H7～9年	H10～12年
道内産	7,849,837	9,185,887	7,596,486	6,841,993
道外産	609,819	667,458	621,032	572,476
輸入品	430,062	888,888	1,183,199	1,258,059
合計	8,889,718	10,742,233	9,400,718	8,672,529

図11　かぼちゃの入荷状況
資料：H元～12年度　札幌中央卸売市場年報（青果部）より作成

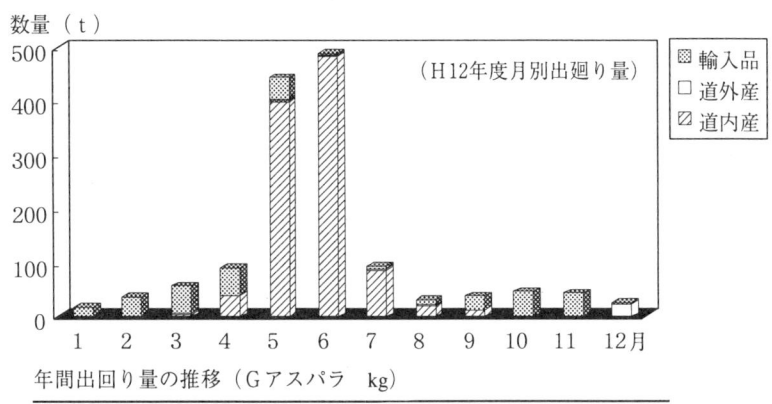

食生活と環境問題

（H12年度月別出廻り量）

年間出回り量の推移（Gアスパラ　kg）

	H元〜3年	H4〜6年	H7〜9年	H10〜12年
道内産	1,203,919	1,097,852	953,880	913,354
道外産	20,371	13,141	32,717	31,320
輸入品	136,163	392,059	482,038	116,600
合計	1,360,454	1,503,052	1,468,635	1,061,274

図12　グリーンアスパラの入荷状況
資料：H元〜12年度　札幌中央卸売市場年報（青果部）より作成

（H12年度月別出廻り量）

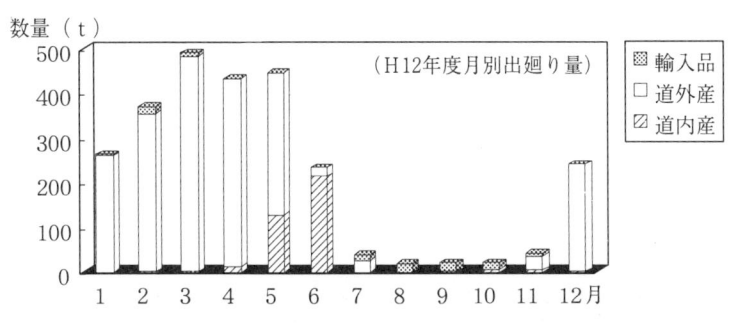

図10〜13　資料：H12年度札幌中央卸売市場年報（青果部）より作成

年間出回り量の推移（いちご　kg）

	H元〜3年	H4〜6年	H7〜9年	H10〜12年
道内産	806,319	567,607	491,337	416,208
道外産	2,297,978	2,155,880	2,016,664	1,954,463
輸入品	31,091	11,710	28,226	88,665
合計	3,135,388	2,735,197	2,536,226	2,459,336

図13　いちごの入荷状況
資料：H元〜12年度　札幌中央卸売市場年報（青果部）より作成

とって，冬期間も生鮮野菜の入手が容易になったことの意義は大きいが，輸入品のポストハーベスト，遠距離輸送に伴う環境への負荷，施設栽培の増加によるエネルギー投入の増大等，新たな課題は多い。

(4)食料自給率

食料自給率は国内の食料消費について国内生産でどの程度賄えているかを示す指標であり，品目別の自給率（重量ベース）と，基礎的な食料である穀物自給率（重量ベース），各品目をエネルギーまたは金額で総合化して，食料全体の総合的な自給度合いを示す総合食料自給率（カロリーベース，金額ベース）の3つの方法で示されている。供給熱量総合食料自給率は1960年で79％であったが，1999年では40％となり，先進国の中ではもっとも低いレベルにある（表2）。これは国内生産の減少と前項で述べたような食材の変化すなわち米の減少，肉，牛乳・乳製品，油脂類の増加によるものである。畜産物の生産は飼料用穀物の大量輸入を必要とし，油脂類はその原料である大豆，なたねなどの輸入が多いためである[3]。「食料・農業・農

表2　供給熱量総合自給率の国際比較（試算）

(単位%)

	1970年	1975年	1980年	1985年	1990年	1995年	1998年
オーストラリア	205	229	211	242	229	257	309
カナダ	110	143	156	176	186	158	159
フランス	105	118	133	138	145	134	141
ドイツ	68	72	76	85	95	89	100
イタリア	79	83	80	77	72	76	77
オランダ	65	72	73	74	79	72	66
スペイン	-	-	-	95	96	72	93
スウェーデン	83	102	96	99	115	83	90
スイス	47	54	56	60	62	60	60
イギリス	46	48	66	74	76	77	78
アメリカ	113	146	155	143	129	129	132
日本	60	54	53	53	48	43	40

資料：農林水産省総合食料局政策課編　平成11年度　食料需給表　関連指標より

表3　食料自給率目標達成のための具体的な課題

	具 体 的 な 課 題
生産者	・耕作放棄地の解消や耕地利用率の向上 ・コストの低減と消費者ニーズに対応した生産
食品産業事業者	・販売開拓や新製品開発の取り組みを通じた生産者サイドとの連携の強化 ・消費者の適切な商品選択のための原産地表示等の徹底
消費者	・わが国の農業や食糧需給事情についての理解 ・栄養アンバランスの改善や，食べ残し・廃棄の減少等食生活の見直し
国	〈生産面〉 麦・大豆・飼料作物の本格的生産等に向け， ・優良農地の確保と流動化の促進 ・生産基盤の整備等を通じた生産性の向上 ・技術の開発・普及による単収や品質の向上 ・消費者や食品加工業者のニーズに即応した生産の推進
	〈消費面〉 ・適正な栄養バランスの実現や食べ残し，廃棄の減少など食生活の見直しに向け策定された食生活指針を基に，国民的な運動を展開

村基本計画（農水省）」では平成22年までを計画期間として供給熱量総合食料自給率の目標を45％とし，目標達成のための具体的な課題として，消費者にはわが国の農業や食料需給事情についての理解と，栄養バランスの改善や食べ残し，廃棄の減少等食生活の見直しを求めている（表3）。

わが国の食生活と輸入食品の増加について，先に"輸入してまで食べ残す，不思議な国ニッポン"（社・公共広告機構）という食べ残しに反省を求める広告が話題を呼んだが，世界中から集められた豊富な食材が最終消費の場で「食べ散らかし」にされることは，明らかな供給過剰である。

(5)**安全性への不安**

わが国の食生活は海外からの輸入によって支えられているが，総理府の

「農産物貿易に関する世論調査（2000年7月）」によれば，価格については輸入品が評価されているものの，安全性についての不安は大きく，将来の食料供給についても調査対象者の約8割が不安があるとしている。昨今の食料品産地表示の問題，GMO（遺伝子組み換え農産物）の表示問題なども，輸入食品の増加が新たなリスクを伴うことを示しており，食の国際化が急速に進むなかで一国のみの安全はありえない。

3．食の外部化，簡便化

(1)食の外部化と廃棄物の増加

次に我が国の食生活の大きな変化として，作り手の変化，すなわち食品工業，外食産業の伸展と食の外部化，簡便化があげられる。食の外部化，簡便化の進行は一方で過度の健康・安全志向をもたらしているのであるが，所得の増加や単身者世帯，高齢者世帯の増加，女性の社会進出，家族共食の減少などから，様々な問題を含みながらも今後一層進むであろう。家庭内で作られる食事は，質，量ともに家族の嗜好や体調などを考慮して作られるが，外食や持ち帰り惣菜は不特定多数を対象に作られ，個別対応がほとんどないから，食べる側がその日の自分の適量を考えて多ければ食べ残す＝廃棄するであろう。外食の場では"大盛り"はあっても，"少量盛り"の対応は極めて少ないのが現状である。食品や料理の廃棄は，それが手元に届くまでの生産，流通から調理の段階までに使用したすべての労力，資源，エネルギーが無駄になり，さらにその食品自体も環境への負荷になってしまうことになる。

(2)食品ロス率調査

これまでわが国では食品のロスについての総合的な取り組みは少なかったが，農水省は食品リサイクル法の施行に伴い，H12年度の食品ロス率調査の結果を公表した[4]。これは主な対象が事業系であるが，わが国における食品の食べ残しや廃棄の実態を明らかにし，その減少に向けて関係者の

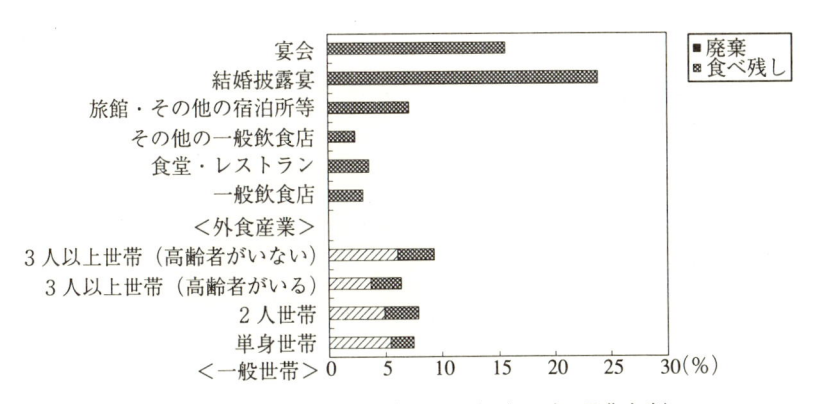

図14　消費段階における食品ロス率（H13年3月農水省）

資料：図説食料・農業・農村白書　参考統計表（H12年度より）
世帯のロス率＝（廃棄重量＋食べ残し重量＋過剰除去重量）÷食品の使用重量×100
外食産業のロス率＝（食べ残し重量＋作り置きで廃棄した重量）÷サンプルとしたメニューの重量×100

取り組みの促進を図るために行われたものである。その結果によると外食産業の食品ロス率は一般世帯よりも低いが，業態別に見た場合，結婚披露宴や宴会でのロス率が特に高くなっている（図14）。結婚披露宴や宴会は非日常的なハレ食であり日常食とは別の意味をもつもので，わが国のみならず諸外国でもそれは概して華美・豪華なもので「食べきれない」ほどの料理が盛られるものであった。しかし，わが国のかつてのハレ食はその場ですべて食べきるものではなく，そこに参加できなかった家族のために持ち帰って分け与える分も含まれていたのである。現在では毎日がハレ食といわれるぐらいになり，持ち帰りの習慣はほとんどなくなったが，宴会料理の量はそのままである。宴会料理の持ち帰りは安全性の面からもむしろ推奨されるものではないことも時代の変化である。農水省調査での食品ロス率は一般家庭の場合，3人以上の世帯では高齢者がいる世帯といない世帯の差が明確で，食べ物を捨てることに対する世代間の違いも現われている。

(3)台所ゴミ

　京都市の調査事例では台所ゴミの中身は53％が"調理くず"であり，36％は"食べ残し"であるが，近年"調理くず"は減って"食べ残し"や"手つかずの食品"が増えている[5]。また，廃棄が特に多いのは50代以上で，食事が不規則になる末子18歳以上の家庭であったとの指摘もある[6]。さらにここでは詳述しないが，食の外部化・簡便化の進行は加工食品，持ち帰り弁当利用の増加でもあり，それに伴う容器・包装材の増加も環境問題としては重要である。

4．今後に向けて

　食生活と環境問題の関わりについて，食の過剰，廃棄の実態からみてきた。環境と調和した食生活への具体的な取り組みとして，1995年「環境にやさしい食生活をおくるために」（農水省補助事業）が提唱され，食材の選択・購入，調理，後片付け，保存，捨て方・活かし方の工夫について各地で色々な取り組みが行われてきた[7]。また，外食産業，流通業においても環境担当部門を設けてリユース（Reuse），リデュース（Reduce），リサイクル（Recycle）への取り組みが行われ，有機農産物栽培へとつながっている例もみられる[8]。そうした社会的システムの整備も重要ながら，今日，食生活への関心や食情報は健康・安全，簡便化，おいしさに傾注し，「食べ物を買いすぎず，作りすぎず，残ったら再利用する」などごくあたりまえのことが伝承されにくくなっていると思われる。食生活指針（表4）にも，資源・環境が1つの視点として取り上げられ，調理や保存上の無駄を少なくすることを求めており，今後は食生活教育の場でもこの点を重視すべきであろう。

表4　食生活指針（2000年3月　文部省，厚生省，農水省）

〈食生活指針〉	〈食生活指針の実践〉
1．食事を楽しみましょう	・心とからだにおいしい食事を，味わって食べましょう。 ・毎日の食事で，健康寿命をのばしましょう。 ・家族の団らんや人との交流を大切に，また，食事つくりに参加しましょう。
2．1日のリズムから，健やかな生活リズムを	・朝食で，いきいきした1日を始めましょう。 ・夜食や間食はとりすぎないようにしましょう。 ・飲酒はほどほどにしましょう。
3．主食，主菜，副菜を基本に，食事のバランスを	・多様な食品を組み合わせましょう。 ・調理法が偏らないようにしましょう。 ・手作りと外食や加工食品・調理食品を上手に組み合わせましょう。
4．ごはんなどの穀類をしっかりと	・穀類を毎食とって，糖質からのエネルギー摂取を適正に保ちましょう ・日本の気候・風土に適している米などの穀類を利用しましょう
5．野菜，果物，牛乳・乳製品，豆類，魚なども組み合わせて	・たっぷりの野菜と毎日の果物で，ビタミン，ミネラル，食物繊維をとりましょう ・牛乳・乳製品，緑黄色野菜，豆類，小魚などで，カルシウムを十分とりましょう。
6．食塩や脂肪は控えめに	・塩辛い食品は控えめに，食塩は1日10g未満にしましょう ・脂肪の取り過ぎをやめ，動物，植物，魚由来の脂肪をバランスよくとりましょう ・栄養成分表示をみて，食品や外食を選ぶ習慣を身につけましょう。
7．適正体重を知り，日々の活動に見合った食事量を	・太ってきたかなと感じたら，体重を量りましょう。 ・普段から意識して身体を動かすようにしましょう。 ・美しさは健康から，無理な減量はやめましょう。 ・しっかりかんで，ゆっくり食べましょう。
8．食文化や地域の産物を活かし，ときには新しい料理も	・地域の産物や旬の素材を使うとともに，行事食を取り入れながら，自然の恵みや四季の変化を楽しみましょう。 ・食文化を大切にして，日々の食生活に活かしましょう。 ・食材に関する知識や料理技術を身につけましょう ・ときには新しい料理をつくってみましょう。
9．調理や保存を上手にして無駄や廃棄を少なく	・買いすぎ，つくりすぎに注意して，食べ残しのない適量を心がけましょう。 ・賞味期限や消費期限を考えて利用しましょう。 ・定期的に冷蔵庫の中身や家庭内の食材を点検し，献立を工夫して食べましょう
10．自分の食生活を見直してみましょう	・自分の健康目標をつくり，食生活を点検する習慣を持ちましょう。 ・家族や仲間と，食生活を考えたり，話し合ったりしてみましょう。 ・学校や家庭で食生活の正しい理解や望ましい習慣を身につけましょう ・子どものころから，食生活を大切にしましょう。

引用文献

1) 安本教傳：講座　人間と環境6　「食の倫理を問う」, 昭和堂（2000年）
2) ㈳日本栄養士会：戦後昭和の栄養動向, 第一出版,（1998年）
3) 岡島敦子：食料自給率をめぐる状況, 日本食生活学会誌, Vol.12　No.3（2001）
4) http://www.maff.go.jp/　農水省大臣官房統計情報部流通消費統計課
5) 高月　紘：「ごみから暮らしを考える」, ライフスタイルと環境, ㈳日本家政学会（1997）
6) 大日向光：捨てられる食品の実態とその背景, Vesta, No.33（1999）
7) 三樹尚子：エコクッキングの普及, 食の科学, 通巻270号（2000年）
8) 茂木信太郎：「環境問題対応に先制する」, フードサービス10の戦略, 商業界（1999）

参考文献

・戸田博愛：食文化の形成と農業, 農文協（2001）
・丸井英二編：飢餓, ドメス出版（1999）
・食の文化第七巻　「食のゆくえ」　㈶味の素食の文化センター（1999）
・健康・栄養情報研究会：国民栄養の現状　第一出版（2001年）
・堀口健治, 豊田　隆他：食料輸入大国への警鐘, 農文協（1997）
・　http://www.reishokukyo.or.jp　㈳日本冷凍食品協会

マトリクス人間生活学

ホームプロジェクトと学校家庭クラブ活動

　高等学校の家庭科で指導されているホームプロジェクトと学校家庭クラブは，家庭科で学習した知識や技術を実際の生活に役立てるため，家庭や地域に認められる課題の解決を主体的に行おうとする学習活動である。両者は，私たちの日常生活の中から改善すべき点や解決すべき課題を見出し，よりよい人間生活を実現していくことを共通目的としており，車の両輪のごとく相互の関連を図りつつ，推進していかなければならない。

1. はじめに

　現代社会に生きる私たちは，人間生活が，自然や社会（＝生活環境）に影響を受けながら成り立つことを十分に理解し，その改善向上に向けた具体的な活動を実践できる資質をもつことが求められている。こうした考え方は，今日，多くの人々認識するところとなっているが，「どうすれば，よりよい人間生活を送ることができるか？」という具体的な方策については，必ずしも明らかになっていない。本章では，よりよい人間生活の実践に求められる資質を形成するための方策を考える題材として，高等学校の家庭科で指導されているホームプロジェクトと学校家庭クラブを取り上げる。

　高等学校学習指導要領によれば，家庭科は，「家庭生活の各分野に関する基礎的・基本的な知識と技術を習得させ，家庭生活の意義を理解させるとともに，家庭生活及び関連する職業に必要な能力と主体的，実践的な態度を育てる」ことを教科の目標に掲げている。特に，ホームプロジェクトと学校家庭クラブは，家庭科で学習した知識や技術を実際の生活に役立てるため，家庭や地域に認められる課題の解決を主体的に行おうとする学習活動である。現行の高等学校学習指導要領（平成元年）では，科目の「2 内容」で「家庭一般」(7)の指導事項「生活一般」(10)の指導事項「生活技術」(7)指導事項で，2003(平成15)年から実施される新学習指導要領では「家庭基礎」(4)の指導事項「家庭総合」(6)の指導事項「生活技術」(7)の指導事項によって，「ホームプロジェクトと学校家庭クラブ活動」について示している。

　体験学習や課題解決学習など，自立的，主体的に学ぶことの必要が求められている生涯学習社会においては，ホームプロジェクトと学校家庭クラブ活動の指導はより重要なものとなるであろう。以下にホームプロジェクトと学校家庭クラブ活動の概要を述べる。

2．プロジェクトメソッドを取り入れた家庭科の学習

(1) プロジェクトメソッド

　プロジェクトメソッド (project method) は，「構案法」や「実演法」と訳される単元学習法の典型であり，特に，1900～1920年代のアメリカで積極的に実践された。プロジェクト (project) とは，計画・設計・構案などを意味し，この言葉を教育活動に使用した初期の事例としては，コロンビア大学附属実験学校（ホーレス・マン・スクール）において，児童の自己表現の実現を図るために行われていた「手仕事 (hand work)」などが挙げられる。

　こうした実践は，アメリカの教育哲学者キルパトリック (W. H. Kilpatrick) に発展的に受け継がれた。キルパトリックは，1918年，「プロジェクトメソッド (The Project Method)」と題する論文を発表し，「教育は生活である」という基本理念に立脚し，学校における学習は，生徒の実際の生活に即して行われなければならないと説いた。すなわち，プロジェクトメソッドは，学習と現実の生活とを結びつけることにより，学習を生徒自身の自発的な活動として展開させようとする教育方法である。

　これは知識偏重の教育に対する批判から生まれたものであり，多くの知識を生徒に教え，理解させ，記憶させるだけでは，その知識が実際生活で生かされ，それによって生活が向上するという効果は少なく，生徒は抽象的・断片的な知識のみ記憶しても学習に興味を持たないであろうという考え方である。プロジェクトメソッドの心理的な基礎となるものは，「人に興味ある問題に対しては，自発的に活動し，よく努力するものである」ということであり，したがって，プロジェクトメソッドでは，生徒自身が興味を持って行う自主的な学習活動でなければならない。そのため，プロジェクトメソッドにおける学習活動の過程は，次の4段階であるといわれている。

[PLAN(計画)－DO(実行)－See(反省)の原理]
　①目的をたてること。
　②目的を達成するための計画をたてること。
　③計画に従って実行すること。
　④実行の結果を検討すること。

(2)ホームプロジェクトと家庭科の学習

　家庭科の学習にプロジェクトメソッドを取り入れたのが，家庭科ホームプロジェクト (Home Project) である。家庭科学習が，実践学習を中心とする教科であるという特性から見ても，生徒が家庭科で学習した知識や技術をそれぞれの生活の場でどのように生かせばよいかについて具体的な指導をしなければならない。

　家庭科学習におけるホームプロジェクトとは，家庭においてプロジェクト法によって行う学習活動である。プロジェクトは実際の生活の中で計画し，実行する目的的な活動のことで，目標設定，計画，実施，評価という段階を経て学習活動を行うものである。

　ホームプロジェクトを最初に取り入れたのは，1908年，マサチューセッツ州のスミス農業高校において家庭での農作業を実習単元として位置付けたことであるとされている。これは，学校で学習した農業上の知識や技術を実際の生活に生かし，生徒が各自の農家で自ら計画をたて，実施し反省しつつ改善を加えるという学習法によって実践力の育成を試みたものである。こうした実践が家庭科学習にも適用され，実際の学習により教育効果を高めてきたのである。

　これまでも家庭実習として，学校で習ったことをそのまま家庭で復習したり，反復練習することはよく行われてきた。ただし，これは，主として技能の習熟を図ることが大きなねらいであり，このような家庭実習はホームプラクティス (home practice) と呼ばれる。技能教育が大きな目標となっていたころの家庭科学習では，訓練の機会を家庭に多く求められていたのである。

しかし，急速な科学技術の進歩により，家庭の生活構造の変化や新しい機器の普及などが著しくなると，家庭生活の合理化を図る能力として，単に被服や調理の技能に習熟しているということだけでは不十分になってきた。そのため，家庭科学習は，中学校では理論的根拠に立脚した技術教育を中心とし，高等学校では，経済的な側面・人間関係の側面などを踏まえた家庭生活の総合的な経営能力を育てる生活学習を中心として指導されるようになった。

　したがって，高等学校の家庭科におけるホームプロジェクトは，家庭経営の立場における組織的な一つのまとまりをもつ学習経験と位置づけられる。すなわち，目的を持ち，計画をたて，実行し，評価するという過程の生活体験で，この学習に当たり生徒は，教師の指導と家族の協力を得て体験的に学習を進めていくものでなければならないといえる。

(3)ホームプロジェクトの教育的効果

　ホームプロジェクトを実際に指導することによる教育効果としては，次のものを挙げることができる。

　①家庭生活に関する知識や技術を個々の家庭生活に即して生かし，生活を充実向上させようとする意欲と実践力を育てることができる。
　②生徒が自主的に問題を選び，計画を進め，実行するので，自由に伸び伸びと研究ができ，生徒がアイデアを生かせる喜びや一つのことを成し遂げた成功感を持つことができる。
　③生徒の教師に対する親近感を増し，教師も個々の生徒の実態や家庭事情を詳細に把握することができる。
　④学校と家庭や地域社会との連携を深め，生徒の家族や地域社会の人たちの家庭科学習に対する理解を深めることができる。
　⑤生徒の学習を通して，生徒の家庭生活や地域の家庭生活を一層充実向上させることができる。

(4)ホームプロジェクトの目標と具備すべき条件

　家庭科学習にホームプロジェクトが取り入れられたのは，家庭科で学ぶ知識や技術を断片的に記憶し習得するのではなく，常に生徒が家庭生活の場で問題点を見出し，既習の知識や技術を総合的に活用して問題解決の方法を計画し実施するという，実践力や意欲的態度を培うためである。したがって，ホームプロジェクト学習として，次の条件を具備しなければならない。

　①家庭科で学習した知識や技術を生かしたものであること。
　②家庭生活の改善向上に役立つものであること。
　③自分で計画し，実施したものであること。
　④家族の理解と協力，教師の指導によるものであること。

3．学校家庭クラブ活動

　学校家庭クラブ（Future Homemakers of Japan，以下ＦＨＪ）は，高等学校の家庭科を学習する生徒が広く地域社会において，家庭科の学習を生かしつつ自主的な活動を行う組織とされている。この学校家庭クラブは，アメリカの Future Homemakers of America を手本として日本に取り入れられた。ここでは，ＦＨＪ活動の意義・目標・性格などについて，先に述べたホームプロジェクトや，教科外の諸活動と比較しながら述べる。

(1)ＦＨＪの目的

　ＦＨＪは，家庭科での学習を踏まえて地域社会の生活や家庭の在り方などの問題点を見出し，その改善向上を意図して活動する学校家庭クラブである。その主な目的は，下記の通りである。

　①家庭科学習の究極のねらいである家庭生活の充実向上を図る実践力を身につけ，生きた体験による自信と誇りをもつ。
　②地域社会の家庭生活の改善向上を図ることにより，社会を理解し，広く社会に貢献することの喜びと責任を感得する。

③協力・協同の精神を養い，会員相互の友情を深めるとともに，広く社会の一員としての社交性を身につける。
　④勤労の精神を養い，豊かな愛情と美しい奉仕の心を育て，人間性の向上を図る。

(2) FHJの組織
　学校家庭クラブは，家庭科の学習の一環として行なわれるものであり，高等学校で家庭科を学習している生徒を正会員（クラブ員）によって構成される。その組織は，まず，家庭科担当教師を顧問として，学級または講座ごとに最下位組織となる単位家庭クラブが形づくられる。この学級または講座単位の家庭クラブが，いくつか集まって学校単位の家庭クラブを組織し，これを「〇〇高等学校家庭クラブ」という。さらに，これらの学校家庭クラブが集まって，都道府県や全国レベルの組織もある。

(3) 学校家庭クラブ活動の基本となる精神と活動の分類
　①創造，②勤労，③愛情，④奉仕の基本となる4つの精神を掲げるとともに，活動の目標にそって，その活動内容をa研究的な活動，b奉仕的な活動，c社交的な活動に分けることができる。実際の活動では，この3つ

[FHJの活動]

活動分野	活動内容	具体例
a 研究的な活動	家庭科で学習した基礎を応用発展させる。	研究発表 講演会 社会見学など
b 奉仕的な活動	家庭・学校・地域での奉仕活動を行う。	リサイクル運動 学校・施設等の美化 各種ボランティアなど
c 社交的な活動	社会生活に必要な社交性を身につける。	新入生歓迎会 卒業生送別会 他校のクラブとの交流

の分野が一つになって行われる場合やa～cのいずれかに重点が置かれて行われる場合がある。

(4) FHJ活動とホームプロジェクトとの差異

　FHJの活動とホームプロジェクトは，①家庭生活の充実向上を図る実践力を育てるための自主的学習活動であること，②学習者以外の人の協力を得て行う活動であることの2点で共通している。しかし，学習・研究にあたっては，その対象である家庭生活の範囲が異なっている。つまり，ホームプロジェクトが家庭を対象とした個人の活動であるのに対し，FHJは，地域を対象としたグループ活動である。そのため，①ホームプロジェクトの学習から地域の家庭生活改善への働きかけの動機が生じて発展的にFHJ活動となる場合もあれば，②ホームプロジェクトの研究発表会をFHJの事業として計画・実施する場合もある。

　以上のことから，ホームプロジェクトとFHJ活動は，同じ目的をもつ学習活動として共通目的を達成するために，車の両輪のごとく相互の関連を図りつつ，推進していかなければならないと考える。

[ホームプロジェクトとFHJの相違点]

項　　目	ホームプロジェクト	FHJ
学習活動の範囲	・生徒自身の家庭生活 ・個人活動	・地域社会の家庭生活 ・家庭クラブ員のグループ活動
研究の対象	家庭内の問題	地域社会の家庭生活
研究の協力者	家族	地域の人々

参考文献
　・文部省『高等学校学習指導要領』平成11年3月
　・文部省『高等学校学習指導要領解説家庭編』平成12年3月
　・青木時子『高校家庭科とホームプロジェクト・FHJ』教育図書

・全国高等学校家庭クラブ連盟，財団法人家庭クラブ『ホームプロジェクトと学校家庭クラブ』
・全国高等学校家庭クラブ連盟，財団法人家庭クラブ『FHJ GUIDE BOOK』
・W. H. Kilpatrick, "The Project Method", Teachers College Record, vol. 19, No. 4, 1918.

マトリクス人間生活学

人間の発達
―発達観を顧みるためのヒント―

　人間が持つ発達観は，日々の生活に人生に反映する。ここでは，近年の発達心理学の知見を中心に紹介し，この本で学ぶ一人一人が自らの発達観を顧みるためのヒントを示したい。

　人間の発達を決めるのは遺伝か環境かという議論は古くからあるが，現在では遺伝と環境の両方が影響しあって人間の発達を規定しているとする考え方が主流である。その複雑な影響の仕方についていくつか例を挙げたが，それらはいずれも日常生活の中でよく見聞きすることを改めて考え直したものである。

　人間の発達については，「望ましい環境」を「絶対的」ととらえない方が良い。人間の発達を規定する環境はある程度の幅のあるものであり，その余裕は太古の昔から伝えられてきた人間という種の遺伝のおかげなのである。人間の「柔らかさ」を知って欲しい。

1. 人間生活と発達心理学

発達とは
発達心理学とは

　こんな疑問を取り上げてみよう。生まれたばかりの赤ちゃんは周りの世界をどう感じているのか、小学生は文字や計算をどうやって学び、大学生は友人との交際に何を求め、大人はどんな悩みや喜びを感じながら働いているのか、そして高齢者は長い人生の中で身につけてきた知恵をどのように生かしているのだろうか。このような人間が見たり聞いたり感じたり様々な能力を身につけながら生きていくしくみを研究しているのが心理学である。

　人間が生まれてから死を迎えるまでの間に、身の回りの人々や物事という様々な環境のとらえ方やそれとの関わり方がどのように変化するのかという問題は、心理学ではおもに発達心理学という領域で研究されている。日常生活で「発達」と言うときは、「骨の発達」「機械の発達」などのように、"大きくなる"とか"進歩する"という意味で使われる。したがって、「発達心理学」とは子どもがどのように成長して大人になっていくかを研究する学問だと思う人が多いであろう。しかし最近の心理学では、知識が増えたり能力の幅が広がったりというようなプラスの方向への変化ばかりでなく、例えば記憶力の衰えのような、普通はマイナスの変化と考えられることも含めて「発達」という言葉を使う。

　実は心理学もかつてはプラスの変化だけを「発達」と考え、子どもが大人になるまでの過程を熱心に研究していた。「発達心理学は児童心理学の別名として出発し、その後児童心理学に代わって用いられるようになった。」（矢野，1995）のである。しかし1970年頃から、成人期以降についても研究され始め、「一生を視野に入れて発達を考える」（高橋，1990）ようになった。このような変化を反映して、「生涯発達心理学」という言葉も生まれた。したがって現在の発達心理学では、人間の受胎から死に至るま

での向上・衰退両面の変化を発達ととらえ，一生涯を見通しながらそのしくみを明らかにしようとする考え方が主流であり，「発達心理学＝生涯発達心理学」である，と言っても過言ではないであろう。

発達観の変化

　発達心理学から生涯発達心理学への変化は，子どもが大人になった後，すなわち成人や高齢者についても研究されるようになったことだけではない。成人期以降に関する研究は，それまでの心理学に二つの大きな変化をもたらしたのである。

　まず，大人について詳しく調べることで，成人期以降が決して衰えるだけの時期ではないことがわかった。例えば，常識的な推論や日常生活で必要な言葉に関する能力は，高齢期になっても維持されたり上昇することがある。高齢者は孤独感が強く頑固であるという一般的なイメージも，実際に調べてみると事実ではなかったり，衰えを前提とした尋ね方をしていた研究上の誤りがそのような「事実」を作り出していた。パソコンに親しむ高齢者達が増えていることからわかるように，新しく物事を身につけることもまた可能である。衰える側面についても，それまで考えられていたよりずっとゆるやかなカーブを描くことが示された。すなわち，これらの発見は，青年期が発達のピークであり後は下降するばかりと考えてきた発達観を書き換えることになったのである。

　そして，この発達観の変化こそが発達という言葉に心理学独自の意味を持たせたのである。つまり，成人期や高齢期についてわかったことが，それまで「成長」や「成熟」とほぼ同じ意味でとらえてきた「発達」を，「停滞，衰退を含む生涯の変化の意味」（矢野，1995）に拡大する必要性を呼び起こしたと言える。

人間の生活と発達観

　はっきりと意識するしないに関わらず，人はそれぞれに発達観を持っている。それは日々の生活の様々な場面で，意見や感想を抱くベースとなっている。例えば次のような問いをきっかけに自分の発達観を省みてみよう。

あなたは子どもの早期教育についてどう考えているだろうか。サーフィンを習い始めた中年男性が出てくるテレビCMを見て何を感じただろうか。脚本家三谷幸喜氏が87歳の御祖母様とオセロゲームをしたそうだ（三谷，2002）。あなたはどちらが勝ったと思うだろうか。

さらに個々人の発達観は，周囲の人々との日常的な関わりに反映され，時に人生を大きく左右することもあり得る。最近パソコンを使い始めて悪戦苦闘している父親に，家族の介護体験を活かして医学部に行きたいと言い出した母親に，あなたはどんな言葉をかけるだろうか。「無理よ，もう頭が硬くなってるんだから」と言うか，それとも「頑張って！」と励ますだろうか。

そして何よりあなた自身，自分の能力や将来の可能性をどのように考えて毎日を生きているのだろうか。

発達に対する考えは，人間の日々の生活に，人生に大きく関わる。本章では，近年の発達心理学における知見を中心に紹介し，人間生活学を学ぶ一人一人が自らの発達観を問い直す契機を提供したい。

2．「遺伝・環境」論争

(1) 発達に及ぼす遺伝と環境の影響
誰もが持つ疑問

「あなたの心をつくってきたものは遺伝子？幼児期の体験？環境？」これはある雑誌の特集に添えられたサブタイトルである（Newton，1998年10月号）。おそらく，人々が人間の発達について最も興味があるのはこの疑問ではないだろうか。「遺伝か環境か」という論争は専門家たちの間でも古くから行われてきたが，現在ではいずれか一方だけを重視するのではなく，人間は遺伝と環境の両方の影響を受けて発達するという考え方が主流を占めている。

しかし，遺伝か環境かの二者択一的ではなくどちらの影響も受ける，と言われても，それでわかった気にはあまりなれないだろう。確かに，人間

の発達に及ぼす遺伝と環境の影響は非常に複雑で，簡単に説明することは容易ではないし，実は専門家たちの間でも完全に一致した見解はない。そこで，ここではこの問題について考えるための重要な知見をいくつか紹介しよう。

人間を形作る様々な性質

「遺伝・環境」問題の難しさの一つは，遺伝要因と環境要因の影響の仕方が性格，知的能力，健康など様々な点においてそれぞれ異なる，ということにある。いや，性格や知的能力という分類でも大きすぎる。性格も知的能力もそれぞれがたくさんの要素で成り立っており，ひとまとめにして論じることはできない。遺伝的影響が強く作用する病気もあればそうでない病気もあるのと同様に，性格の中の「人々の関心の中心にいたがる傾向」と「あいまいさに耐える傾向」とでは遺伝と環境の影響力は異なるのである。

私たちは先に挙げた雑誌のサブタイトルのように，できるだけ単純ではっきりした結論を求めがちである。「人の性格は親からの遺伝子で50%決まる。」という言葉の方が，「人々の関心の中心にいたがる傾向は50%程度の遺伝的影響があると推測されるが，あいまいさに耐えられる傾向についてはほとんど遺伝的影響は見られない。」という言葉よりもずっとわかりやすい。しかし，このように単純化した結論は，人間が持つ多様な性質の一部しかつかむことができず，人間について説明するどころか結果的にますます理解を難しくしてしまうことも少なくない。「遺伝・環境」問題に限らず，人間を理解するには，過度の単純化を控える必要があるのである。

遺伝のメカニズムの基本

少し難しい話になるが，ここで遺伝のしくみの基本について学んでおこう。ある子育てエッセイの中に「私は小さい時情けないほどの泣き虫だったので，リクオの泣かない性格はたぶん夫に似ているのだろう。」（石坂, 1996）という一節がある。誰もがこれと同じようなことを考えた経験があるだろう。しかし，この似ている似ていないという考えは他愛もない日常

会話としてはそれでよいかもしれないが，人間の発達について深く考えるには適切ではない。

　遺伝学では実際に現れた性質を表現型と呼ぶ。有名なメンデルの実験の豆で言うならば，形が「丸」や「しわ」，色が「黄色」あるいは「緑」ということである。上のエッセイの例では，よく泣く性格かそうでないかということになる。そして，性格や知的能力のそれぞれの要素は，ひとつふたつではなく数多くの遺伝子が加算的に影響していると考えられている。安藤（2000）によればこのような考え方ををポリジーン・モデルという（ポリ：poly-＝たくさんの，ジーン：gene＝遺伝子）。つまり環境の影響を抜きにした遺伝的要因だけを考えると，「よく泣く」性格も「泣かない」性格もたくさんの遺伝子一つ一つの影響力が足し合わされることによって構成されているのである。

　安藤（2000）は，遺伝のメカニズムに関するとりわけ大事な点として次の二つを挙げている。「第一に，遺伝によって伝わるのは遺伝子であって表現型ではないということ，そして第二に，遺伝子は親の半分ずつが組み換わって伝わり，子の世代で新たな遺伝子型が構成されるということである。」つまり第一の点から考えると，「リクオ」君のあまり泣かない性格は，父親の「泣かない」性格という表現型がそのままバトンを渡すように遺伝したのではない。第二の点については，子どもの遺伝子は父母の遺伝子の半分ずつが組み換わって作られるが，このしくみをもう少し詳しく述べると，遺伝子は二本一対の組みひものような染色体の上に乗っており，一対の染色体の「ひも」が二つにほどけて分かれるときに，ところどころで部分部分が入れ替わる（安藤，2000）。つまり，リクオ君が父親と同じようにあまり泣かない性格であるとしても，その性格をつくっているのは父母双方から受け取った多数の遺伝子であり，お父さんが持っている遺伝子とまったく同じものであるとは考えられないのである。

(2)「遺伝・環境」と家族
似ていれば遺伝か

親子やきょうだいで似ているところがあるからといって，それは遺伝要因による，と断言することはできない。家族は多くの場合，共有する生活空間という環境要因を共通して持っているからである。両親が音楽好きであれば，その子ども達は音楽に親しむ機会が他の家庭の子どもよりも多い可能性がある。音楽好きになる遺伝子があるかどうかはわからないが，もし仮にそのような遺伝子があり，それが親から子どもへ伝わっていたとしても，子どもが音楽好きになったのは遺伝子の影響か，それとも音楽好きの両親のもとで音楽に親しむ機会が豊富であるという環境の影響かを分離することは不可能なのである。

　さらに，一緒に生活しているきょうだいであっても，その環境は共有環境と非共有環境とに分けられる。非共有環境の例には，出生順によって「姉らしく，兄らしく」ふるまうことを親が求めたり，それぞれ別の友人や教師と過ごすこと，違う病気にかかることなどが挙げられる。つまり，家族ならばすべての環境を共有するというわけではないということである。安藤（2000）によれば，双生児を対象とした研究では，知能や宗教性は非共有環境より共有環境の影響が大きいが，学業成績や創造性についてはその影響の大きさは同じであり，職業興味や神経質さについては共有環境より非共有環境の影響の方がはるかに大きい。日常生活の中で「家庭環境」と言う時は，共有環境だけを指して使う場合が少なくないが，発達について厳密に考える際には区別する必要がある。人間の個人差を生み出す遺伝と環境の影響について研究しているプロミン（1994）が，家庭環境の影響を研究する際には複数の子どもを持つ家庭を対象とする必要性を主張しているのも，共有環境と非共有環境の影響の違いを明らかにするためである。

個性を生む要因

　人間の心と行動における遺伝の影響に注目している安藤（2000）が家族と遺伝について述べた次の説明は，人間の発達や個性の違いを考える上で大変興味深い言葉なので，少し長いが引用しよう。「遺伝は形質を伝達させて類似するものを生む要因であると同時に，形質を散らばらせて異なる資質を生み出す要因でもある。とくにポリジーンのように多くの遺伝子が

関わっている場合，遺伝は類似性と同時に多様性も生むのだ。われわれが常識的に受けとめる『伝達性』としての遺伝，つまり頭のいい親から頭のいい子が生まれるとか，子どもの性格が明るければ親も明るいといった遺伝観は，必ずしも正しくないことがわかるだろう。…一昔前，一家に何人もの子どもがいた時代には，一組の親からいろんな素質を持った子が生まれることは，日常のように経験していた。だからこのことは実感として分かったはずであるが，近年の少子化によって，本来あるはずの家庭内分散が見えなくなり，家庭間分散の方にばかり気をとられるようになったのかもしれない。だが，同じ血を分けた人同士の多様性を作る一つの大きな原因は，遺伝にあったのである。『蛙の子が蛙』になるのも遺伝なら，『鳶が鷹を産む』のも遺伝なのだ。」

このように，人間は遺伝要因と先に挙げた共有環境と非共有環境が影響して発達するのである。そして親と同じような人間が育つとは限らず，たとえ同じ親から生まれたきょうだいでもそれぞれに個性が生じるである。「家庭」や「家族」が決して類似性だけを意味しているわけではないことを理解して頂けただろうか。

(3)人間共通の遺伝
遺伝は「血のつながり」だけではない

人間一人を作るのに必要な遺伝情報は，およそ10万個の遺伝子からなるとされる（安藤，2000）。これらのうち，一人一人の顔かたちの違いや能力の違いのもとになっている遺伝子もあれば，直立歩行のような人間としての共通の特徴を担っている遺伝子もある。遺伝で伝えられるのは，血縁関係に関わる情報だけでなく人間に共通する情報も含まれているのである。

人間共通の遺伝の中で，発達と関わる重要な特質として生得的制約を挙げることができる。生得的制約とは，生まれてから身につける様々な能力を少ない経験からすばやく学ぶことができるように生まれながらにして持っている法則である。例えば，新生児に様々な高さの音を聞かせると，

人の声と同じ高さの音に最もよく反応し，顔や同心円，新聞の切抜きなど様々な図を見せると顔の絵を最も長く見つめる。このように人間に対する特別な好みという法則を持っているおかげで，周囲を取り巻く様々なものの中から人間を区別し，やり取りを深めていくと考えられる。その他，生後数日の新生児が話される語や音節などの切れ目にあわせて身体を動かすことから言語の基本的構造を把握する能力を持っていたり，生後数か月の乳児にも数を区別する能力や物の動きに関する物理的概念があることがわかっている。このような遺伝的能力に支えられて私たちは生まれてから接する環境の中で言葉を覚えたり，日常生活に必要な知識を身につけてきたのである。

人間と動物の脳比べ

動物学者ポルトマンは，オランウータン，チンパンジーなど他の高等哺乳動物に比べ，人間の誕生時の状態が未熟であることを「生理的早産」と呼んだ。人間の赤ちゃんは生まれた時，自分の力で親にしがみつくことすら難しい。そんな人間の出生時の体重は平均約3000gであり，他のどんなサルの平均1500～1900gよりもはるかに重い（神谷，1991）。この違いは脳の重さの違いである。生まれたばかりの赤ちゃんの脳は約400g，大人になると1400gくらいになる（久保田，1998）。しかし，大人でも赤ちゃんでも脳の神経細胞の数は140億個と同じであり，これらの重さの差は神経細胞の発達によるもので，神経細胞が情報を伝達する軸索が髄鞘と呼ばれる脂肪の鞘でおおわれる髄鞘化と神経細胞同士のつながりであるシナプスの数の増加によると考えられる（前川，1998）。つまり，先に説明した生得的制約は，生まれた時にすでに存在するシナプスの一部であろう。

それに対して，動物の脳は人間に比べて神経細胞の数は少なくても髄鞘化とシナプスの形成が進み，出生時にすでに完成あるいは生後まもなく完成する状態で生まれてくる。これは「遺伝・環境」で考えるなら，生まれてからの環境を通じた経験ではなく，遺伝による影響が圧倒的に大きいことを意味している。言い換えると，脳がほぼ完成した状態で生まれ遺伝的に規定される部分が多い動物の発達に比べると，人間の発達は環境を通し

た経験に影響を受ける可能性が大きいのである。

　人間の脳は他の動物に比べ前頭葉と呼ばれる前の部分が大きくせり出した形をしている。前頭葉は神経細胞の発達が最もゆっくり進む部分であると同時に，思考や創造性など，人間独自の特徴とも呼ばれる能力と深く関わっている部分である。ここを働かせて人間は様々な言語や道具，文化を生み出してきた。出生時の人間の脳が動物に比べて未完成であることは，創造の可能性を意味していると言えよう。

　さらに，適応の可能性を挙げることができる。心理学では，人間が環境と調和の取れた状態にあることを適応と言う。遺伝によって決定づけられる部分が少ないおかげで，人間はあらゆる自然環境の中で生命を維持することができ，たとえ親と異なる文化圏で育つことになっても，その文化圏の言語や食習慣を身につけることができるのである。

　人間は共通の遺伝として，首すらすわらず食べることも排泄も周りの力を借りる状態で生まれ，人間に対して特別に反応するという生得的制約を持つ。これは，先に生まれた人間たちという環境の力を上手に利用するための遺伝的法則である，と考えられよう。

(4) 野生児は環境の影響力の象徴か
有名な野生児事例

　人間の発達における環境の影響という問題について，必ずと言っていいほど取り上げられるのが野生児の事例である。フランスのアヴェロンの森で発見された少年ヴィクトール，インドのアマラとカマラの姉妹の例が特によく知られている。

　たいていどの書物でも，ヴィクトールは6年間にわたる熱心な教育を受けたにもかかわらず言葉を身につけることは難しかった，発見当時の推定年齢1歳だったアマラは発見後1年足らずで死亡し，姉のカマラは四足で歩いたり遠吠えをした…，などの説明がされる。そして，「ヒトは人間社会の中で育つことによって，はじめて『人間』へと自らの能力を発展させることができるのであり，場合によってはオオカミとしての能力を身につ

ける可能性すらある」,「野生児の例のように,形の上だけで人間の本質が表されるものではない」,「野生児の例を出すまでもなく,環境は大きな影響を及ぼす。」といった言及が続くのである。

野生児という「神話」

　ところが,こんなにも有名な野生児の事例が,思惑と誤解の産物としての「神話」に過ぎず事実ではないという指摘がされていることはほとんど知られていない。何人かの精神医学の専門家は,「野生児」と呼ばれた子どもたちが奇妙な行動をしたり言葉を覚えることができなかった点について,知的障害や自閉症との共通点を挙げ,「野生児」とは家族から捨てられた障害児である,と考えている。以下,藤永(1982,1990)の指摘をまとめると,およそ次の通りである。まずアヴェロンの野生児については,当時から重度の精神遅滞であることが考えられていたにもかかわらず,人間の本性という偉大な自然を信頼して人為を排するところに教育の本義があるとするルソーの自然人の思想に共鳴していた青年医師イタールがその考えを実証しようと考えて教育を試みたこと(しかし何年かの献身の後には少年をほとんど付添いに任せっぱなしにしている),そしてアヴェロン県というパリから直線距離でおよそ500km離れている地方都市の政府委員だったサン＝テステーブという人物が自分の見識と有能さを中央に誇示しようとする思惑があったことが推測される。またインドのオオカミ少女の事例については,アマラが死んでから22年経った頃にアメリカのオグバーンという社会学者が行った調査によれば,孤児院を経営していたシング牧師が二人の少女を連れてきた誰かからオオカミの洞穴から救出されたという話を聞き,それを自分の体験談のように脚色したと考えられる。

　さらに藤永(1990)は,アメリカの心理学者ゲゼルが,自分の記録を出版しようとつてを求めていたシング牧師のことを知ってシング日誌の公刊に先立ってそれを心理学的に解釈した著書を出版し,実際の養育日誌の刊行以前に人々はオオカミ少女はまちがいのない事実だという考えを植えつけられていた,と述べている。ゲゼルは成熟優位説の代表的研究者である。成熟優位説とは,遺伝説と同様にあらかじめ仕組まれた身体的成長を発達

の最も重要な要因であるとする考えである。そのゲゼルが成熟優位説を唱えた後にシング牧師の記述をもとにアマラとカマラの事例を紹介し，環境の影響の大きさを示しているのである。藤永（1990）は，このゲゼルの変貌ぶりがオオカミ少女の虚実の鍵を握っていると考え，ゲゼルは環境や経験を重視するアメリカ心理学思想全体の中では自己の成熟説が傍流であるのを感じていたところにシング牧師の記録を知り，路線変更の絶好のきっかけを得たのではないかと推察している。

　人間の本質や発達を問う時にしばしば例として取り上げられるように，野生児の事例は確かに衝撃的で興味深い。ゲゼルの著書「狼にそだてられた子」の日本語版は，出版社によって次のように紹介されている。「……シング牧師が観察記録した日記を資料にアメリカの著名な心理学者が科学的メスをふるってまとめたもの。人間性の真髄と人間の成長の可能性を改めて見直すことができる。」しかしながら，一見ゆるぎない「科学的事実」と思われることの背景に，人間の欲望や意図が存在していることもある。果たして野生児の事例から人間についてどれだけの示唆が得られるのか，考え直す必要がある。

(5) 「遺伝と環境の両方が影響する」とは
赤ちゃんと養育者の相互作用
　先に述べたように，遺伝と環境のどちらか一方を重視する立場に代わって現在では,それらが相互に作用すると考える相互作用説が一般的である。これについて，母子の関わりに関するモデル（三宅，1990）を例に説明しよう。
　赤ちゃんは生まれた時からそれぞれ個性がある。よく泣く子もいれば,ミルクをたくさん飲んでぐっすり眠り，あまり泣かない子もいる。ぐずっている時にあやすとすぐに機嫌がよくなる子，そうでない子,様々である。このように生まれて間もない時期から見られる行動上の個人差を，心理学では気質と言う。ぐずりやすくよく泣く「むずかしい気質」と呼ばれる赤ちゃんが生まれたとしよう。このような子どもは手がかかり，養育者にとっ

ては負担になることが多い。そこで母親が心身ともに疲れて気分よく子どもの世話をすることができないと、母親の不機嫌な様子が子どもに不安感を抱かせ、子どもはますます泣く、母親はさらにつらくなる、という悪循環が生じることになる。もちろん、もし子どもがよく泣く子であっても周囲の養育者がそれも個性の一つとして気楽に余裕を持って考えたり、母親一人に育児の負担が大きくかかるような事態を避ける工夫をするなら、「むずかしい気質」という個性は変化すると考えられる。

気質は100％遺伝か

気質が生まれた時にすでにあるものならば、赤ちゃんはまだこの世という環境での経験はないのだから、気質は100％遺伝によると思うかもしれない。しかし、そうではない。

人間の心と体は脳によってコントロールされている。脳という神経細胞の塊は、神経伝達物質と呼ばれる化学物質が神経細胞から神経細胞へと伝わることで機能する。つまり赤ちゃんがぐずりやすかったり寝起きのよい子であったりする気質とは、神経伝達物質という化学物質の細胞間の伝わり方の違いであると考えることができる。そして、近年環境ホルモンと呼ばれるような有害な化学物質や妊娠中の母親が感じた精神的なストレスが母親の血液中の化学物質を変化させることなどを通して、胎児の心や体を作る化学物質に影響を与えることがある。つまり、人間は生まれる前から母親を通して環境の影響を受けているのである。

遺伝子に影響する環境

遺伝子というレベルで考えると、当然のことながら胎児を育む母親だけでなく父母双方を通した環境の影響が考えられる。有害な化学物質や放射線が遺伝子に異常を生じさせることがある。

しかし遺伝子の異常や遺伝性の高い病気であっても、必ずしも心や体に異常が現れるとは限らない。遺伝的な病気というと必ず異常が起こるように思われがちであるが、多数の遺伝子の働きのバランスで表に現れる特徴すなわち表現型が決まるようなポリジーン・モデルに当てはまる病気の場合、環境要因により大きな影響を受ける。高血圧や糖尿病、いくつかのガ

ンなどはいずれもポリジーンによる病気である。つまり，異常な遺伝子や病気と関係する遺伝子を持っていたとしても，環境，例えば有害な化学物質を避けたり食生活に配慮することで，遺伝子の働きが異常として表に現れることを防ぐことが可能なのである。家族の共有環境・非共有環境という点から考えるなら，親と同じ病気になったのは遺伝子の影響だけではなく，住生活や食生活などの共有環境が影響している場合も考えられる。

　病気以外の例では身長や体重，知能もポリジーンで構成されている。遺伝的にはまったく同じ情報を持つ一卵性の双生児であっても，多数の遺伝子で構成されることについては，二人がまったく同じであるとは限らない。その違いをもたらすのは何らかの環境の影響によると考えられるのである。乳児期から7歳までの知能指数の変化を見てみると，2，3歳の時期と7歳の時に生まれたばかりのものとは違う新しい遺伝要因が影響を与えている（安藤，2000）。これは遺伝子の時間割に沿ってその頃新しい遺伝要因にスイッチが入るということも考えられるが，安藤（2000）はもう一つの可能性を挙げている。2，3歳は言語能力の飛躍的発達，行動範囲の拡大や新しい友達を作るなど社会関係が大きく変わる時期であり，7歳は小学校入学の時である。このような新しい環境がそれまで眠っていた新しい遺伝的素質を開花させるのではないかという考えである。

　ここまで，人間の発達に及ぼす遺伝と環境の影響についてみてきた。「遺伝と環境の両方が影響を及ぼす」といわれることの中身が，少しは具体的にとらえられただろうか。そして，遺伝・環境という二つの視点は，発達について考える上で便利な面はあるが，それらを単純に区分することはできないことを理解して頂けただろうか。

3．人間発達の可塑性

幼い時の経験はその後の人生を決定するのか
「臨界期」と言うより「敏感期」

野生児の事例からは、環境の影響の大きさのほかに、人間にとって重要な時期を逃すとその後の発達に影響を及ぼす、という考えがしばしば述べられる。有名な刷り込み現象の研究と結び付けられることも少なくない。
　刷り込みは刻印づけとも言われ、ガン、カモ、アヒルなどのひな鳥が孵化してから10数時間の間に見た最初の動くものを親鳥と思ってその後をついて歩くようになる現象である。ローレンツという人が行ったこの研究は、孵化後10数時間という成熟と動くものを目にするという経験との相互作用の例として、またこの刷り込み現象が成立するのは孵化後の一定期間だけであることからある行動を獲得するための臨界期を示すものとされる。
　これを人間に当てはめて、何かを身につけるには限られた時期があり、そのほとんどは幼い時である、と考える人は少なくない。幼い時の初期経験が大切である、という主張である。しかし、現在の心理学では、人間の場合はこれまでの様々な研究から、臨界期をこの時期でなければ獲得できないというように絶対的に考えるよりも、ある経験が最も効率よく効果を発揮する時期あるいはある特性が一番獲得されやすい時期という相対的なとらえ方の方が適切であると考えられている。実は、動物に関するその後の研究でも、鳥より人間になついてしまった鳥が時間をかければ鳥仲間に復帰できる場合もあることが分かっているのである。そこで特に人間の場合は、臨界期という絶対的なニュアンスの強い言葉に代わって「敏感期」という言葉が好んで使われる動きもあるのだが、発達心理学以外にはまだあまり広がっていないようである。

たとえ恵まれない時期があっても

　最近、子ども虐待や心的外傷と訳されるトラウマに対する注目が高まっている。その際、幼い時の不幸な体験は必ずその人の一生にわたって負の影響を残すかのように語られることが多い。
　しかし一方で、長期間に渡る細やかな治療教育の結果、回復を果たした事例も存在する。いずれも小屋や一室に閉じ込められて十分な食事すら与えられないような虐待を受けた子ども達である。内田（1992）によれば、「これらの事例は、幼児期を通じて隔離され、非常に制限され、栄養面は

もちろん，知的，社会的に閉ざされた環境に置かれたとしても，それを克服する自生的な成長の力は大きい」ことを示唆している。

　もちろん，回復のためには10数年という長期にわたって配慮が必要な場合もあり，個々の事例に応じた教育プログラムの整備など，決して容易な問題ではない。しかし虐待などの被害の大きさだけに目を向けるならば，やはりそれは人間を見誤ることにつながる。回復を図る新たな方法を開発するためにも，人間は傷つきやすさと同時にそれを克服する可能性を持っていることを忘れてはならないだろう。

発達を柔らかく考える

　子安（1992）は，初期経験に関して次のように述べている。「人間は，生理的に早産であるとともに，成熟に至るまでの期間が他の動物よりも格段に長い。そのことが人間の行動の可塑性や柔軟性を生み出す要因になっていると考えられる。すなわち，人間の場合にも初期経験が重要であることは当然であるが，初期経験の効果が必ずしも決定的ではなく，さまざまな点で後のリカバリー（回復）が可能な場合が多いのである。」

　「初期経験が重要である」ことと「決定的」であることは決して同じではないのだが，物事を単純化してとらえる傾向がますます進む近年の風潮か，初期経験にしても遺伝の影響にしても「決定的」に受けとめられがちである。しかし，人間の発達について一つの要因を「決定的」に考えすぎることは回復や改善あるいは獲得の可能性を閉ざし，人間にとって自ら不幸を招くことなのではないだろうか。

　人間の発達について最も重要なこと，それは「可塑性」であると考えられる。「可塑」とは，形が変わるという意味である。高齢になっても新しい知識や技能を身につけることができる，動物に比べると未熟な状態で生まれるが遺伝的に規定される部分が少ないおかげで適応の幅が広い，そして初期経験は決して決定的ではない，これらはいずれも人間の可塑性の現れなのである。

　パソコンで音楽や写真などのデータを書き込むCDに，CD-RとCD-RWの2種類がある。CD-RのRはRecordableの頭文字で「記録可能」と

いう意味であるが，これはフロッピーやハードディスクのように上書き保存をすることができない。記録可能といっても一度しか書き込むことができないのである。それに対して CD-RW は Rewritable で書き足したり消したりが可能である。人間の発達をこれらに例えるなら，CD-R ではなく CD-RW に近いと言えよう。さて，あなたは自分という CD-RW をこれからどう書き換えていくのだろうか。

引用文献

安藤　寿康　2000　心はどのように遺伝するか──双生児が語る新しい遺伝観　講談社ブルーバックス

藤永　保　1982　発達の心理学　岩波新書

藤永　保　1990　幼児教育を考える　岩波新書

石坂　啓　1996　赤ちゃんが来た　朝日文庫

神谷ゆかり　1991　誕生から青年へ　稲田準子・細田和雅・松本卓三（編）　心理学概説　ナカニシヤ出版　pp. 91-108.

子安　増生　1992　初期経験　子安増生（編）　キーワードコレクション発達心理学　新曜社　pp. 54-57.

久保田　競　1998　心の一生は神経細胞どうしを結ぶシナプスの変化の歴史でもある。Newton　1998年10月号　御子柴克彦（監修・執筆）脳が語る心の一生　ニュートンプレス　pp. 108-109.

前川　喜平　1998　脳の神経発達にともなって，赤ちゃんはさまざまな行動が可能となる。Newton　1998年10月号　御子柴克彦（監修・執筆）脳が語る心の一生　ニュートンプレス　pp. 82-83.

三谷　幸喜　2002　三谷幸喜のありふれた生活90　朝日新聞　2002年1月15日　北海道支社　夕刊7面

三宅　和夫　1990　子どもの個性──生後2年間を中心に　東京大学出版会　Newton　1998年10月号　御子柴克彦（監修・執筆）　脳が語る心の一生　ニュートンプレス　pp. 70-109.

プロミン　R.安藤寿康・大木秀一（共訳）　1994　遺伝と環境——人間行動遺伝学入門　培風館　(Promin, R. 1990 Nature and nurture: An introduction to human behavioral genetics. Brooks ／ Cole, A division of wadsworth, Inc.)

高橋　惠子　1990　発達心理学の新しい展開　無藤隆・高橋惠子・田嶋信元（編）　発達心理学入門Ⅱ青年・成人・老人　東京大学出版会　pp. 207-226.

内田　伸子　1992　社会化　子安増生（編）　キーワードコレクション発達心理学　新曜社　pp. 58-61.

矢野　喜夫　1995　発達概念の再検討　無藤隆・麻生武・内田伸子・落合良行・楠見孝・南博文・やまだようこ（企画・編集）　講座生涯発達心理学1生涯発達とは何か－理論と方法　金子書房　pp. 37-56.

参考文献

藤永保・斎賀久敬・春日喬・内田伸子　1987　人間発達と初期環境　有斐閣

マトリクス人間生活学

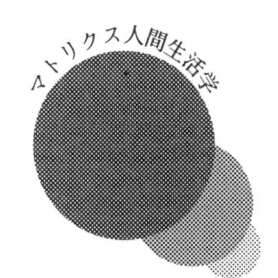

エコロジカルな生き方と宗教

　環境問題は現代において大きな問題となっている。自然破壊のみならず，ダイオキシンや環境ホルモンの人体への影響や，われわれの生活そのものを脅かす現象があちこちで起こっている。このような問題を解決するために科学的対策が必要とされることはもちろんであるが，はたしてそれだけですべてが解決できるであろうか。エコロジーは単に目に見える生態系にかかわることだけではない。この地球環境の秩序を乱しているのは誰なのかを考えてみると，その責任は明らかに人間にある。仮に生態系を部分的に修正したとしてもそれは小手先の応急処置に終わってしまう。エコロジーの問題の根本は人間の意識にあることを忘れてはならない。従って，この問題の解決にあたって，精神的・思想的な変革が第一に問われるべきではないだろうか。人間の生活の基本となる思想なしにエコロジーの問題を物理的にのみ解決しようとすることはむずかしい。では，そのためにどのような思想が必要なのであろうか。実際にエコロジカルに生きた偉人たちの生涯を通して考えてみよう。

1．エコロジー問題とは

　エコロジーとは一般に「生態学」の分野と考えられがちであるが，問題の核心を探ってゆくと，けっして単に自然科学の問題だけではないことがわかる。現代科学技術が生み出したさまざまな化学製品，経済発展のための大量消費などは，現代人が便利さや快適さを追求しすぎた結果として表出してきたものである。その解決法を考えるとき，ただごみ処理方法を改善したり，リサイクルを推進したり，新しい科学物質を開発しただけでは，ごみは減らない。環境を改善するにはごみそのものを減らし，環境に有害なものを使用しないようにしてゆかなければならない。そのためには，人々の生活を改め，便利さを求める意識を変えてゆかなければならない。そして，それを支えるのは地域社会，政治，経済，科学技術，哲学，倫理など，あらゆる分野であることに気付くであろう。さらに，これらを結びつける思想も必要となってくることがわかるであろう。したがって，最終的にはわれわれ人間の心の問題であり，それには宗教的な側面が要求されてくるのである。

　ここでは，現代においてそういった改心に影響を及ぼしている人々を取り上げ，その生き方を考察してみよう。

2．エコロジー思想と偉人たち

(1)マザー・テレサ

　1997年9月5日，「マザー・テレサ逝く」の報が，世界中に発表された。彼女の名はキリスト教徒でなくとも知っているだろう。しかも，彼女の葬儀はインド政府によって国葬として行われたのである。このとき，普段は折り合いの悪いヒンズー教徒とイスラム教徒もともに彼女の死を悼んだのである。なぜこれほどにマザー・テレサは人々から親しまれたのであろうか。それは彼女の生き方がすべてのものに対してわけへだてなく，尊敬を

もっていたからではないだろうか。実はこの生き方こそエコロジーの問題の根本なのである。

マザー・テレサは，1910年，現在のマケドニアのスコピエに生まれた。18歳までは何不自由なく生活し，彼女自身シスターになろうとも思っていなかった。しかし，18歳のある時，神の招きに応えてロレット修道会に入った。そのころから彼女の心はインドへの宣教に惹かれていた。そして，誓願宣立後，希望が叶ってインドに派遣され，そこで女子教育に携わることになった。マザー・テレサには教員としての素質が豊かにあり，彼女は生徒たちと楽しい日々を過ごしていた。しかし，インド社会におけるあまりの貧富の差に疑問を感じ始め，それはマザー・テレサの深い祈りへと変わっていった。彼女自身答えを出せずにいたとき，1946年，ダージリンへ向かう汽車の中で，「もっとも貧しい人のなかでキリストに仕えなさい」という内なる声を聞き，その招きに答えて，新しい修道会「神の愛の宣教者」を創立する決意をした。1948年から，彼女はカルカッタのスラムに出かけ，学校に行けない子供たちに読み書きを教えたり，路上の瀕死の人々を運んで，せめて最後に人間らしい尊厳をもって死を向かえるように世話をし始めたのである。

このような彼女の活動はインドの社会だけでなく，世界中に大きな反響を呼んだ。現代における聖人だと言う人もいれば，死に行く人を運んできていったい何になるのか，マザー・テレサの奉仕活動はインド社会を変革するのに効果がないのではないか，と批判する人もいた。しかし，マザー・テレサはそれに対して，「今していることは大海のなかの水滴のようだとわかっています。でもその水滴がなかったなら，足りない一滴のために大海すらも足りないところがある。」と答えている。[1]

彼女の行為は単なる社会奉仕ではない。それは神への純粋な愛，キリストの求める隣人愛，貧しい人の中で最も貧しい人への献身からの行為である。「あなたが飢えていたときにあなたは食べ物を与え，渇いていたときに飲み物を与えてくれた」というマタイ福音書の教えに基づいているのである。[2] 飢えている人に食べさせ，渇いている人には飲ませる。それは目

の前にいる人を養うだけではなく，その人の中にいるキリストにしていることなのである。「わたしの兄弟たちのもっとも小さい者になすことのすべてはわたしにしたのです。」それがマザー・テレサの信仰の根本である。マザー・テレサは「社会の構造を変革しようとしているのではありません。神が世界を愛し，私たち一人一人を愛していらっしゃることを伝えることなのです。」と述べている。[3] キリストの隣人愛に答えることによって，神の光を灯し，世界中のあちこちにある権力欲や憎しみをなくしてゆくことこそ，マザー・テレサの願いである。

彼女のいくつかのことばに耳を傾けてみよう。

> 今日の最大の不幸は，自分はいてもいなくてもいい，だれからも必要とされていない，誰からも見捨てられていると感じることです。最大の悪は人々が愛のないこと，無関心であることです。[4]
>
> 今日，一般の人は貧しい人を自分と同じ人間と思っていないのでしょうね。見下しているのです。もしも，貧しい人を人間として深く尊敬しているなら，もっと近づいていって，この人たちも神の子だと知り，この人たちも他の人に少しも負けずに生きる権利，愛とか，人からしてもらうサービスについても同じくらい権利があると知るにちがいないと思います。今のような開発の時代に人はみな急いでいて，何かを追っかけているみたいで，道端には競争に耐えられなかった人たちが倒れていくのです。こういう人たちを，わたしたちはたいせつにし，こういう人に仕え，世話をしたいと思っています。[5]

マザー・テレサの会の基本精神には，「人間の生命の尊さ，個別性と無限の価値を認める」[6] こと，「この世界のよいもの―精神と肉体のたまもの，出生と教育による利点を含めて―すべては神からの純然たるたまものであって，だれかが飢餓で死のうとしてあらゆる欠乏のために苦しんでいるのに，ほかの人があり余る富に対する権利を持つことはない。」[7] ということが挙げられている。神の前では，すべての人間の命は平等であり，一人

一人が限りなく大切なのである。

さらに、マザー・テレサの特徴は、宗教をわけへだてしないことである。たとえば、「死を待つ人の家」で亡くなった人は、その人の宗教に従って埋葬される。従来の宣教師たちであれば、キリスト教に改宗させることに重点を置いていたが、マザー・テレサはそうではない。あくまでも一人一人の自由を尊重し、徹底的にすべての人に等しく仕えているのである。彼女の偉大さはここにある。

マザー・テレサがなぜインドの人々に等しく受け入れられたのか、それはこのように、彼女がまずインドの人々をすべて受け入れたからなのである。ヒンズー教徒も、イスラム教徒も、キリスト教徒も、みな一緒である。マザー・テレサは「何をやっていようと、貧しいひとに仕える人は神に仕える人だ」と言ったガンジーの生き方にも共感している。[8]彼女もガンジー同様、文化や宗教の違いを超えて、皆が共に生きることこそが最も大切なことだと考えている。このようなだれにもわけへだてのない接し方は、多くの人々の心をうち、「4歳のヒンズー教徒の子どもが、マザーのところに砂糖がないと聞いて家に帰り、両親に砂糖を三日間食べないで、マザーにあげると言った」というエピソードも語られている。[9]マザー・テレサの生き方にこそ「共生」が実現されていると言えよう。

1979年、彼女はノーベル平和賞を受賞したが、それはまさしくその内容にふさわしい受賞であった。

(2)アシジの聖フランシスコ

マザー・テレサの生き方の模範となり、またそのさきがけとなった聖人がすでに古くは中世に現れている。それはアシジの聖フランシスコという人物である。アシジの聖フランシスコは「平和の人」と呼ばれているが、その名の通り、生涯にわたってすべてのものとの和解を実現しようと努力した。彼は人間同士を和解に導いただけでなく、人と自然との共生をすでにこの時代に強調していたのである。1974年バチカンはフランシスコを「エコロジーの保護の聖人」とした。

フランシスコは，1182年，イタリアのウンブリア地方のアシジという町に生まれた。父親は富裕な商人で，青年期まで自由奔放に育った。フランシスコは騎士になることを夢見ていたが，二度目の戦いで捕虜となり，それがもとで病に倒れてしまった。そのとき，彼は本当に仕えるべき主人は誰なのかという内なる声を聞き，真に仕えるべきはキリストであるという確信を得るのである。

フランシスコの特徴は，自然を「兄弟・姉妹」と呼び，すべてのものに等しくその尊厳を認めたことである。すべては「兄弟・姉妹」であり，そのきずなによって連帯しているのである。そして，存在価値そのものには優劣がないのである。その理由は，自然は等しく神から送られた素晴らしいたまものであるからである。彼は道を歩いている途中虫を踏みそうになると，そっとつまみあげて安全な場所に移してやった。[10] また，花や鳥に出会うと，まるでそれらにも理性があるかのように話かけた。[11] このような態度は我々現代人からすると，理解し難い。理性ある人間は当然生態系の頂点にあり，動植物を支配できる立場にあると考えがちである。そして，いろいろなものを「役に立つ」か「有用である」かといった目でみることに慣れてしまい，人間の利潤追求に価値基準をおいてしまっている。

しかし，フランシスコはこのような考え方に反して，人間の自然に対する支配欲を認めるのではなく，すべての生命の尊さを唱えた。自然は道具でもなく，人間に奉仕するためのものでもない。互いに関係のないものはなく，自然界のすべてのものは「兄弟姉妹」として，ともに神を賛美しており，その絆によって連帯しているのである。フランシスコが宇宙万物を兄弟と呼んだのは，すべてが同じ神から創られたことによるのであるが，それと同時に，個々のものの中にそれぞれのかけがえのなさを見出し，一つひとつが聖なるものであるとみなしていたからであった。創造されたすべてのものが神の美しさを表しており，それぞれの存在にはその価値と尊厳が与えられているのである。

フランシスコの「太陽の歌」には，彼の霊性と究極の祈りが込められている。[12]

私の主よ，あなたはたたえられますように，
　　すべての，あなたの造られたものと共に。
　　太陽は昼であり，あなたは，太陽で私たちを照らされます。
　　太陽は美しく，偉大な光彩を放って輝き，
　　いと高いお方よ，あなたの似姿を宿しています。
　　私の主よ，あなたはたたえられますように，
　　姉妹である月と星のために。あなたは，月と星を天に明るく，貴く，
　　美しく創られました。私の主よ，あなたはたたえられますように。
　　兄弟である風のために。
　　私の主よ，あなたはたたえられますように。
　　姉妹である水のために。水は，有益で謙遜，貴く，純潔です。
　　私の主よ，あなたはたたえられますように。
　　兄弟である火のために。
　　あなたは，火で夜を照らされます。火は美しく，快活で，たくましく，
　　力があります。
　　私の主よ，あなたはたたえられますように。
　　私たちの姉妹である母なる大地のために。大地は，私たちを養い，治
　　め，さまざまの実と色とりどりの草花を生み出します。

　このようにフランシスコにとっては万物が兄弟・姉妹なのである。
　エコロジーの問題は，究極的には，フランシスコのようにすべての命を等しく大切にすることから始まるのではないだろうか。そして，すべてにおもいやりとやさしさをもつことが必要とされるのではないだろうか。この精神がない限り，どんなに自然破壊をやめようと訴えても，問題は解決しないのである。
　今こそ，わたしたちはフランシスコの声に耳を傾ける必要がある。

(3)ガンジー

　マザー・テレサにも大きな影響力を与え，フランシスコとも共通する生き方をした聖人が東洋にもいる。それは，マハトマ（偉大な魂）と呼ばれたガンジーである。ガンジーは1869年，インド西部のカチアワル地方ポルバンダに生まれた。両親は敬虔なヒンドゥー教徒で，特に慈愛と優しさに満ちた母親の影響が大きかった。19歳のとき弁護士を志してロンドンに留学する。1893年インド人商社の顧問弁護士として南アフリカに渡る。そこで有色人種に対する差別を経験し，1906年ころには，激しい抗議行動を開始するようになるが，このときから彼の非暴力主義「アヒンサー」を基調とする運動が展開される。この運動は世界中で大きな共感を呼び，1915年インドに帰国後，さらに民族独立運動の原動力へと大きく発展することとなる。独立までの間，彼はしばしば投獄されたが，祈りに始まり祈りに終わる日課を守り通した。独立後は，民族や宗教を超えた国家統一を目指し，特にイスラム教徒とヒンドゥー教徒との融和に精力を傾けたが，1948年1月30日，狂信的ヒンドゥー教徒に暗殺された。

　ガンジーの生き方の中心となるものは「非暴力」と「対話」であった。暴力に対して暴力で対抗していたのでは，いつまでも平行線のままである。非暴力が唯一その繰り返しを止める手段である。ガンジーは次のように言う。「それ（非暴力）は人類を支配する愛の法則である。暴力すなわち憎悪がわれわれを支配すれば，われわれはとっくの昔に絶滅してしまったにちがいない。そして，いまなおいわゆる文明人や文明諸国が社会の基礎があたかも暴力であるかのよう振舞っているのは人類の悲劇である。」[13]

　彼の非暴力（アヒンサー）は，キリスト教で言われる神の愛，アガペーに通ずる。丁度，キリストが十字架につけられても敵とは呼ばず，神に許しを願ったことに似ている。同様に，ガンジーは憎しみをもたずに，まず相手を受け入れ，対話することを切に願い，それを人々に説いたのであった。

　また，ガンジーはすべての宗教に共通する本質を見抜いていた人だった。キリスト教・ユダヤ教・シク教・ゾロアスター教などすべての宗教は，本質的には同一であると信じていた。[14] そして，ガンジーを動かしていたも

のは，唯一「人々への愛」であった。[15]

　彼の優れた融和と対話の精神は次のことばに表れている。「自分の宗教とは異なる諸宗教にたいして，敬虔な態度をとってはじめてわたしはすべての宗教の平等の原理を実感できる。」[16] ガンジーは，このように，人種・言語・宗教の異なる人類が共に生きるという高い理想をもち，真に世界平和の実現を目指していた人であった。

　現在でも，宗教間の対立があとをたたないと言われるが，人が暴力で人を支配し，戦争までするのは，本当の意味での宗教に基づいていないのである。ガンジーが言うように，ある宗教が別の宗教よりも優れているというものではない。キリスト教徒は良いキリスト教徒に，ヒンドゥー教徒は良いヒンドゥー教徒になるよう努力すればよいのである。互いを尊重することこそが，対立を亡くする根本的な行為なのである。

　ガンジーはヒンドゥー教の聖典である『バガヴァット・ギーター』を最も大切にしていたが，同時に聖書やコーランも読んで，他宗教をもよく理解していた。そして，人間を「同じ神の子」とも，「同胞」とも呼び，民族や階級などの意識を超えるよう訴えた。[17]

　ガンジーのこの精神は，ノーベル平和賞を受賞したダライ・ラマ14世にも引き継がれている。彼は仏教徒であるが，非暴力と対話の精神や生命の尊厳の強調などの点においては，全くガンジーと同様である。ダライ・ラマは，チベット全体をアヒンサー地域（非暴力の聖地）とすることを提案して精力的にその実践を促進し，世界に訴えかけている。[18]

　実際，人間にとって不都合なものを敵視し，そういったものをすべて排除しようとする態度は，すべてを敵対関係に陥らせてしまう。つまり，自然を敵対視すれば，結果として人間をも敵視することになるのである。エコロジーは最終的には敵対関係を超え，和解を目指すことである。

(4) 道元と良寛

　エコロジカルな思想は日本の仏教思想にも強く現われている。その代表は，道元と良寛ではないだろうか。

道元は1200年，京都の天皇家の血筋に生まれたが，2歳で父を，7歳で母を亡くし，12歳で出家する。23歳の時に宋に留学し，25歳で大悟を得て中国曹洞宗の正式の跡継ぎに任命され帰国。47歳のとき曹洞宗の本山として知られる永平寺を建立し，日本における禅の基礎を作り上げ，54歳で没している。

　道元の目指した境地は，万物とひとつになることである。心がすべてのものとひとつに溶け合って，分かたれないことである。自我を捨てて，周りのものと自分の心をひとつにすることで，喜びと平和を見出し，そこで「真実の自己」に出会うのである。そして，道端の花を見ては感動し，頂くものにはすべて感謝し，人生をそのまま自然に受け取りながら生きるのである。ここにはガンジーの対話の精神や，キリスト教で言うアガペーに通じるものがうかがわれる。

　道元の思想の特徴として挙げられるのは，「一切衆生悉有仏性」，つまり，人間のみならず，すべてのものは仏性そのものであるとしたことである。単に人間は仏性をもつ，あるいは人は仏になる可能性があるというのではなく，道元はすべてのものが仏の現れであるとしている。森羅万象は尊く，仏性そのものにほかならない。つまり，すべての存在の尊厳を認めているのである。それは丁度，アシジの聖フランシスコがすべての創造物は神のたまものであり，神の美しさを表していると考えるのと似ている。それゆえ，人の心が清らかであれば，一輪の花を見たときにその花の心とひとつになり，そのとき仏心が現われるのである。それゆえ，どんなものにも清い心で接するなら，すべてが尊く，大切にされるべきものなのである。ここにこそ，エコロジーに最も必要な思想が表されていると言えよう。マザー・テレサやフランシスコなどとも共通するように，一つ一つの存在は意味があり，すべて美しいものなのである。このように，すべてを貴いものとしてみる目を養うことが，人間の勝手な振る舞いや支配欲を抑制する力となる。道元はまさしくエコロジカルな生活の模範を示してくれていると言えよう。

　道元と並んで，自然に即した生き方を示し，子どものような無垢な心を

示したのは，良寛である。

　良寛は1758年，現在の新潟県出雲崎の名主の家に生まれた。18歳のとき光照寺に入り，22歳で得度し，良寛と名乗り，その後乞食行脚僧として各地を転々とする。生涯，貧しさを貫き，聖僧と崇められながら，74歳で没した。その慈愛に満ちた人柄は，今日にいたるまで，多くの人々に愛されている。

　彼には，子どもたちと手まりをしたり，かくれんぼをしてよく遊んだという話や，その他多くのエピソードがある。なかでも有名なものとして，たけのこの話がある。あるとき，良寛は庵の床下にたけのこがはえているのを見つけた。そのたけのこはもうすぐ床に届きそうであったが，良寛は「かわいそうに。このままでは伸びることができない。」と言って，床板をはがし，たけのこを伸ばしてやった。十日ほど経つと，たけのこは屋根に届いたが，今度もまた屋根に穴をあけてやったというのである。現代人からみると，まったく信じられないような話であるが，この逸話からは，良寛の並外れた慈愛と共感がうかがわれる。そして，このように，たけのこの側から見るという視点の転換が，エコロジー問題の解決には大いに役立つのではないだろうか。われわれは，とかく人間の側からだけものを見，判断している。しかし，20世紀をあまりに人間の都合で生きてきたわれわれは，ここで大きな転換を迫られているのではないだろうか。

3．ディープ・エコロジー

　マザー・テレサやガンジーなど最もエコロジカルな生き方を実践してきた人々を紹介してきたが，今日，ディープ・エコロジーという環境思想にその人々の精神が受け継がれている。

　ディープ・エコロジーを最初に提唱したのは，ノルウェーの哲学者，アルネ・ネスである。1973年に「シャローエコロジーとディープエコロジー」という論文を発表しているが，そのなかでエコロジーの問題は表面的な処置ではけして解決にはならないことを強調している。つまり，現在起こっ

ている環境汚染にどう対処するかという科学的発想のみでは，結局一時しのぎのものに終わってしまうので，長続きしない。ネスによれば，それはシャロー（浅い）・エコロジーなのである。したがって，この環境問題を生み出した人間自身の問題を深く考えることが必要だと考えるのである。

　ディープ・エコロジーは，いくつかの基本的精神を持っている。まず，生命がもつ本質的価値を認め，生命圏平等主義を唱える。つまり，すべての生命はそれぞれの生を開花する平等の権利を持っている。命あるものから，人間のエゴイズムのためにその命をむやみに奪ってはならないのである。生命の豊かさや多様性を尊重し，それらを人間が侵害してはならないし，また，自然界のバランスを崩すような人間の介入をやめなければならない。さらに，人間と人間，人間と人間以外の存在との関係性を重視し，機械論的な認識ではなく，個々の存在がそれぞれにもつ可能性を実現することを目指す。生命あるものは，それぞれ勝手に生きているのではない。人間をも含めて互いに影響を及ぼし合いながら生きているのである。このようにゆたかな多様性を活かし，それぞれの自己実現を目指すことがディープ・エコロジーの理念である。地球という大きなひとつの「自己」のなかでそれぞれの自己を実現し，さらに互いに調和し合って，全体としての自己を成熟させてゆく世界を目指すことである。[19]このようなホリスティックなものの見方や命の連鎖を感じ取る心は，フランシスコや道元の姿勢とも共通するものである。

　また，ネスはガンジーやダライ・ラマの教えに共鳴し，非暴力と対話の精神から学ぼうとしている。他を支配しようとする態度を捨て，相違を批判するのではなく，互いの向上のために受け入れていこうとする，個々人の意識変革の努力を訴えている。

　ネスが提唱する自己実現の概念は，どの宗教にも共通しているはずである。そして，どの宗教においても中心となる生き方は，人間中心主義を捨て，互いに手を取り合って与えられた存在を喜び合い，尊敬とおもいやりをもって互いを認め合おうとするものである。このような共通の意識に基づいて新たに世界をみつめ，行動を起こすとき，初めて共生が可能になり，

本当にエコロジカルな世界を実現することができるであろう。

4．エコロジカルな人に

　今日のエコロジカルな問題を解決してゆく上で，まずわたしたちの意識の変革が求められる。ネスが述べるように，自然科学の力だけでは，根本的変革にはならない。「自然にやさしく，人にもやさしく」生きるには，「私たちが一部分を構成している全体のために生きる」という姿勢が必要である。「自然との共存」とか「人間と自然との調和」といっても，人間優位の姿勢が変わらなければ同じ結果になってしまう危険性がある。それゆえ，「自然の全体における一員としての人間」という意識を強くする必要があろう。命の連鎖を感じるとき，この地球はひとつなのだということを強く意識するであろう。人間も動物も植物も，壮大にして，緻密な生態系で結ばれており，その連鎖は神秘的にさえ思われる。[20]

　同時に，エコロジーは，先に例として述べた優れた人々が示したように，すべてのものを「神からの贈り物」と受け止め，すべてに畏敬と和解の精神をもって接することが必要とされるのではないだろうか。エコロジーの原点とは，それぞれの生物が「本来のあるべき姿」を生きることであり，人間は人間らしく生きることなのである。生命の尊重，自然との共生という基本理念もそこから生まれるのである。人間の価値を基準として，有用であるかないかの判断を下し，人間に不都合なもの・不必要なものを排除してゆけば，結局自然そのものを敵としてしまうのである。そして，自然を支配しようとすれば，その一部である人間をも支配し，抑圧し，戦争にもつながってしまう。エコロジー運動は自然を人間の抑圧から解放する運動であるとともに，人間自身の内なる自然を解放する運動でもある。わたしたちは，21世紀において，すべてのものと調和し，自然を人間の道具とみる人間のエゴを捨て去って，エコロジカルな人間になるよう目指すべきではないだろうか。

注
1) マルコム・マゲッリッジ 『マザー・テレサ』 沢田和夫訳（女子パウロ会　1979年）p.143
2) マタイ福音書25章35節
3) 千葉茂樹 『マザー・テレサとその世界』（女子パウロ会　1981年）p.119
4) マルコム・マゲッリッジ 『マザー・テレサ』 p.94
5) 同上書, p.143
6) マザー・テレサ協労者国際協会会憲　No.6
7) マザー・テレサ協労者国際協会会憲　No.8
8) 女子パウロ会編『マザー・テレサ訪日講演集』（女子パウロ会　1982年）p.50
9) 同上書, p.106
10) チェラノのトマス『アシジの聖フランシスコの第一伝記』 石井健吾訳（あかし書房　1989年）No.80
11) 同上書, No.81
12) 『アシジの聖フランシスコの小品集』庄司篤訳（聖母の騎士社　1988年）pp.50-52
13) 『ハリジャン』誌　1940年4月13日付
14) ガンディー 『非暴力の精神と対話』 森本達雄訳（第三文明社　2001年）p.8
15) 同上書, p.77
16) 同上書, p.184
17) 不可触民をハリジャン（神の子）と呼んで，インド社会に根強いカースト制と戦った。
18) ダライ・ラマ 『愛と非暴力』 三浦順子訳（春秋社，1996年）p.48
19) ネスはこれを「自己実現」と呼ぶ。
20) 日本カトリック司教団 『いのちへのまなざし——二十一世紀への司教団メッセージ』（カトリック中央協議会　2001年）p.120

参考文献

・庄司篤訳『アシジの聖フランシスコの小品集』聖母の騎士社, 1988年。
・アラン・ドレングソン著，井上有一監訳『ディープ・エコロジー』昭和堂, 2001年。

- アルネ・ネス著，斎藤直輔・開龍美訳『ディープ・エコロジーとは何か——エコロジー・共同体・ライフスタイル』文化書房博文社，1997年。
- 石上・イアゴルニッツアー・美智子『良寛と聖フランチェスコ』考古堂，1998年。
- 小原秀雄監修『環境思想の系譜』全3巻，東海大学出版，1995年。
- 片柳弘史　S．J．『愛する子どもたちへ——マザー・テレサの遺言』ドン・ボスコ社，2001年
- 河合隼雄他編『講座宗教と科学第9巻　新しいコスモロジー』岩波書店，1993年。
- ガンディー著，森本達雄訳『非暴力の精神と対話』第三文明社，2001年。
- 鬼頭秀一編『環境の豊かさをもとめて』講座人間と環境第12巻，1999年。
- 女子パウロ会編『マザー・テレサ訪日講演集』女子パウロ会，1982年。
- 日本カトリック司教団『いのちへのまなざし——二十一世紀への司教団メッセージ』カトリック中央協議会，2001年。
- ダライ・ラマ著，三浦順子訳『愛と非暴力』春秋社，1996年。
- チェラノのトマス著，石井健吾訳　『アシジの聖フランシスコの第一伝記』あかし書房，1989年。
- 千葉茂樹『マザー・テレサとその世界』女子パウロ会，1981年。
- 古瀬恒介『マハートマ・ガンディーの人格と思想』創文社，1977年。
- ヘンリック・スコリモフスキー著，間瀬啓允・矢島直規訳『エコフィロソフィ』法蔵館，1999年。
- 間瀬啓允『エコロジーと宗教』叢書現代の宗教10，岩波書店，1996年。
- マルコム・マゲッリッジ著，沢田和夫訳『マザー・テレサ』女子パウロ会，1979年。
- 森岡正博『生命観を問い直す』筑摩書房，1994年。
- リン・ホワイト著，青木靖三訳『機械と神』みすず書房，1990年。

マトリクス人間生活学

共生と共同体を もとめて
——イエスとパウロの言葉から——

　イエスは，単なる血縁関係を超えて，創造者である神の意思をそのまま実践する者すべてを家族と呼んだ。また異邦の女の機転によって民族の垣根を越えたイエスは，「善いサマリア人」の譬え話を通して，予期しえない他者との出会いに常に自らを開いておく必要性を伝えている。

　一方，復活したキリストが自分の中に生きていることを実感したパウロは，信徒集団を「キリストの体」と呼んだ。そして彼は，人体の諸々の部分が相互に排除し合うことがない事実に注意を喚起して，共同体の本来的あり方を教えている。いずれも極めて素朴なメッセージであるが、それらは、今日われわれが共生や共同体を考える際に必要な具体性がどのようなものかを示す好例になっている。

1．はじめに

　イエス[1]という名は，誰もが知っている。紀元1世紀前半を生きたユダヤ人である。この章で，イエスのユダヤ人性をことさらに強調しなければならない理由はないが，従来の欧米的発想の受け売りを旨とするわが国の風潮ゆえの，キリスト教の枠内でイエスを考えようとする先入観は，この際捨てた方が賢明である。
　優れた人間は，そもそも旧来の枠組みに納まりきらないものである。そして，しばしば，その人の思想や行動の影響下に後に生み出されることになる新しい枠組みにも納まりきらない。まさにイエスがそうであった。
　ところで，人間によって担われる社会的な組織は，どの時代においても常に形骸化の危険を内包している。政治的組織も宗教的組織もその他の種々の組織もけっして例外ではない。新しい宗教誕生への道は，しばしば，現実問題となった形骸化の危機とその改革・刷新運動を契機として，用意される。改革・刷新といっても，過去に全く例を見ない新たなものを生み出すことはきわめて稀である。むしろ，そこで行なわれるのは，「初心忘るべからず」，「初心に帰れ」という言葉が示唆するような運動である場合が多い。イエスも，本来的なユダヤ教の回復を目指したのである。すなわち，この世界とその中のすべての被造物を創造した神が望んでおられることを，人々がそのまま自らの行動を通して生きるにはどうすればいいか，そのための一つのモデルを彼は実践したのだと考えるといい。
　本章では，このように根源に立ち帰って，創造者である神との関係を生きたイエスとイエス亡き後自分にとってのキリストの意味を徹底的に問い，その問いとの格闘から得られたメッセージを地中海世界に伝え続けたパウロが，われわれの社会や時代が今必要としている共生や共同体という事柄について，どのような考えを持っていたのか，検討しようと思う。イエスやパウロが伝えようとしたことは狭義の宗教という枠を超える場合も少なくない。われわれが本章で聴き取ろうとするメッセージは，基本的に

そのような可能性を含むものである。

2．イエスという人

　イエスの言葉は，いずれもきわめて根源的で，同時に具体的な日常生活の匂いを放っていて素朴である。彼は，極々貧しく，土地を奪い取られた貧農層が零落した果てに落ち着く職種の一つ「大工」の息子であった。[2]イエスがしばしば見事に語った譬え話や律法を題材とする話も，もとはと言えば，口頭伝承に基づくものだったようである。ナザレという寒村で育ったイエスは，創世記，出エジプト記，レビ記，申命記など律法に描かれた旧約聖書の中心的価値と民族の歴史物語のエッセンスを，専ら口頭伝承によって身につけたはずである。しかし，われわれ人類がきわめて長い間口頭伝承の豊かさの中にいたことを想起すれば，紀元1世紀のパレスティナ地域に生活する貧農層に属するある個人の知性と判断力を，彼が単に文字が書けるかどうかだけで測ってはいけない。[3]

　イエスは生まれも育ちも貧しかったし，彼の周りに集まってともに歩んだ人々も同様に貧しかった。貧しい者が生きてゆくためには，個人を超えたネットワークが必要である。そもそも，今日われわれが当然のこととして前提している「個人の尊厳」という概念を持ち出して当時の人々の生を説明するのは的外れなのである。しかし，考えてみれば，現代のわれわれの生の場合も，「個人」と「共同体」のどちらが中心か，あるいはどちらが先にあるかという形で問いを立てても問題は解決しないように思われる。わたしは他者の存在なしに「わたし」ではありえないし，この事態はすべての「わたし」に当て嵌まる。

　イエスの運動はよく知られている通り，弟子獲得から始まった。これは，ユダヤ社会の伝統に従った行動である。弟子になった者たちは，イエスに「わたしについて来なさい」と呼びかけられて，そのまま何も持たずにイエスと行動をともにした。[4]師であるイエスと彼ら12人とされる弟子たち

が運動の核である。彼ら自身，ガリラヤ地方の町々を経巡る貧しい者の群れであった。

　イエスが語ったことを要約すると，「神の支配」を生きるということになるだろう。「神の支配」は，一般には「神の国」と訳されている言葉である。重要な概念だから，煩雑にならない程度にここで説明しておこう。前提は，世界が創造神によって創られたという思考の枠組みである。[5]この枠組みの内部でわれわれも考えないとどこかで理解は食い違ってしまう。それによれば，世界もその中に存在するものも，例外なく「被造物」すなわち神によって造られたもの（創造されたもの）である。そうであれば，世界とその中に存在する被造物の最も本来的な，あるいは唯一の本来的なあり方は，創造者である神の意思に一致したそれであるというのが合理的であろう。「神の支配」を生きるというイエスの姿勢は，神の意思に一致した生き方に他ならない。

　「支配」という言葉にわれわれは違和感を抱くかもしれない。しかし，それは恐らくわれわれ人類が歴史的に経験してきた，人が人を支配したり，巨大な官僚組織が個人を抑圧したりする「支配・被支配」という関係を想起するからではないだろうか。逆説的に響くかもしれないが，イエスが説く「神の支配」は被造物の自由と対立するものではない。むしろそれは本来的な自由を被造物に与えるものなのである。仏教的なイメージを借りて，「お釈迦様の掌」を思い浮べても誤りではないように思う。

3．イエスの基本姿勢

　では，「神の支配」の具体相はどのような言葉で表現されているだろうか。イエスも中心的価値をそれに認め，ユダヤ教でも重視された基本的な教えがある。一つは申命記6章5節である。「あなたは心を尽くし，魂を尽くし，力を尽くして，あなたの神，主を愛しなさい。」これは「シェマー」と呼ばれる祈りの一部だ。「シェマー　イスラエル。アドナイ[6]　エローヘイヌー　アドナイ　エハド。」（聴け，イスラエルよ。主は我らの神，主は唯一であ

る。）この後に続く言葉も有名である。この祈りをしっかりと記憶し，子どもたちに，彼らが家で座っているときも，道を歩いているときも，寝ているときも起きているときも，繰り返し繰り返し声に出して教えなさい。さらに，この祈りをしるしとして手に結び，覚えとして額につけ，家の戸口にも柱にも書き記しなさい。これが「シェマー」（聴け）という祈りである。

そして，もう一つがレビ記19章18節である。「自分自身を愛するように隣人を愛しなさい。」この教えは，主を愛する者が具体的な日常生活の場面で実践するはずのことを内容としている。むしろ，主を愛する者が隣人を愛さずにいることは不可能，と言った方が実情に即していよう。わたしは主を愛しています，しかし，隣人を愛することはどうしてもできません。これは，ユダヤ教においても，イエスにおいても，詭弁に過ぎないであろう。ただし，隣人の理解において，ユダヤ教は民族宗教としての垣根を越えることが困難だった。隣人は基本的には同胞を意味したからである。異邦人が隣人と見なされるためには，「神を畏れる者」としてユダヤ教の慣習をある程度受け入れシナゴーグ[7]に通わなければならない。あるいは，さらに進んで，「改宗者」にならなければならない。とはいえ，宗教が宗教として存立するためには，何らかの形でこのような内部と外部との区分が生じるのを回避することはおそらく不可能なのではないかということも，知っておく必要がある。後に生まれたキリスト教は民族宗教の垣根を越えたが，長期間にわたって他宗教に対しては排他的であった。

もう一つイエスの基本姿勢として上げなければならないのは，貧しい者，社会から排除されて生きざるを得ない者との関係である。先にも述べたように，イエス自身極貧と言うべき階層に生まれた。そして，彼の周りに集まった人々も貧しい者たちであった。現代的なイメージで言えば，彼らは徐々にその数を増し続ける移動するホームレスの集団というのが分かり易いかもしれない。その真ん中にはいつもイエスというカリスマ的な男がいた。彼が話すのは，現実の生活場面に題材をとった短い話，あるいは貧しい者には胸のすく話であっても権力を握っている者にとっては挑発的な話

であった。旧約聖書の伝承には，貧しい者を見捨てない神，あるいは寄る辺無い者の側に立つ神の姿が，言わば基調音として断続的に繰り返し現れているが，[8] イエスはその神の姿を体現して生きたということができる。

4．イエスは共生をどう考え，どう生きたか

では，旧約聖書伝承に現れている神の姿勢をそのままに生きたイエスは，共生をどう考え，どう生きたであろうか。一つ確認しておかなければならないのは，イエスを中心として形成されていた群れが政治・経済・宗教・社会等々あらゆる側面で搾取され続けてきた者たちの集団であったということである。したがって，敢えて乱暴な言い方をすれば，搾取される側に搾取する権力者たちとの共生などという発想を期待することは全く筋違いである。この点は，しかし，今日でも事態は変わっていないと思われる。われわれの側で政治・経済・社会・教育・医療等々の格差を是正するための具体的な努力を一切しないまま，今エイズで死のうとしているアフリカの幼児やアフガン難民の児童に向かって，「一緒に仲良くしたい」と言うように要求するのは，誰が考えても奇妙であろうし，赦されないことであろう。

イエスにとって，為されるべき共生は血縁に基づく家族の境界を超えていた。それは，イエス自身の言葉で明確に表明されている。あるとき，イエスは自分の周りを取り囲んでいる大勢の人に向かって話し続けていた。そこへイエスの母と兄弟たちがやって来た。そのことがイエスに伝えられた。ほら，お母さんとご兄弟・姉妹が外であなたを探しておいでですよ。イエスは問いかける。「わたしの母とはだれか。わたしの兄弟とはだれか。」そして周りに座っている人々を見回して答えた。「見なさい。ここにわたしの母，わたしの兄弟がいる。だれでも，神の御心を行なう人こそ，わたしの兄弟，姉妹，また母なのだ。」[9]

神の意思を体現して「神の支配」を生きたイエスにとって，この世的な血縁関係は意味を失い，替わって，当該の人が神の意思を行なうかどうか

が決定的な尺度となっている。引用した言葉の意味をそのまま受け止めれば，イエスと同じように神の意思を体現して「神の支配」を生きる人こそが，イエスの家族と呼ばれる。引用したマルコ福音書の記述では，この言葉を語る前にイエスが，自分の周りに座って耳を傾けている大勢の人々を見回している。弟子たちの方を指して言ったとしているマタイ福音書と，その点大きく異なっている。わたしとしては，マルコを採りたい。神の意思の実践は弟子に限定されるものではない。

　人々の共生の軸は神の意思を行なうこと，「神の支配」を自ら生きることである。イエスは，それによって人々が血縁とは無関係に家族になると言った。では，イエスにとって，共生の範囲はどのようなものだったであろうか。運動の初期において，それは同胞志向によって限界づけられていたようである。弟子の数が12人というのも，イスラエル12部族に由来する。しかし，そのいわば狭い視野が一つの出会いをきっかけに押し広げられたように思われる。そのエピソードを紹介しよう。
　それは，「カナンの女の信仰」[10]と呼ばれるものである。ある女がイエスのところにやって来て，わたしの幼い娘が悪霊に取り憑かれている，どうか癒してやって欲しいと頼み込む。マタイ版のイエスは，「わたしは，イスラエルの失われた羊のところにしか遣わされていない」と答えている。マルコ版は，「まず，子供たちに十分食べさせなければならない。子供たちのパンを取って，子犬にやってはいけない」というイエスの言葉を伝えている。マタイの方が直接的ではあるが，マルコもイエスの狭さを表現するには十分な言葉である。自分の癒しの行為は専ら自分の子どもたち，すなわち同胞のためのもので，それを取り上げてわざわざ子犬，すなわち異邦人に回してやるわけにはいかない。イエスもユダヤ人としての常識を当時のユダヤ人と当然のこととして共有していたのである。イエスの言葉の意味は重い。
　女の機転が見事である。「主よ，しかし，食卓の下の子犬も，子供のパン屑はいただきます」。情景が目に浮かぶようだ。子犬が粗末なテーブル

の下で，パン屑を子供がこぼすのを，首を傾げて見上げながら尻尾を振って待っている。

確かに，あなたの同胞であるユダヤ人と比べれば，わたくしどもなど子犬に過ぎないかもしれません。しかし，主よ，子犬だって，子供がこぼしたパン屑はいただくことができますよ。本当に見事な切り返しと言うべきである。イエスも，結局，これには応じざるを得なくなる。仕様がないなあ，という感じである。それほど言うなら，いいだろう。家に帰りなさい。悪霊はおまえの娘から既に出て行ってしまっているから。

カナンは，民族的に言えば，イスラエルの民にとっては先住民，かつてはバアル神[11]やアシュタルテ（イシュタル）女神，イスラエルの民から見れば異教の神，つまり神ではない偶像を信じていた人々である。それを当のカナンの女，マルコではシリア・フェニキアの女が，そのようなイエスが持っていたユダヤ人としての常識的な偏見を覆してくれたわけである。

当時の女性の社会的地位を考えると，この他にもイエスがしばしば女性と関わっていることは注目されていいと思うが，それにしても，このエピソードは，単に女であるばかりでなく，異邦の女である点が素晴らしい。

イエスは，予期しない異邦の女とのこの出会いを通して，図らずもユダヤ教と異教，あるいはユダヤ人と異邦人というバリアを越える方向へ歩み出したのではないだろうか。マルコとマタイは，引用したエピソードによって，そのようなイエスの体験を代表させているわけであるが，恐らく，イエスは他にも同様の体験をしたことが推測される。

細かい点には触れないが，当時のユダヤ社会，あるいは東地中海世界は多くのバリアに満ちていた。[12]貧しい人々との交わりにおいては，おそらくイエスはバリアを越える必要はなかった。自らも貧しかったからに他ならない。病人との交わりは，バリアを越える必要がある。代表的な例は，悪霊に憑かれた男や重い皮膚病に罹った男の癒し[13]であろう。多くの女たちが日常的にイエスの周りに集まって後をついて歩いていたというのも，当時の社会としては問題性を孕むものだったはずである。異邦人との交わりも，当時の一般的理解に基づく敬虔な信仰とは相容れないものだった。

5．共生に向けて，越境する隣人愛

　さて，イエスがバリアを越えていることを最も端的に示し，自分が所属するユダヤ教の本来的な姿を示しつつ現実のユダヤ教批判をしているのが，「善いサマリア人」[14]の譬え話だと思われる。

　これは，イエスの譬え話の中でも最も有名なものの一つであろう。イエスに向かって律法学者は尋ねる。永遠の命を受け継ぐには何をしたらいいか。質問を受けたイエスは即答せずに，別の質問を返す。質問者が答える側に回ってしまう。ソクラテスにも通じる対話の一つの手法である。読んでいて愉快だ。律法学者は，自信をもって模範解答をする。申命記6：5の「シェマー・イスラエル」の一部と，レビ記19：18の隣人愛の規定である。

　特に，後者は，人間の具体的な行動規範としては最も包括的な，ユダヤ教でも最重要なものである。律法の個々の細則を一々遵守することに汲々としてびくびく暮すよりは，隣人愛を実戦することで律法の本質的要求は満たされる，とユダヤ教の穏健な派も考えていた。[15]さて，イエスは律法学者の答えを評価する。しかし，イエスは実践家であるから，「実行すれば，命が得られる」と付け加えることを忘れない。読者は，この言葉が律法学者に語られただけではなく，同時に自分にも向けられていることを感じるはずである。聖書を読むというのは，そういうことである。いや，そもそも，古典を読む，あるいは語られたもの，記述されたものを読むという行為はそういうものである。律法学者は，いつもの習慣で自己正当化を試みる。しかし，それが落とし穴である。自己正当化は決していい結果を生まない。これは，われわれも日常生活で繰り返し繰り返し体験する苦い真実ではないだろうか。それでも人間は性懲りもなく自己正当化の誘惑に負ける。

　律法学者の再度の質問は，「わたしの隣人とはだれか」というものである。「わたしの」。わたしが常に中心にいて動かない。イエスの姿勢とは正

反対である。ここからイエスが語り始めるのが,「善いサマリア人」の譬え話だ。

エルサレムからエリコへ下る途中のエリコ街道で追い剥ぎに襲われた一人のユダヤ人が半死半生の態で道の隅に横たわっている。そこに通りかかったのが, 祭司,[16)] 次にレビ人, 最後にサマリア人の商人である。自分の所属する組のお勤めが終わって, 家族が待つ家へと道を急ぐ祭司は同胞の男が倒れていたが, 見て見ぬふりをして行ってしまう。レビ人も同じようにして去って行った。ユダヤ人からは蔑まれていたはずのサマリア人の商人だけが, 同じ人間として行き倒れのユダヤ人を介抱した, という話である。質問をした律法学者にとってはきわめて耳が痛い話に違いない。イエスは敢えてそれを語った。イエスは問う。「追いはぎに襲われたこの人の隣人になったのは, だれか?」律法学者は, 最後まで頑なである。「その人を助けた人です」。彼は決して「そのサマリア人です」と答えることができない。彼はその人の客観的な行為の意味を受け容れてはいるが, その人自身を受け容れてはいない。ユダヤ人の律法学者として, どうしてもサマリア人は受け容れがたいのである。しかし, 翻って, これはわたしたちの大方の姿を指し示してもいるのではないだろうか。

イエスが語ったこの譬え話の核心は何であろうか。律法学者が自己正当化しか考えていないのに対して (序でに言えば, 登場する祭司もレビ人も全く同じだ), イエスは, 隣人愛というのは, 任意の人に対して自分が隣人になることを言うのであって, 隣人を前もって定義しておいて, その定義に該当する人だけを愛することではない, と宣言している。隣人愛では, 現に困窮している他者が常に中心にいる。困窮している他者を予め定義することは, 実は常に不可能なのである。現実は, しばしば定義を逸脱してしまう。結局, 隣人愛を成立させるのは予期しない他者との出会いに他ならない。突然襲ってくる出会いに自らを開いておく。これは, 生きることの不思議とでも言うべきかもしれないが, この体験は循環しているのである。つまり, どちらが先と断言するのは不可能である。他者との交わりによって, われわれは徐々に開かれて行くのであり, 少し開かれると, さらに豊

かな交わりへと導かれる。さらにその豊かな交わりがより一層広い「開け」へと自分を誘ってくれる。そういう不思議な循環的な関係があるように思われてならない。

　比喩的に言おう。その同心円上に幾重にも可能性として用意されている「出会い」と「開け」へと自らを委ねて生きるとき，われわれが共生へと導き入れられるのだということを，われわれはイエスのこの譬え話から聴き取ることができるように思う。

6．パウロは共生，共同体をどう考えたか

　初期キリスト教の展開にとって極めて重要な役割を果たしたパウロは，イエス以上に共生，共同体という問題を考える上で直接的に参照されるべき言葉を残している。

　パウロの生涯は大きく二つに区分される。前半は，教会を迫害するファリサイ派の運動家，後半は，イエス・キリストを異邦人に伝える宣教者という姿である。前半と後半には大きな断絶がありそうに思われるが，彼は「召命」という解釈枠を導入することによってそこに架橋した。[17]

　異邦人の使徒として生きた後半生のパウロは，自らの生を次のように記している。「生きているのは，もはやわたしではありません。キリストがわたしの内に生きておられるのです」(ガラテヤ2：20)。これは，キリスト者パウロの率直な実感であり，同時に最も核心的なキリスト者の定義でもある。

　彼の主張を敢えて図式化して言えば，人類の歴史はイエス・キリストの十字架上の死（＝贖罪死）と復活によって二分され，個人の生は洗礼によって二分される。洗礼は，イエスとともに死ぬことによって罪から解放され，キリストとともに立ち上がらせられることによって新しい命に生きることなのである。[18] パウロは，アダムとキリストを対置し，キリストを第二の（そして最後の）アダムと考えているが，アダムによって，罪と死が人を支配することになったように，キリストによって恵みと命が開かれた，とい

う。[19] ここでは，個人の信仰体験が人類史のエポックメイキングな出来事と重なり合っている。人類史が自らの体を通して生きられている，という実感は人に生きる力を与え，深い淵にあって打ちひしがれている人を「立ち上がらせる」であろう。

このように，パウロにとって共生を可能にするのはキリスト体験であり，生きているのはわたしではなく，わたしの内のキリストなのだ，という実感である。あるいは，自我の欲求に基づく生はそもそも本来的な生ではなく，徹底的に自分の生を他者に献げ尽くした生の力に生かされることこそが本来的な生なのだ，というメッセージをそこから読み取ってもいいだろう。

特定の宗教的枠組みを越え出る試みは，ときに重要である。なぜなら，イエスもパウロも狭義の宗教組織を作ろうとしたわけではなく，むしろ人間の本来的な生のあり方を徹底的に求めただけだからである。彼らにとって，創造者である神と被造物との関係やメシア待望，あるいは罪と死や恵みと命という観念等は必然的な思考の枠組みであった。しばしば，われわれには旺盛な想像力が要求される。

われわれの問題と関連してパウロが用いる重要なイメージに「体」がある。きわめて素朴で単純なだけに，「体」というイメージはわれわれの想像力を強く喚起せずにはおかない。

パウロは，コリントの信徒に向かって「あなたがたはキリストの体であり，また，一人一人はその部分です」とか，「あなたがたは，自分の体がキリストのからだの一部だとは知らないのか」と言う。[20] 自我の欲求に駆られた生から解放されて自分の中でキリストが生きているという実感をもって生きる人々の集合体はキリストの体なのだ，とパウロは主張する。因みに，通常建物を指しているかのように思われている「教会」も，この実感とともに集まる群れ・集合体を指す。ちょうど，それは「家庭」，「学校」，「会社」等々がそうであるのと同じである。しばしば，われわれはその本質を忘れてしまうが，「体」は見事にそれを想起させてくれる。

では，なぜパウロは「体」を使ったのだろうか。それは，次の言葉によって説明されるはずである。少し長くなるが引用しよう。

　「体は一つでも，多くの部分からなり，体のすべての部分の数は多くても，体は一つであるように，キリストの場合も同様である。……（中略）……皆一つの体となるために洗礼を受け，皆一つの霊を飲ませてもらったのです。体は，一つの部分ではなく，多くの部分から成っています。足が『わたしは手ではないから，体の一部ではない』と言ったところで，体の一部でなくなるでしょうか。耳が『わたしは目ではないから，体の一部ではない』と言ったところで，体の一部でなくなるでしょうか。もし体全体が目だったら，どこで聞きますか。もし全体が耳だったら，どこでにおいをかぎますか。……（中略）……目が手に向かって『お前は要らない』とは言えず，また，頭が足に向かって『お前たちは要らない』とも言えません。それどころか，体の中でほかよりも弱く見える部分が，かえって必要なのです。……（中略）……一つの部分が苦しめば，すべての部分が共に苦しみ，一つの部分が尊ばれれば，すべての部分が共に喜ぶのです。」（1コリント12：12～26）

　いかがであろうか。もちろん，背後にコリントの信徒たちが抱えていた分裂の危機，分派争い，という現実的問題がある。[21]しかし，これは常にわれわれが集うときに抱え込まざるをえない原初的な問題でもある。そして，引用したパウロの言葉は，規模の大小を問わず，人の集合体や組織が共同体として成り立つための最も基本的な条件を指し示すものということができるのではないだろうか。
　キリストによって生かされている人々の集まりはキリストの体なのだ，とパウロは言う。そして，一人一人はその部分，頭であり，右手であり，左手であり，右足であり，左足であり，右目であり，左目であり，……。そうやって，われわれは，自分の体の細々とした部位を延々と名指し続けることができるだろう。いや，名指すだけではなく，右手で左の親指を握

り，左手で右肩に触れ，両手で膝に触れ，頬に触れ，足の爪先を握ってみる。そうすることによって，われわれは自分の体が紛れもなく統一体として現前していることを確認する。体の部位の数々を一々名指し，触れる過程で，われわれは，おそらくどの部位も他の部位に対して不要宣言はできないことを知らされる。それを見越して，パウロは，あなたがたはキリストの体なのだと言う。

　パウロが提示したこの「体―モデル」あるいは共同体の本質を示すモデルとしての体は，きわめて原初的かつ素朴である。しかし，だからこそ，われわれが共生・共同体を考える上で一定の有効性を主張しうると思われる。それなしでは自己がこの世界のうちに存在しえない形態としての体。パウロも人間が生きるためには体が必然的形態であることを知っている。実際に，他者の体でなく自己の体として，その部位が相互に触れ合う統一体として目の前にある「体」。それが，自分を含む人々の集合体の意味を指し示す。日常的に五感で感じ取っている記憶の蓄積が，共同体の核心的な意味を開示する。

　パウロは，分派争いによって分裂の危機に瀕しているコリントの信徒に向けて，あなたがたはキリストと無縁にばらばらに生きているのではなく，キリストが自分の中で生きてくださっている「キリストの体」なのだ，と言う。彼らの核になっているのは，キリストの贖罪死と復活の受容という共有体験だったであろう。それは，同時に自我の欲求を満足させる生からの解放体験でもあったはずだ。あるいは，生きる主体が自我からキリストに入れ替わる体験と言い換えることもできるだろう。

7．おわりに

　以上，われわれはイエスとパウロの言葉から共生と共同体に関わるメッセージを読み取ってきた。ここで，幾つかのポイントを指摘することができるように思う。

　共生が成り立つためには，自己が中心にいる姿勢から解放されているこ

と，同時に他者との出会いに向けて自己が開かれてあることが重要であろう。ただ，おそらく誰もが気づくであろうように，他者との出会いと自己の解放は相互循環的な関係にあるように思われる。そのような相互循環的な関係が共有体験を用意するとも言えるであろうし，そのような関係のただなかでわれわれは，共生へと招かれているのである。

　パウロは，キリスト体験を通してそれを実感した。そして，彼は共有体験を持つ信徒たちに向けて，「キリストの体」という生き生きしたイメージに訴えて，一致への招きを伝えた。この「体-モデル」は今日の社会でも有効性を保持しうるのではないだろうか。体は，どのような生き物にとっても自己が体験しうる最小の統一体である。「目が手に向かって『お前は要らない』とは言えず……」というくだりは，鮮烈な印象をわれわれに与えるはずである。共有体験によって呼び集められた人々の集合体を，パウロは「体」と呼んだのである。

　体には，何一つ不要な部位はない。それぞれの部位の働きは他の部位の生を支え続ける。それがなければ，統一体としての体は存立しえない。パウロの功績は，われわれにとって最も身近で切実に体感しうる最小の統一体である「体」を信徒集団である教会に適用した点である。分裂の危機にあるコリントの信徒たちは，自分と教会との必然的な相互関係を実感したに違いない。それは，同時に，現実の社会にあってはその教会こそが「キリストの体」なのだ，という本質理解をも彼らに示すことになった。

　われわれは，今日の複雑な社会のなかで，様々な局面で分裂や崩壊の危機に瀕している。その点は，個人も家族も学校も，企業組織も政治的組織も近代国家組織も，あるいは世界も，例外ではない。

　イエスの提示した自己から他者への中心の転移という姿勢は，近代的な自我意識の陥穽に気づきはじめたわれわれに対しても，放置できない問題を投げかけている。また，パウロの「体-モデル」は自分と最も密着した具体的な体験に根ざしているだけに，さまざまに分断を余儀なくされたわれわれが実際に共生を試み，共同体に向けて歩む過程で，重要な示唆を与

えてくれるように思う。

　われわれは,あの「目が手に向かって『お前は要らない』とは言えず……」というくだりを単に読むだけではなく,むしろその意味するところを体で感じ取ることから,人々の集合体の意味を考えはじめなければならない。すべてがあたかもヴァーチャルであるかのような錯覚を与える情報社会に生きるわれわれが,共生し共同体の一員としての自覚を持つには,むしろ「体―モデル」の重要性が増すかもしれない。パウロのメッセージは,同時に,直接的な自己実現の追及が本来の自己実現に繋がらない可能性や,自己実現的欲求の放棄がいわば自我には気づきえない本来的な自己実現に繋がる可能性を暗示しているように思う。

　われわれがパウロの示唆を受けてなすべきことは,自分と家族,自分と地域社会,自分と学校,自分と企業,……自分と国家,自分とアジア,……自分と世界,というように様々に領域を広げていって「体-モデル」を適用してみる作業であろう。その過程で,われわれが何を実感し,何を学ぶか。それは一人ひとりに委ねられている,といっていい。

　現在のように,経済的地域格差をこれほどまでに拡大させてしまった要因は何か。今われわれがしていることは何か。あるいは,われわれができるのに怠っていることは何か。テロを批判するのは容易い。しかし,テロリズムを生み出しているのは,先進工業諸国の「自己中心性」であろう。[22]パウロの「体―モデル」はこの点でも示唆を与えてくれるとわたしは考えている。

　最後に,自分と世界の距離を短縮して,世界の人々と自分との密接な関係を自覚しようという呼びかけの例を示しておこう。やはり,共生と共同体への力強い招きである。アメリカの研究者ドネラ・メドウズによる「村の現状報告―世界がもし1000人の村だったら」という1990年5月の記事を震源として,インターネットによって世界中に広まった現代の民話とも言うべきものである。日本語訳が,池田香代子による再話で『世界がもし100人の村だったら』として出版され,ベストセラーになったのは記憶に

新しい。[23]

　できれば，このような試みを経て，パウロの「体―モデル」をも体感して想像力を働かせてほしいというのが筆者の希望である。なぜなら，現代のネットロアを遥かに凌いで，パウロの「体―モデル」は文字通り体感的であり，共生と共同体のあり方の本質的要素をわれわれに実感させるに足るものだからでる。われわれは，イエスやパウロの極めて素朴なメッセージに鼓舞されて，それぞれ，現実の生の場面で共生と共同体を生きることを問われているのである。

注
1) ヘブル語名はヨシュア。イエスはそのギリシア語形イエースースに由来。今日では，紀元前6年～4年に生まれたとする説が有力。
2) 現代の新約聖書学を代表する研究者の一人ジョン・ドミニク・クロッサンはそのように考えている。彼の著書『イエス――あるユダヤ人貧農の革命的生涯――』（太田修司訳，新教出版社，1998年），同『イエスの言葉』（秦剛平訳，河出書房新社，1995年）参照。
3) 豊かな口頭伝承について，歴史的に遠い例を一つ，近い例を二つ上げよう。前者は，ホメーロス『イーリアス』と『オデュッセイア』の成り立ち。後者は，アイヌ民族の『ユーカラ』等の神話的口承文藝とアフリカのマリ共和国やセネガルにおけるグリオによって担われてきた口承文藝。
4) シモン・ペトロとその兄弟アンデレ，ゼベダイの子ヤコブとその兄弟ヨハネにイエスが語りかけたもう一つの言葉は「人間をとる漁師にしよう」というものである。彼らは漁師であった。また，旧約聖書の預言書の一つ「エレミヤ書」16：16には，神がイスラエルの民を解放するために遣わす「漁師」が出ている。そこでは，解放される民が漁師によって「釣り上げられる」のである。
5) これは，周知の通りユダヤ教，キリスト教，イスラム教の大前提である。いずれにしても「創造」という概念は，これらの宗教を環境として生まれた近代科学とも無縁ではない。
6)「アドナイ」は「わが主」を意味する。出エジプト記20章前半に記される所謂「十戒」の第3戒に「主の名をみだりに唱えてはならない」とある。「ヤハ

ウェ」と発音するだろうと推測される神聖四文字を，イスラエルの民はそのまま発音せずに「わが主」を意味する単語の音に置き換えて音読して来た。関連して，敢えて枝葉に相当する情報を記しておきたい。中央及び東ヨーロッパのユダヤ人の言語であったイーディッシュ語で書かれた「仔牛」という歌が知られている。自由を奪われたユダヤ人を，荷馬車に括り付けられて市場に運ばれてゆく仔牛に，自由な人々を，空を飛びまわる燕に準えて歌った歌である。アーロン・ザイトリン（1898〜1973）の詩，ショロム・セクンダ（1894〜1974）の曲による1938年の演劇のための歌である。そのリフレイン部に何度も「ドナ，ドナ」と繰り返される。この「ドナ」は「アドナイ」が短縮されて出来上がった形だと言われている。因みに「イーディッシュ」は「ユダヤの」の意味。

7）通常，「会堂」あるいは「ユダヤ教会堂」と訳される。エルサレムの神殿が破壊され，それまでの「焼き尽くす献げ物」等の献げ物を媒介とする神との関係を絶たれたユダヤ人が，祈り・礼拝を中心とする神との関係へと転換した際の不可欠の装置。後のキリスト教は，当然ながらこの装置を取り入れた。また，ミサも，その要素としての聖書朗読や説教も，その中で歌われる聖歌もユダヤ教の影響下に始まった。

8）これは特に詩篇とイザヤ書に顕著である。しかし，神がそもそもヘブル人を諸々の民の中から選んだということも，寄る辺無い民の選びと言うことができる。アブラハムとその妻サラに息子イサクが与えられる物語も荒唐無稽な奇妙さ以上に，見放された老夫婦を選ぶ神の姿の方がむしろ印象的である。イスラエルの民に王制が導入される際にも，最も弱小の部族ベニヤミンからサウルが選ばれたし，次の王は羊飼いの若者ダビデであった。

9）マルコ3：31〜35。並行箇所はマタイ12：46〜50；ルカ8：19〜21；トマス99：1〜3。

10）マタイ15：21〜28。並行記事マルコ7：24〜30は「シリア・フェニキアの女の信仰」と呼ばれる。

11）バアル神について言えば，カルメル山上でエリヤが戦ったバアルの預言者たちに関するエピソード（列王記上18章）を参照。パウロなどは，ユダヤ教的常識で，異邦人は生まれながらの罪人（ガラテヤ2：15参照）と言うくらいだから，イエスの最初の反応も無理からぬものではあった。

12）例えば，パウロが「洗礼を受けてキリストに結ばれたあなたがたは皆，キリストを着ているからです。そこではもはや，ユダヤ人もギリシア人もなく，

奴隷も自由な身分の者もなく，男も女もありません。あなたがたは皆，キリスト・イエスにおいて一つだからです」（ガラテヤ3：27〜28）と敢えて言うのは，現実の社会が如何にバリアに満ちていたかを，逆に例証するものである。

13) マタイ8：28〜34；マルコ5：1〜20；ルカ8：26〜39，マタイ17：14〜21；マルコ9：14〜29；ルカ9：37〜43a,マタイ8：1〜4；マルコ1：40〜45；ルカ5：12〜16，参照。重い皮膚病に関する参考資料として，レビ記13,14章を上げておく。

14) ルカ10：25〜37。並行記事を他に持たないルカ独自の伝承である。

15) ユダヤ教も，紀元70年のエルサレム陥落，第二神殿の崩壊までは，教えに関する多様な解釈を内包するものだった。ユダヤ教も包容力があった。従ってイエス時代のユダヤ教は，後のファリサイ派によって担われるユダヤ教とは多様性という点において異なっている。

16) 祭司は神殿祭儀において，祭壇の点火，穀物の献げ物，焼き尽くす献げ物等，種々の献げ物を神に献げる役割を担う専門職。イエス時代は約7,200人いたと言われる。24の組に分かれていた彼らは，通常はエルサレム以外の町・村に居住し，自分の組が当番に当たっている1週間エルサレムに上って職務に従事した。レビ人は，警護，歌手，楽師等として神殿祭儀に仕えた。やはり24の組に分かれ，9,000〜10,000人いたと言われる。

17)「召命」は通常預言者に関して用いられる用語である。エレミヤの召命がパウロの体験に光を当てたように思われる。ガラテヤ1：15〜16とエレミヤ1：5とを読み比べてみるといい。律法遵守によって神への熱心を生きていた自分を，神ご自身がキリストを異邦人に伝える使徒として選び出してくださった，とパウロは確証するに至った。ルカはそれを，教会を迫害する活動の最中に突然彼を襲った「回心」体験として描いた。使徒言行録9：1〜19（同22：6〜16；同26：12〜18）参照。

18)「復活」のもともとの意味は「立ち上がること」である。洗礼もイエスが十字架上で死んでキリストとして復活した救済の出来事を象徴する儀礼として，水に一度沈んで再び立ち上がる形式をとっていた。

19) 例えば，ローマ5：12〜23を見よ。補足的な説明をすれば，アダムによって人類に罪と死が必然的なものとして導入され，モーセによってそれらから解放される可能的な手段としてイスラエルの民に律法が導入された。しかし，律法も現実には民を罪と死から解放するには至らず，最終的に神はイエスを

遣わし，その贖罪死をもって決定的な解放の道を示した，ということになる。
20) それぞれ，1コリント12：27；同6：15。これは，後にエフェソの信徒への手紙に現れる「教会はキリストの体」(エフェソ1：23) の先駆である。関連表現として，「神の神殿」「神の建物」(ローマ3：16；1コリント6：19；ローマ3：9) 参照。
21) そもそも，コリントの信徒たちに手紙を送る必要性をパウロに感じさせたのが，この分裂の危機，分派争いであった。1コリント1章参照。そこには，パウロの許にもたらされた情報として，分派毎のスローガン「わたしはパウロにつく」，「わたしはアポロにつく」，「わたしはケファにつく」，「わたしはキリストにつく」が紹介されており，同時に「キリストは幾つにも分けられてしまったのですか」という厳しい問いも投げかけられている。
22) 先進工業諸国に住むわれわれは，個人レベルでも国家レベルでも「自己中心的」である。よく使われるグローバル・スタンダードという言葉も，内実はアメリカン・スタンダードを第三世界にまで押し付けようという「策略」という性格を拭い去ることはできないであろう。われわれに要求される共生のための資質は，「自己中心性」の放棄である。関連して，今生じている問題の原因をどこまで遡って想像する力を身につけるかも，問われている。例えば，北方領土問題もあの島々を日本に返還せよと叫ぶなら，その島々とともに東北以北をアイヌの方々を含む北方少数民族の方々に返還する必要性についても，考えてみなければならないはずである。
23) 池田香代子再話／C・ダグラス・ラミス対訳『世界がもし100人の村だったら』マガジンハウス，2001.12。なお，北海道新聞では2002年1月1日から関連する記事を連載した。1月末現在，次のURLで閲覧できる。http://www.hokkaido-np.jp./syakai/peace/ なお，ドネラ・メドウズは環境運動の原点とも言うべき『成長の限界』の共著者である。

参考文献および資料

・聖書からの引用は，原則として『聖書　新共同訳——旧約聖書続編つき——』，日本聖書協会，1988年，によった。
・E・カルデナル (伊藤紀久代訳)『愛とパンと自由を——ソレンチナーメの農民による福音書——』，新教出版社，1982年。
・ジョン・ドミニク・クロッサン (秦剛平訳)『イエスの言葉』，河出書房新社，1995年。

- 同（太田修司訳）『イエス——あるユダヤ人貧農の革命的生涯——』，新教出版社，1998年。
- ダヴィド・フルッサー（池田裕・毛利稔勝訳）『ユダヤ人イエス［決定版］』，教文館，2001年。
- E・P・サンダース（土岐健治・太田修司訳）『パウロ』（コンパクト評伝シリーズ 6），教文館，1994年。
- E. P. Sanders, *Jesus and Judaism*, SCM Press, 1985.
- 佐竹明『使徒パウロ——伝道にかけた生涯——』（NHKブックス404），日本放送出版協会，1981年。
- W・A・ミークス（加山久夫監訳）『古代都市のキリスト教』，ヨルダン社，1989年。
- ヴィクター・P・ファニッシュ（徳田亮訳）『パウロから見たイエス』（シリーズ 現代のイエス理解），新教出版社，1997年。
- *Encyclopaedia Judaica*, Keter Publishing House Jerusalem Ltd., 1971.
- *Encyclopaedia Judaica-CD-ROM Edition*, Judaica Multimedia (Israel) Ltd., 1997.
- 北海道新聞「平和特集」，2002年1月1日朝刊。
- 北海道新聞連載「戦いの火 平和の灯」2002年1月3日〜10日（朝刊8回）。
- http://www.hokkaido-np.jp/syakai/peace/
- 北海道新聞「テロ・戦争の背景探る——世界を「村」にたとえ 平和特集と連載記事——」，2002年1月27日朝刊。
- 池田香代子再話／C・ダグラス・ラミス対訳『世界がもし100人の村だったら』マガジンハウス，2001年。
- The YILLADI TRIO, Songs in Yiddish and Ladino 3, YILLADI 9105. （これは，イーディッシュ語による「仔牛」"Dos Kelbl" つまり通称「ドナ，ドナ」を収録している。録音は1991年5月。なお，同じ題名の1および2はLP。）

マトリクス人間生活学

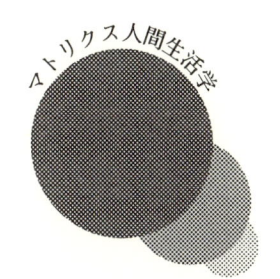

オランダにおける共生社会の伝統

　オランダは，多元的な価値が共存する社会である。それを生み出したのは，第1に，強力な中央権力が一貫して存在しえず，地域分権が強かったという歴史的な事情である。第2に，宗教改革以来の強烈な個人主義とエラスムス以来の寛容の精神とが共存しているという精神風土である。第3に，分権，個人，寛容を土台にして，多様な人間集団が，相互に衝突することなく住み分けることのできる社会制度を，一定の制約のなかでではあれ作り上げようと努力したことである。このようなオランダ社会は，現在では，共生社会のひとつのモデルとして評価されている。ここでは，それをオランダ史の概観を通して示す。

1. はじめに

　共生という言葉は，人文・社会系の用語としてはなお多義的であり，共通するイメージを喚起することのできるものではない。オランダ社会が多文化共生の社会といわれる場合，そこで意味されている共生とは，理想的には，異なった価値観を持つ人間集団同士が，互いに相手を異物として排除しようとするのではなくて，共存しようとする点で合意がなされている，ということである。さらに，価値を共有する集団の形成が阻害されない，ということである。その基礎にあるのは，第一に，内戦をも招きかねない宗教的価値観の相違を，暴力的な対立に至らないようにしようとしてきた，歴史的な経験である。第二に，近代的個人主義と寛容の精神とを調和させようとした思想的な努力である。第三に，そうした歴史的・思想的な経験を踏まえて，多文化が共存する社会制度を作り上げようとした実践的営為である。

　ここでは，オランダ近現代史の流れを概説しながら，共生社会オランダの特徴を明らかにする。

2. オランダ前史

(1) 前史

　オランダ，正確にはネーデルラント[1]は，北海に面して，ライン川の河口に開けた地域である。ローマ帝国時代にはゲルマン人との国境地帯で，ローマ軍の駐屯地がおかれていたりもした。西ローマ帝国が衰退すると，この地域はゲルマン人の侵攻を受けた。フランク王国の時代には，ほぼその支配下に組み込まれた。王国がヴェルダン条約で分裂すると，ロタールの国の領地となり，ロタールの国が滅びたあとは，東西のフランク王国に分割された。この時代のオランダは，東西フランク王国の辺境地帯であり，たびたびノルマン人の侵攻を受けながらも，小規模の諸領主が割拠すると

いう状態であった。

　しかし経済的には，ヨーロッパの東西と南北を結ぶ十字路という位置を生かして発展した。中世初期には，スカンジナビアとの交流によって北海・バルト海貿易に参入した。商業革命が進んだ11世紀からは，現在ではベルギーの一部であるオランダのフランデレン（フランドル，フランダース）地方が，輸出産業としてのヨーロッパ最大の毛織物工業を発展させたことによって，ヨーロッパにおける商業・工業・金融の中心として栄えた。その中核がブルッヘ（ブリュージュ）である。ブルッヘを代表とする中世都市では，商工業の発展を背景に市民階級が発展した。さらに16世紀には，アントウェルペン（アントワープ）が，17世紀にはアムステルダムが世界貿易の中継拠点として繁栄し，市民階級の文化が北上しながら広がっていくとになる。こうした階層が，後述するように，エラスムスが展開するような自由と寛容，理性と平和を愛好するキリスト教ヒューマニズムの思想や，勤勉，自己利益，正直，時間や約束の厳守といった商業道徳＝近代的な個人の道徳の受け皿になっていく。

(2)ブルゴーニュ公国

　さて，オランダの割拠状態を克服したのは，ブルゴーニュ公国である。14世紀に成立したブルゴーニュ公国は，相続や領地争いへの介入によってオランダに勢力を伸ばし，15世紀には，フランス王国あるいは神聖ローマ帝国に形式的には服属しつつ，独自の支配権をオランダに及ぼした。各州に総督を配置し，中央に全国議会を設置し，各地の有力貴族には特権的身分を与え，彼らを要職につけた。オランダと現在のベルギーを含む地域がこの時代にはじめて，ほぼひとつの政治体制のもとに支配された。オランダをひとつの地域的なまとまりと捉える意識が，このころに生まれたといわれている。

　15世紀の末にはブルゴーニュ公国は衰退し，オランダはハプスブルク家の支配下に入った。16世紀には，同じくハプスブルク家の神聖ローマ帝国皇帝カール5世がオランダ全土を統一し，ここにいわゆるオランダが成立

した。

3．オランダ独立への歩み

(1)宗教改革

　16世紀のオランダは，ほかのヨーロッパ地域と同様に，宗教改革の波に洗われていた。

　当時のローマ・カトリック教会は，宗教的権威を利用して，教皇領・修道院領や司教領などを通して領主としても権益を拡大していた。教会も商業革命と十字軍以来のヨーロッパの経済的発展の流れに乗っていたのである。教会は，特権的大商人や貴族と結びついて，聖職者の地位の売買や免罪符の発行，為替取引の仲介，修道院自体による経済活動（ワインの生産・販売，羊毛の生産など）によって利益を得ていた。

エラスムス

　これに対してオランダ，とくに北部では，14世紀頃から，ローマ教会による信仰の組織化に対立し，原始キリスト教の生活を実践しようとする共同生活兄弟団の運動が盛んであった。ロッテルダム生まれのエラスムス (1469-1536) もデフェンテルの共同生活兄弟団の出身であった。彼は，滞在先のイギリスで『愚神礼賛』(1509) を書き，聖職者の腐敗を風刺するとともに，ふつうの人々を腐敗した聖職者よりも価値あるものとした。エラスムス自身は宗教改革に対しては中立の立場をとり，ルターに反対した。しかし，ふつうの人々を価値あるものととらえる思想は，教会が神と信者との間を仲介するというカトリックのあり方に対する批判を導くものであった。

ルター

　たとえばルターにとっては，そのもっとも堕落した形態が，教会が販売する免罪符を購入すれば魂が救済されるという当時の仕組み，いわば教会が魂の救済をめぐって，神と平信徒との取引を仲介するブローカーになっているという事態であった。ルターの場合には，ここから，「ひとが義と

されるのは律法のおこないによるのではなく，信仰による」というパウロの言葉に依拠して，信仰義認説，福音主義，万人司祭説といった宗教改革の主張が登場する。信仰義認説によれば，救いは善行——たとえば教会への献金——を積むことによってではなく，神へのひたすらな信仰心にのみによって生じるのである。福音主義によれば，その信仰を深める道は，教会で司祭の言葉を聞くことではなくて，神の言葉＝福音が記されている聖書を読むことである。したがって万人司祭説によれば，みんなに正しい信仰の道が開かれているのだから，信仰を導く専門職としての司祭はいらない，ということになる。

オランダの宗教改革と宗教弾圧

　エラスムスの影響のもとに多くの宗教改革者が生まれた。腐敗した教会による仲介を拒否し，カトリックの権威を否定して，個々の人間と神との直接的な関係として信仰をとらえようとするキリスト教の再生運動（＝プロテスタンティズム）が登場し，ドイツからはルター派や再洗礼派[2]が，スイスからはフランスを経由してカルヴァン派が，オランダに流入した。

　これに対してカール5世は，プロテスタント系出版物の禁書，異端を審問する宗教裁判所の強化などの新教弾圧で臨んだ。熱心なカトリック教徒でのちにスペイン王になるフェリペ2世は，父カールからオランダの支配権を譲られると，新教弾圧を強化するとともに，新教に加担する地方領主層の力をそぐために，中央集権を強化しようとした。

　弾圧が強化されるなかで，カルヴァン派とルター派，それに中央集権に反対する一部のカトリック系の下級貴族が「貴族同盟」を結成して，スペイン王の王権とそれをオランダで代行する執政に抵抗した。またカルヴァン派の一部は1566年に聖像破壊運動を起こし，各地の教会を破壊したり，略奪したりした。この蜂起はより一層の新教弾圧を呼び起こした。フェリペはアルバ公に軍隊と執政なみの権限を与えて，新教勢力の一掃に乗り出した。アルバ公は，各都市に軍隊を派遣し，貴族同盟に結集した貴族や蜂起参加者を逮捕し，処刑した。

　アルバ公の圧政を逃れるために，プロテスタント貴族と一部のカトリッ

ク貴族は，フランス，イギリス，ドイツなどに亡命した。彼らは，フランスではカルヴァン派のユグノー軍に合流したり，イギリスを拠点にスペイン船を襲撃したり，ドイツからオランダに武装侵入したりして，スペインのオランダ支配に抵抗した。これがオランダ独立戦争（1568－1648）の始まりである。[3]

(2)オランダ独立戦争

　80年戦争とも呼ばれるこの戦争で，オランダは，オラニエ公ウィレム（オレンジ公ウィリアム）[4]を先頭に立てて戦った。1579年にはカトリックのアラス同盟（アルトワ，エノー，ワロン，フランドルのワロン諸州が参加）に対抗して，北部7州（ホラント，ゼーラント，ユトレヒト，ヘルデルラント，オーフェルエイセル，フリースラント，フロニンゲン）を中心に，ユトレヒト同盟が結成された。これが独立国家オランダの母体になる。1581年には，ハーグの全国議会がスペイン王フェリペ2世に対して，事実上の独立宣言である臣従拒否宣言をおこなった。オラニエ公が暗殺されたあとも戦いは続き，1596年には，イギリスとフランスによって，オランダは独立のネーデルラント連邦共和国として承認された。そして，1648年のウェストファリア条約によって，独立が国際的に承認されることになった。ただし南部はスペインの支配下にとどまり，それを母体としてベルギーが生まれる。

4．ネーデルラント連邦共和国

(1)構　　造

　独立によって生まれたネーデルラント連邦共和国は，主権を持つ7州の緩やかな連合体であった。連邦には連邦議会と総督がおかれた。連邦議会は，各州に共通の軍事・外交・財政に関して主権を持った。実質的には，連邦財政を支えたホラント州が，連邦議会を支配した。総督は実質的には国家元首であったが，法制上は連邦の最高軍司令官にすぎなかった。その職は，代々オラニエ公ウィレム1世の子孫が世襲することになっていた。

ただし実際には，何回かの無総督時代がある。

　各州はそれぞれ州議会を持ち，州議会は，州内の各都市の代表や貴族の代表から構成されていた。また，各都市は参事会によって自治をおこない，多くの場合，参事会員は終身身分で，上級の市民層（＝都市門閥貴族）から選出された。したがって連邦議会も，州議会を経て，こうした都市門閥貴族によって代表されることになった。

　とくに，後述するように，世界最大の貿易都市となったアムステルダムの発言力は強大であった。アムステルダムはホラント州を支配し，それを通して連邦議会を支配した。共和国の政治は，アムステルダムを先頭とする都市門閥貴族の勢力と，オラニエ公の権威と結びついた総督を支持する勢力との対抗関係のなかで動いた。この対抗関係は，宗教的には，後述するようにアルミニウス主義とカルヴァン主義との対立という形態もとった。

(2)カルヴァン主義

　このオランダ独立戦争は，いうまでもなく独立戦争であるとともに，カトリックの支配に対するプロテスタントの解放戦争であり，スペイン（とポルトガル）による世界貿易支配にオランダが挑戦した経済戦争でもあった。そして，宗教戦争と経済戦争という戦争のふたつの性格を結びつけたのが，戦争を主体的に担ったカルヴァン派[5]の思想である。

二重予定説

　フランス生まれでパリ大学に学んだカルヴァンの思想は，聖書そのものを信仰の基盤にすえる点では，ルターと同じである。彼の思想の特徴は，二重予定説にある。それによれば，神は天地を創造したばかりではなく，すべての出来事を，人間には知りえない神自身の絶対的な意志によって支配している。したがって，人間の自由意志は否定される。人間の救済についても，神によって救済される者と，救済されない者とを，あらかじめ神が定めている。しかも，全能の神に対して人間はあまりにも無力であるから，自分が救済されるのかどうかを，まえもって知ることはできない。

職業召命説

しかし人は，その無力さゆえに，救われていること，「救いの確かさ」を知りたいと願うものでもある。カルヴァンによれば，あらゆる存在はただ「神の栄光」のためにあり，この究極目的の実現のために奉仕すべく選ばれた神の道具として自らを認識することが，救いの「確証」である。職業労働がその奉仕にあたる。各人が自分の職業を，神がその栄光を実現するために各人に与えた天職であると認識し，それに勤勉に励むことが，それである。

職業召命説自体はルターにも見られるものだが，カルヴァンの場合には，職業による救いの確証は，自分が救われるのか捨てられるのかという，耐えざる自己審査を要求する。職業的成功によってたとえ富を得たとしても，その富はむやみに浪費されてはならない。さらに職業に励んで，救いの確証を得つづけるために使われなければならないのである。（＝世俗内禁欲）

商業精神

マックス・ウェーバーは『プロテスタンティズムの倫理と資本主義の精神』において，このような職業労働の倫理が自己目的化され，職業で得た利潤が再び職業活動のために投資され，それが再び利潤をもたらすという循環が確立されるなかに，近代資本主義の典型的な発生を見た。ウェーバーのこの理解は，現在ではそのままでは通用しない。しかし，オランダでカルヴィニズムが広く受け入れられていった背景には，それが結果的には，広範な社会層に対して，富の無限の追求を正統化する機能を果たしたという点がある。伝統的なカトリックにおいては，身分にふさわしい勤勉は承認されたが，限度を超えた富の追求は悪であった。それゆえに，商業革命以来の経済発展のなかで巨額の富を蓄えた特権的大商人たちは，自分の罪を購うためには，富の一部を教会に献金するか，免罪符を購入せざるをえなかった。いわば悪銭を浄財に転化させる仕組みを必要としたのである。逆にいえば，富の蓄積は，そうした行為をおこないうる階層に対してのみ承認されることになる。これに対して，カルヴァン主義は，富の蓄積を結果的には悪から解放し，富を蓄積する権限を特権的大商人から解放するの

である。こうしてカルヴァン主義は，都市の手工業者や商人たちを中心に，堅い信仰基盤を得たのである。

　それは，勤勉，節約，計算，正直，利己心，約束と時間の遵守といった商業的に成功するための徳性（商業道徳）と結びついて，オランダ人の生活信条を形成していくことになる。そして，オランダの経済的発展を，こうした信条が主体の面から支えるとともに，個々人の経済的成功が再びこうした信条を強化することになった。

　ただし，カルヴァン自身がジュネーヴで実行したような神政国家の試みは，オランダではついに多数派の支持を得ることはなかった。

(3)ネーデルラント連邦共和国の経済的発展

　1585年に，ユトレヒト同盟に参加していたアントウェルペンが，スペイン軍の猛攻によって陥落した。それに代わってアムステルダムが，世界的な貿易都市として登場した。当時すでにアムステルダムは，地元の商人やホラント州諸都市の商人によって，バルト海からの穀物・木材の輸入，海運業，漁業によって繁栄していた。アントウェルペンの陥落によって，大規模な資本と組織を持ち，大規模商業の経験を積んだ国際的な大商人がアムステルダムに拠点を移した。アムステルダムは，それによって，ドイツ内陸部，フランスから南ヨーロッパ，地中海方面との取引関係も手中にした。

　さらに1602年には，連合東インド会社が設立された。オランダは，ポルトガルの権益を奪って，胡椒貿易をほぼ独占した。1609年には東インド会社が平戸に商館を設立し，以後，スペイン，イギリス，ポルトガルといった競争相手を排除して，対日貿易の独占に成功した。1619年にはジャワにバタヴィア城を建設して，東アジア貿易の拠点とした。東インド会社は，喜望峰から日本に至る地域で，ある時には土着の支配者と平和的に交易し，あるときにはその地域を植民地化して，商圏を拡大させた。主要な植民地はジャワ島，セイロン，バンダ諸島，台湾である。ちなみに明朝の遺臣鄭成功が，のちに台湾からオランダ人を追放した。

1621年にはオランダ西インド会社が設立された。狙いは，対スペイン戦を有利に戦うために，スペインの貴金属供給源である中南米を叩くことにあった。1630年にはポルトガルからブラジルの四州を奪い，ブラジル，西インドとの貿易も開始した。オランダがこの地域で植民地化したのは，ガイアナ，スリナム，小アンティル諸島の一部である。その一部は現在でもオランダの植民地である。

　またオランダ人は，北アメリカにも支配の手を伸ばした。マンハッタン島とその周辺をニーウ・ネーデルラントと称して，そこでネイティヴ・アメリカンを相手に毛皮取引を始めた。1625年にはマンハッタン島を買収して，そこをニーウ・アムステルダムと名づけた。のちにイギリス領となりニューヨークと命名された。なおオランダは，1674年のウェストミンスター条約以後は，北米から完全に手を引いた。

　こうしてオランダは，アムステルダムを中心に，中継貿易を主とする国際貿易ネットワークの中枢を占めるに至った。

　工業面では，レイデン（ライデン）の毛織物工業が重要である。1574年以降，フランデレンやブラーバントから，カルヴァン派の毛織物生産者が，大量に難民として移住してきた。彼らが持ち込んだ新しい技術を基盤として，レイデンは17世紀には，西ヨーロッパ最大の毛織物工業都市になった。それによって，アムステルダムに次ぐオランダ第2の都市へと成長した。

　ハールレム（ハーレム）の場合には，同じくフランデレンから，やはりカルヴァン派の麻織物生産者が，大量に難民として流入した。麻織物工業の発展によって，ハールレムはオランダ第3の都市へと成長した。

　アムステルダム近郊のザーン地方では，アムステルダムの中継貿易と海運業，漁業の発展を背景に，造船業が発達した。

　またオランダの農業は，バルト海沿岸諸国から穀物を輸入していたために，野菜や果物，工業原料（ホップ，麻，亜麻）などの商品作物の生産や酪農に傾斜し，高い利潤率と生産性を誇った。

　産業の多様な発展を背景として，オランダは国際金融の中心にもなった。ウオーラーステインの世界システム論が主張しているように，まさにこの

時代のオランダは，覇権国家であった。

(4)オランダ文化の黄金時代

こうした経済的な繁栄を背景に，17世紀のオランダは，——対スペイン戦争のさなかであるにもかかわらず——文化的発展の絶頂を迎えた。その文化は，他国の貴族的・宮廷的・教会的なバロック文化とは違い，市民的・都市的であった。[6] それをもっとも高く表現したのが，——この時代がレンブラントの世紀とも呼ばれるように——絵画であった。

オランダ絵画を代表するレンブラントにしろフェルメールにしろ中産階級の出身であり，彼らの絵画を購入したのも，王侯貴族や教会ではなくて，経済的に豊かな市民層であった。彼らが居間に飾ったりするための絵を，画家たちは受注生産していたのである。その題材も，聖書的なものもあるが，同時に，静物画，市民の肖像や群像，都市や田園の風景といった，市民的・世俗的なものであった。[7]

絵画と並んで文化を代表するのが，大学であった。オランダは，ヨーロッパの中では大学の歴史は新しい。1575年に創設されたレイデン大学がもっとも古く，アムステルダム大学やユトレヒト大学がそれに続く。しかしオランダの大学は，その自由と寛容，学問水準の高さから，ヨーロッパ中から多くの学生をひきつけた。なかでも有名なのが，当時世界最高の大学といわれたレイデン大学である。レイデン大学からは，国際法を創始したグロティウス，哲学者のスピノザなどが出た。[8]

また実学面では，航海術，干拓・排水技術，商法，株式会社組織，商業簿記などが発展した。

(5)アルミニウス主義

宗教改革期から17世紀初頭のオランダでは，低地ドイツ改革派教会（カルヴァン派）が，総督の支持を背景に国教的地位を占めた。他宗派は，信仰は黙認されていたものの，教会建設を禁止されていた。にもかかわらず，低地ドイツ教会は，宗教界の相対的な優位者にすぎなかった。カルヴァン

派の一部であるイギリス長老派やフランス改革派，メノー派，ルター派，カトリック，ユダヤ教など，多くの宗派・宗教が存在していた。そこに登場したのがアルミニウス主義である。レイデン大学教授であったアルミニウスは，カルヴァン派＝低地ドイツ改革派教会の不寛容に異議を唱え，改革派という枠組が維持されれば第二義的な教義の相違には目をつぶる，という宗教的寛容を主張した。[9]この点では，アルミニウス主義は，カルヴァン主義内の異論派である。

アルミニウス主義

　すでにオランダは，宗教的寛容に関してエラスムス（1466-1536）の思想を生んでいた。宗教改革と宗教戦争のさなかでエラスムスは，こう述べている。「戦争は国家の疾病であり正義の墓場である。常に民衆の不幸の上に呪わるべき繁栄を温存する少数者のみが，戦乱を望むのである。……戦争は新たな戦争を招き，報復を呼び，不寛容は不寛容を生むのである。」彼はこう主張し，ルネッサンスの人文主義の立場から，カトリックのプロテスタントに対する不寛容，プロテスタントのカトリックや他宗派のプロテスタントに対する不寛容を，両面批判していた。アルミニウスは，こうした伝統にたって寛容を主張したのである。

　アルミニウス主義の主張は，不寛容は経済的繁栄と人間の自由を損なうというスローガンが支持されて，都市門閥貴族層を中心に1620年代から受け入れられていく。1630年からは総督の支持もとりつけて，急速に広まっていく。それとともに，他宗派に対する寛容も増大し，信教の自由が広範に承認されるようになった。たんに改革派諸派だけでなく，ユダヤ教徒も礼拝場（シナゴーグ）を持てるようになった。[10]ただし，カトリックが信教の自由を正式に認められたのは，後述するバターフ共和国時代の1795年とかなり遅い。

　日本では，信教の自由というと，一般社会から切り離された精神的自由というイメージがある。当時のオランダではそうではない。地方自治の基礎単位は，本来は教会の管轄範囲である教区であった。宗教や宗派は社会生活の中枢にあり，様々な社会的なサービスは教会などを通して実施され

た。たとえば，教育や貧民救済がそうである。それゆえ信教の自由とは，オランダでは，宗派や宗教による様々な社会制度の形成，それらを通した諸宗教信者の棲み分けという状態を生み出すことになった。それとともに寛容は，宗教的性格を持つだけでなく，しだいに社会的なものに転化していった。17世紀においては，なおそうした状態は実現されなかったが，以後のオランダは，このような方向に向けて発展していくのである。

寛容と個人主義

このような寛容の重要性について，少し原理的に考えてみよう。

当時のオランダにおいて，個人主義は，個人として神と向き合うという宗教的な形態でまず与えられていた。この個人は，カルヴァン主義のところで述べたように，救済されるためには職業に精励しなければならなかった。職業的成功のためには，個人は，自分の肉体的能力や精神的能力，それに財産，財産によって購入した様々な財貨を，合理的に利用しなければならない。この点で，個人主義とは，経済的・利己的なものである。

この経済的・利己的個人主義は，救済されるための厳しい自己審査であったから，ここまでで大丈夫という歯止めは存在しない。他者への働きかけという点でも，自分の職業的な成功が第一の目的であり，成功のために必要な配慮以外には，他人への配慮は原理的に不要である。それゆえこの個人主義は，自分の成功のために，他者の幸福を破壊することを厭わない。この破壊性は，その対象が異教徒であった場合に，むきだしの形で現れる。それを示すのが，対スペイン戦争をカルヴァン派が積極的に担ったという事実であり，非キリスト教世界の積極的な植民地化であった。こうした破壊性は，それがオランダ社会内部に向けられるとき，自分たちが勝ち取った秩序を破壊する力に，容易に転化する。[11]

寛容は，こうした個人主義の破壊性にブレーキをかける機能を持つのである。しかも，この寛容は，不寛容は経済的繁栄を損なうというアルミニウス主義のスローガンが示しているように，個人主義を否定するわけではない。その支持基盤が職業的にはもっとも成功した社会階層である都市門閥貴族であったことが，それを裏づけている。このように個人主義を承認

する点で，寛容は近代的な性格を持つ。

市場と寛容

さて，当時のオランダの経済的・利己的個人主義は，個人主義としては未熟なものである。そのいっそうの発展は，ヨーロッパでは，イギリスにおける自由競争的市場経済の発展によってもたらされた。アダム・スミスが『国富論』で明らかにしたように，自由競争市場において，各人が自己利益の最大化をめざして行動すれば，可能な範囲で最大の豊かさが各人にもたらされ，同時に，経済秩序も維持される。個人主義の破壊性は，経済的には，神の見えざる手によって抑制されるのである。ここでは利己的個人は，他者を配慮してもよいが，それが成功の必要条件というわけではない。むしろ経済的には，貨幣を支払ってくれるのなら，異教徒であろうと何であろうと，商品を販売して利益をあげるという商業の論理に，寛容は吸収されてしまう。とすれば，ことさらに寛容について議論する余地は，少なくとも経済的には存在しないことになる。

しかし本当にそうだろうか？　経済学の世界では，いくつかの前提をおけば，このような議論が成立することは常識だが，また，そのような前提を現実の社会が満たすことの絶望的な困難さも，明らかにされている。[12]自由化された市場経済においても，諸個人間の競争的闘争が他者の生活や幸福を破壊する事例は，現在のグローバリズムの展開が示しているように，いくらでも目のあたりにすることができる。そうだとすれば，個人主義から出発しながら個人主義の暴走に歯止めをかけるという寛容の意義と機能は，たんに近代的という歴史的な意義を持つだけでなく，むしろ，今日的な意義を持つといわねばならない。オランダ史を学ぶ意義のひとつは，まさにここにある。

5．ネーデルラント王国

(1)ネーデルラント王国の成立

17世紀の黄金時代を過ぎたオランダは，18世紀には急速に衰退する。海

運と貿易はイギリスとフランスに奪われ，国内工業の中心であった毛織物工業もイギリスに凌駕された。国民経済も，その発展を背景としていた文化も，長い停滞期に入った。

1794年にはオランダはフランス革命軍に降伏し，翌年には総督ウィレム5世はイギリスに亡命した。フランス啓蒙思想の影響を受けた愛国党が各地で蜂起し，革命委員会を形成した。委員会は，フランス革命にならって人権宣言を発布し，議会と総督制を廃止した。ネーデルラント連邦共和国はここに滅亡し，代わってバターフ（バタヴィア）共和国が建国された。この共和国も長続きせず，1806年には，ナポレオンが弟のルイをオランダ国王に任命して，ホラント王国が成立した。1813年に，ナポレオンがライプチヒで大敗すると，各地で住民が蜂起して，イギリス亡命中のウィレム6世を国王とした招いた。翌年には，ネーデルラント王国が成立した。[13]

(2) 自由主義的改革

ナポレオン戦争の終結から48年革命に至るウィーン体制下のオランダは，ヨーロッパ各国が産業革命に突入し，工業化を開始したにもかかわらず，伝統的な都市門閥貴族に支配され，経済的にも文化的にも18世紀以来の停滞を克服できなかった。オランダがこの状態を克服するのは，1870年代に入ってからである。

その基盤を整備したのが，自由主義者の登場であった。48年革命の余波を受ける中で，オランダでは，レイデン大学教授で自由主義者のトルベッケの草案をもとに，憲法が改正された。立憲君主制，責任内閣制，衆議院の強化，財産制限付きの直接選挙制，教育・集会・出版・表現・信教の自由が憲法的に保証された。ただし植民地はそうした保証の枠外におかれた。都市門閥貴族の伝統的な支配は終わり，以後，ほぼ40年にわたって，自由主義者が政権を担うことになった。

自由主義政権は，国家と宗教の関係にもメスを入れた。カルヴァン派＝改革派の影響力から国家を解放し，政教分離を進めるためである。対抗勢力としてのカトリックに司教区の設置を認め，公教育から宗教の影響を排

除した。

経済政策の面では，植民地を民間資本にも開放し，自由貿易主義を進め，港湾・鉄道・運河などの産業基盤を整備した。

(3)工業化

この政策は，後背地にあたるドイツの経済発展にも支えられて（1871年：ドイツ帝国の建国），オランダに急速な工業化をもたらした。1870年代には，遅ればせながら，動力機の蒸気機関化が進み，繊維工業，食品加工業，植民地物産加工業，陶磁器業，金属工業，造船業などが展開した。1890年代には，世界的な大不況（＝大不況期：1873-1895）が克服されるなかで，当時の先端産業である重化学工業も装備するにいたった。資源の制約から鉱山業，製鉄・製鋼業を発展させることはなかったが，伝統的な農商分業社会から工業化社会へと確実に変化した。

栗原らが紹介した資料によると，貿易額は，1876年から1912年のあいだに10倍に増えた。国民所得は，1860年から1910年のあいだに2倍以上に増加した。労働者の実質賃金は，1870年から1910年のあいだに50－70％上昇し，逆にエンゲル係数は70％から50％に低下した。人口は，1850年頃には約300万人だったのが，1889年には約450万人に，1909年には約590万人に増加した。そのあいだに農業人口比率は44％から28％に低下した。

(4)文化の再生

こうした社会変化は，文化の沈滞を打破して，オランダ文化を再生する好機として歓迎された。世紀転換期を前後する時期には，物理学のローレンツ，ネーデルラント共和国史のファン・デン・ブリンクとフライン，絵画では印象派の流れを汲むハーグ派と印象派を突き抜けたゴッホ，文学では，『マックス・ハーフェラール』によって植民地文学をうち立てたデッケルらが輩出した。またクロースを先頭に，「80年代の運動」と呼ばれる文学運動が登場し，伝統的な文学をキリスト教道徳に骨がらみにされたお説教と批判し，感性の解放を主張した。そこから，オランダ近代詩人の最

高峰とされるホルテルが現れた。同時にこの運動は，オランダ社会の現状を批判する社会主義者も輩出した。ホルテル自身が，オランダ・マルクス主義の代表者とされる。

(5)対抗勢力の形成と成長：反革命党

　このような急激な社会変化は，自由主義に対する重大な対抗勢力を生み出した。そのひとつは，組織された宗教勢力である。

　1879年に反革命党[14]を結成したカイペルは，宗教的に中立な公教育，金持ちによる国家支配，それを正当化する財産による選挙制限に反対して，カルヴァン派系の中小市民層や農民・職人の支持を得た。これに対抗してカトリックと自由主義者，新たに登場した社会主義者も，全国的な政党形成を進めた。[15]カイペルの主張で重要なのは，その一種のコーポラティズムである。

　彼は，社会を有機的な社会団体の連合体と捉え，家族，教会，学校，都市，州などの基礎的な団体には，それぞれ神から主権が与えられていると主張した。国家の一元的な社会管理が相対化されて，各社会団体の自治が重視されることになる。彼は，この主張に基づいて，キリスト教労働組合を作り，新聞を発行し，改革派教会を分裂させて再改革派教会を結成し，カルヴァン派の牧師を養成するアムステルダム自由大学を作った。

　これは直接には，自由主義的改革によって社会的影響力をそがれたカルヴァン派が，独自の社会団体を形成して影響力を再構築するということを狙ったものである。それを正統化するコーポラティズムも，キリスト教に古くからある職分秩序思想[16]をアレンジしたものである。

　このような構想に他宗派・他宗教が対応するなかで，結果的には，これまで宗教的寛容という形態で与えられてきた諸価値の棲み分けが，宗教組織の枠を越えて，諸宗教が形成する社会団体のレベルでの棲み分けをもたらすことになった。この流れのなかで，後述する縦割り社会が生まれてくる。

　さらに，その縦割り社会を，宗教的価値の共存に限定されない，より世

俗的なものとして形成する決定的な力となったのが，社会主義運動の成長である。

(6)対抗勢力の形成と成長：労働運動と社会主義

　オランダでは，自由主義的改革をきっかけに工業化が進んだとはいえ，小経営が広範に残存し，そこの労働者は，長時間・低賃金労働に縛りつけられていた。また，工業化・機械化された経営では，男性家父長労働者に代わって，より低賃金な児童労働や女性労働が導入された。[17]こうした状態を背景に，1861年に最初の労働組合が植字工によって形成された。71年には，労働組合の全国組織として，職人や手工労働者を中心に，オランダ労働総同盟が結成された。

　1869年には，自由思想家団体「黎明」に結集していた民主主義者を中心に，第1インターナショナル・オランダ支部が結成された。1881年には労働総同盟の方針に批判的な部分が，ドメラ・ニーウェンハイスを中心に社会民主同盟を結成した。これが，オランダ最初の社会主義組織である。同盟は全国的に勢力を伸ばしたが，指導者のニーウェンハイスがアナキズムに傾斜するなかで，1894年に，それを批判するグループがオランダ社会民主労働者党を結成した。

　19世紀末の選挙権の拡大，社会立法の推進（児童労働の制限，最長労働時間の制限，危険・有害労働に関する労働安全法など）を背景に，1900年から社会民主労働党の党勢は拡大した。創立時の12人が，1900年には2500人になり，1914年には25000人に増えた。この党は，当初は，ドイツ社会民主党エルフルト綱領の影響を受けて，革命的な将来目標と改良的な現実政策とを掲げていた。しかし次第に，資本主義を漸進的に改革して，労働条件の改善をめざすという改良主義に傾斜した。

　20世紀の最初の十数年間には，それに呼応するかたちで，政府（主に宗教政党）が，労働者の要求を認め，それを国民的利害の一部へと統合する政策を進めた。1913年には労働協議会が設立され，経営側と労働側とが法的には対等の立場で，労働条件の形成に参加する制度が形成された。それ

は第一次大戦後には，全国的な高等労働協議会へと発展した。こうして労働運動と社会主義も，前述した縦割り社会に参入していくことになる。[18]

(7) **縦割り社会の成立と構造**

　第一次大戦中の1917年，中立国として戦火を免れていたオランダで，憲法改正がおこなわれた。ひとつは労働者の要求してきた選挙権拡大であり，25歳以上の男性に選挙権が与えられた。19年には女性にも選挙権が与えられた。また，完全比例代表制が導入された。もうひとつは，宗派の私立小学校に公立小学校なみの財政援助を与えることである。これによって諸宗派，労働者（これは宗派系と社会主義系諸派に分かれる）は，自分たちの掲げる価値にしたがった社会活動の領域を，大きく拡大させることができた。

　各宗派は学校教育に力を入れ，まず学校を経営し，独自の青少年団体，独自のメディア・文化団体，場合によっては政党の形成，病院の経営，労働団体や経営者団体の形成といったように，多様な系列団体を展開させた。その中で，カトリック，カルヴァン派，自由主義，社会民主労働党が四大勢力となり，それらによって社会が縦割りに構成されるようになった。これを縦割り社会，柱状化社会，多極共存型社会などと呼ぶ。

　この社会では，極端にいえば，系列の病院で誕生し，系列の幼稚園から小学校，さらには大学へと通うことが可能である。日常生活でも，系列の新聞や雑誌を読んだり，ラジオを聞いたり，同宗派あるいは同価値を持つひとの経営する店で買い物をして暮らすことが可能である。いわば，社会生活を構成する諸要素を装備した小社会が社会のなかに複数存在し，価値を共有するもの同士がその小社会で自足的に生活し，価値が異なる者は，互いに没交渉で済ませるか小社会同士で調整する，という社会生活が可能になった。オランダはこうして，価値の多様性を制度的に保証する社会を作り上げたのである。

(8) **第二次大戦**

　戦間期のオランダは，縦割り社会によって内部対立を調整する安定した

秩序を確立した。それを破ったのは，ナチスの侵略である。

　とくに1940年5月14日のロッテルダム空襲は，非戦闘員が大量に居住する都市への初めての無差別爆撃であった。第一次大戦は，近代兵器による大量殺戮，国家機構や産業構造の変更を含む計画的な戦争遂行体制（＝総力戦体制）によって，それまでの戦争の次元を越えたが，大量殺戮はなお前線にとどまっていた。この点で，総力戦体制といっても，前線と兵站（後方）とが画然と区別される伝統的な戦争の次元にとどまっていた。これに対してロッテルダム空襲は，そうした伝統的な区別を廃棄したのである。

　ロッテルダム空襲の翌日にはオランダ軍は降伏し，これによって基幹都市中枢への直接攻撃は，たんなる戦術ではなくて，勝敗の帰趨を決する戦略的意義を持つことになった。その後のナチスは，V1号，V2号によるロンドン空襲を通して，都市戦略爆撃の兵器水準を上昇させた。日本は，中国戦線において，重慶爆撃というかたちで，この戦略を踏襲した。アメリカとイギリスは，ドイツのドレスデン空襲において，ドイツ人から学んだ都市戦略爆撃を実験した。さらにアメリカは，戦略爆撃機による本格的な都市破壊を東京大空襲で実現し，広島・長崎に原爆を投下したことで，戦略兵器の水準を地球破壊的規模にまで上昇させるきっかけをつかんだ。

　オランダで第2次大戦というとアンネ・フランクの『アンネの日記』が登場するが，それよりもロッテルダム空襲の方が，はるかに歴史的意義は大きいのである。[19)]

6. 現代のオランダ

　戦後のオランダは，焦土化した国土を再建する戦後復興期を経て，他の先進諸国と同様に高度成長を経験した。高度成長がもたらした大衆消費社会と，高度福祉国家の実現とによって，オランダの縦割り社会は，1960年代から急速に崩壊したといわれる。それはとりわけカトリックにおいて顕著であった。個人の生活が，縦割りの社会団体によって守られる必要が，全般的に減少したからである。

しかし，それによって一元化された社会が到来し，多文化共存というシステムが廃棄されたわけではなかった。それを端的に示しているのが，オランダのワークシェアリングである。

　ワークシェアリングとは仕事を分け合うことで失業を減らそうとする仕組みである。日本でも，現在その導入が検討されている。一般的には，失業対策のひとつである。オランダの場合も失業対策に変わりはないのだが，注目すべきなのは，それがライフ・スタイルの選択と結びついていることである。

　オランダは，高度成長終焉後の1980年代から，政府，労働側，経営側の合意（ワッセナーの合意）によって，労働側は賃金抑制に努め，経営側は労働時間短縮と雇用の確保に努めるという取引をおこなった。これがワークシェアリングの第一歩である。このなかで，1980年代の他の先進国と同じく，パートタイム労働が増加していく。その中心は女性であったから，これは世界的に労働力の女性化，女性の労働力化と呼ばれる。

　通常であれば，雇用者の大部分は，パートタイムではなくてフルタイム労働を選択する。賃金をはじめとする雇用条件の格差が大きいからである。ところがオランダでは，必ずしもそうではなかった。長坂寿久によれば，オランダ労働組合連盟の調査の結果，労働者がパートタイム労働の推進に積極的であることがわかった。その理由は，第1に健康と安全である。第2に雇用の確保であり，これだけが厳密に雇用対策としてのワークシェアリングに対応する。第3に，「男は仕事，女は家庭」という性差別的分業構造に風穴を開けるためである。第4に，個人の自由時間を増加させて，個人的な幸福を増進させる機会や社会参加の機会を確保するためである。

　こうした結果を踏まえて，オランダの労働組合は，パートタイム労働の推進，そのためのパートタイム労働条件の向上を目ざして，政府，経営側と交渉した。1996年には，パートタイム労働者に関して，政府は，時間あたり賃金を差別することを禁止し，民間年金制度から排除することを禁止し，労働時間に応じて休暇を取得できる権利を認めた。また，パートタイム労働とフルタイム労働を選択する際に，労働者の意向を考慮する義務を

企業に課した。

　この結果，長坂によると，現在では，オランダ人は，自分のライフスタイルや生活価値にあわせて，三つの働き方を選択できるようになった。週36－38時間労働で週休2日のフルタイム労働，週30－35時間労働で週休3日の大パートタイム労働，週約20時間労働のパートタイム労働である。[20]

　価値の多様性を承認する伝統は，こうして，生活時間配分における自己決定の重視という，より個人に密着した形態で，現在でもオランダ社会に生きているのである。[21]

　同じようなことが，尊厳死（安楽死）の承認，個人使用に限定した一部ドラッグの解禁，キリスト教国家としては早い堕胎の承認などのなかにも見ることができる。

7．最後に

　グローバル化が語られ，多文化接触が日常的になってきた今日，グローバル・スタンダードと称して自国の基準をおしつけ，正義と援助の名によって文化破壊を正統化し，それによって拡大する格差によって利益を上げる，という愚行が繰り返されている。そうした愚行を反省し，非破壊的な国際理解や多文化接触の道を開くためにも，オランダの歴史と社会文化は，学ぶに値する。風車，干拓，木靴だけがオランダ文化ではないのである。

注

1）ネーデルラントは元来は低い土地という意味である。地域名としては，現在のオランダ（ネーデルラント王国）とベルギー（ベルギー王国）などを含むが，国名としては現在ではオランダを指す。オランダという言葉は，ネーデルラントの一地域名であり，現在では，ネーデルラント王国のホラント州を指す。また，英語の Dutch は，オランダ語あるいはオランダ人を意味するが，これは語源からいえば，ドイツ語あるいはドイツ人を指すドイツ語の

Deutschと同じである。なお言語的にいうと，現在のオランダ（ネーデルラント王国）で話されている言葉は，移民の話す言葉をのぞいてもオランダ語だけではない。北部のフリースラント（フリージア）では，フリース語が使用されている。

2）再洗礼派は，乳児のうちに洗礼を受けることやカトリックの秘蹟を拒否し，成人になってから自分の意志で洗礼を受ける（＝キリスト教に入信する）べきだと主張したプロテスタントの一派。彼らは，1534年にアムステルダムで蜂起し，同年，ドイツのヴェストファーレンにあるミュンスター市を支配して，そこに，一夫多妻制と財産共有による「新エルサレム」を建設した。諸侯の攻撃によってミュンスターの支配を失うと，再洗礼派は分裂した。その一部は，メンノ・シモンスの指導のもとに，非暴力的な宗派に生まれ変わり，この生まれ変わったグループはメノー派と呼ばれるようになる。メノー派は現在でも，反戦・反軍・非暴力の活動で有名であり，徴兵制のしかれている欧米諸国では，思想信条によって兵役を拒否する良心的兵役拒否がメノー派信者に認められている。徴兵しても，彼らは軍隊内で反軍活動を始めるからである。

なお再洗礼派が拒否したカトリックの秘蹟とは，洗礼，堅信，悔悛，聖体，婚姻，終油，叙品という宗教儀式のことである。

3）1568年にオラニエ公の弟のルートヴィッヒ・フォン・ナッサウが北部のフロニンゲンに侵入した。アルバ公はルートヴィッヒを迎え撃つために出陣した。この，アルバ公とルートヴィッヒの戦いをもってオランダ独立戦争が始まったとされる。この戦争は日本とも無縁ではない。江戸幕府は，1616年にヨーロッパ船の入港を長崎・平戸に制限し，1624年にスペイン船の来航を（1639年にポルトガル船の来航を）禁止した。これによって，江戸幕府が対ヨーロッパ貿易を独占するとともに，ヨーロッパ諸国のなかではオランダが対日貿易を独占することになる。対日貿易を巡るオランダとスペインの争いは，ヨーロッパにおけるオランダ独立戦争の極東における余波でもあった。

4）オラニエ公ウィレムはオランダ独立の父として敬われており，家名のオラニエ（オレンジ）にちなんで，オレンジ色がオランダのナショナル・カラーになっている。サッカーやオリンピックのオランダ・ナショナルチームがオレンジ色を使用するのは，このためである。

5）カルヴァン派は，オランダではゴイセンと呼ばれた。ちなみにフランスではユグノー，イングランドではピューリタン，スコットランドではプレズビ

テリアンと呼ばれた。
6）オランダ文化といわれるものの範囲は狭く、ホラント、ゼーラント、ユトレヒトの市民たちがその担い手であり、享受者であった。
7）なにしろ、当時のオランダには国王もいなければ、大領主もいなかった。改革派教会（カルヴァン派）をはじめとしてオランダのプロテスタントは、カトリックとは違い、基本的に、教会あるいは祈りの場から装飾を排除した。だから、バロック的な文化がオランダで開花する訳がなかった。

　またオランダ絵画は、この時代以前から独自な発展を遂げていた。ブルゴーニュ公国の時代に、北方ルネサンスの花が開き、ファン・エイク兄弟などが輩出した。その後も、ヒエロニムス・ボス、ピーテル・ブリューゲルなどがでた。
8）レイデン大学は、日本とも縁の深い大学である。西周の留学先であり、シーボルトが日本から持ち帰った植物が、現在でも付属植物園に植えられている。
9）したがってアルミニウス主義の寛容は、オランダ人が各地で植民地を拡大させ、その過程で住民虐殺をおこなっても、それを批判することはない。この点では、植民地化や住民虐殺を、異教徒に対する正当な権利の行使と捉えたカルヴァン派とは同工異曲である。
10）この事態をはっきり示すエピソードがスピノザである。スピノザはユダヤ教徒であったが、その哲学研究のゆえに破門され、ユダヤ人社会から追放された。しかも彼は、キリスト教世界に救いを求めて改宗することもしなかった。いわば無宗教者になった。当時のヨーロッパでは、通常、こうした状態におかれれば、当人に社会的に生きる道はない。場合によっては処刑されている。ところがオランダでは、彼は豊かとはいえないが、社会生活を営むことができた。これは画期的なことである。（ちなみに、現在でも、欧米で蛇蝎のように忌み嫌われ、場合によっては人間扱いされない筆頭が、無神論者である。）

　そのうえ当時のオランダには、アルミニウス主義の寛容の精神を受け継いだコレギアント派というグループが存在した。このグループは、特定の宗派ではない。多くの宗派の神学生が、お互いの相違を認めながら神学研究をおこなおうとして集まったのが、このグループである。現在では単なる学者の研究会であるが、当時としては、こうしたグループが存在しえたこと自体が、画期的なことである。このコレギアント派が、研究会にスピノザを招き、そ

の哲学に関して議論したという記録がある。これが示しているのは，スピノザが日常生活だけでなく，学問生活をもオランダで社会的に営むことができたということである。

11) このような破壊性をもっともグロテスクなかたちで示したのが，南アフリカで長くおこなわれてきたアパルトヘイト（人種隔離政策）である。

12) 競争的市場が，個人主義の破壊性を経済的に解決する前提条件は，完全競争，完全情報，合理的経済人，時間要素の無視，収穫逓減などである。

13) フランスを警戒するイギリスやプロイセンの思惑によって，ネーデルラント王国はベルギーを併合した。しかし，16世紀の分裂以来，オランダとベルギーは宗教的（プロテスタントとカトリック），産業的（農商業国と工業国），言語的（オランダ語とワロン語）に相容れず，1831年にベルギーはベルギー王国として分離独立する。

14) 反革命党の反革命とは，自由主義者をフランス革命理念の正統な後継者ととらえて，その理念に反対するという意味である。

15) カトリックは1883年に政党綱領案をだし，90年代に全国組織化を進めた。自由主義者は，1885年に自由連盟を，1901年に自由民主連合を結成した。

16) たとえば中世のギルドは，同じ職業につく親方・職人の同業者団体で，一定の自治権を認められていた。こうしたギルドや諸身分が，それぞれの役割を果たしながら，全体として，神がこの世に与えた秩序を支えるというのが，職分秩序思想である。

17) 1886年に政府がおこなった調査によれば，大きな製パン工場では一日の労働時間の上限が12時間と定められていたが，アムステルダムのあるパン焼き徒弟は，平日は夕方6時から翌朝10時まで，土曜日には前日から引き続いて，夜の9時，10時まで働いた。マーストリヒトのガラス工場では，24時間操業のために交代制勤務を導入した。通常は12時間労働だったが，日曜日の夜勤は18時間であった。女性労働の過酷さは，居住条件の劣悪さとあいまって乳児死亡率を上昇させた。マーストリヒトでは，1875年から1880年の乳幼児死亡率は，同期間の出生数の21.83％に及んだ。

18) 社会民主労働党は改良化して縦割り社会の主要な柱になるが，だからといって非改良的な社会主義諸派が，縦割り社会から排除されたわけではない。現在でもそうだが，多様な反体制グループが，それぞれの生存圏を確保して活動を続けていた。それはかつて，破門されたユダヤ人であるスピノザが，社会生活と学問生活とを維持できたのと同じである。

19) この方法は，現在のピンポイント爆撃でも，市民や民間施設を「誤爆」するという形で，効果的に継承されている。
20) とはいえ，フルタイム労働は男性，パートタイム労働は女性という枠組みそのものには大きな変化はないようである。カルヴァン主義は，強力な父権主義をともない，女性に対して出産の強い社会的強制力を発揮する。それゆえ，就職，結婚あるいは出産による退職，パートタイマーとして再就職という，日本と同様の就業パターンがなお生きているからである。
21) とはいいながらそのオランダが，現在も植民地国家であり，植民地住民の自己決定権をないがしろにしていることは，指摘しておかねばならない。

参考文献一覧

黄金時代のオランダ文化とりわけ絵画に関するもの，旅行記・旅行案内は類書が多いので省略した。日本オランダ交渉史に関するものも省略した。また，原則として，専門性の高いものは省略した。

1．歴史・社会・思想

ウェーバー 『プロテスタンティズムの倫理と資本主義の精神』 岩波文庫，1962年。
ホイジンガ 『エラスムス』 筑摩書房，1965年。
Rolant-Holst van der Schalk, Henriette, *Kapitaal en arbeid in Nederland*, virede druk, Nijmegen 1977.
Brugmans, I. J., *Stapvoets voorwaarts*, tweede druk, Haarlem 1978.
レイプハルト 『多元社会のデモクラシー』 三一書房，1979年。
ウオーラーステイン 『近代世界システム』 岩波書店，1981年。
栗原福也 『ベネルクス現代史』 山川出版，1982年。
井上隆一郎 『開放国家オランダ』 筑摩書房，1986年。
岡崎久彦 『繁栄と衰退と』 文藝春秋，1991年。
ブロール 『オランダ史』 文庫クセジュ，1994年。
栗原福也監修 『読んで旅する世界の歴史 オランダ・ベルギー』 新潮社，1995年。
森田安一編 『世界各国史14 スイス・ベネルクス史』 山川出版，1998年。
内田博 「詩人として社会主義へ ヘンリエッテ・ローラント・ホルスト小伝」 『藤女子大学・藤女子短期大学紀要』 第2部第36号（1998年）。

長坂寿久　『オランダモデル』　日本経済新聞，2000年。
スミス　『国富論』　岩波文庫（全4冊），2001年。

2．生活
永田明子　『偉大な小国オランダ事情』　鎌倉書房，1980年。
皆越尚子　『オランダ雑学事始』彩流社，1989年。
根本孝　『オランダ豊かさ事情』　同文館，1992年。
根本孝　『オランダ生活物語』　同文館，1994年。
根本孝　『オランダ歩・歩・歩』　同文館，1996年。
ジャネット・あかね・シャボット　『オランダからの手紙』　泰流社，1995年。
ジャネット・あかね・シャボット　『オランダ暮らし十二か月』　平凡社，1995年。
ジャネット・あかね・シャボット　『自ら死を選ぶ権利』　徳間書店，1995年。
田中弘美　『オランダのくらし』　ポプラ社，1997年。
倉部誠　『物語オランダ人』　文春新書，2001年。

3．参考URL
以下の小橋康章さんのサイトがもっとも包括的
http://member.nifty.ne.jp/highway/holland/injapan.htm
http://www.kt.rim.or.jp/~kobashi/dutch/connect.htm
研究組織としてはオランダ史研究会（http://home.att.ne.jp/blue/holland/）が有益。その他に，日本人のためのオランダ生活情報として「ばいばいねっと」（http://www.baibainet.com/）などがある。

マトリクス人間生活学

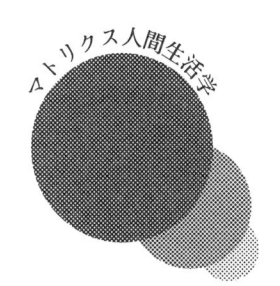

EUにおける教育政策の展開
――統合と共生のはざまで――

　「マーストリヒト条約」（1993年）によって設立したEUでは，教育政策が「一つのヨーロッパ」を実現するための有効な手段として捉えられ，民主主義，社会正義及び人権の尊重などの価値を共有したヨーロッパ市民の育成を図る教育事業が実施されている。特に，近年の教育政策では，EU域内の雇用問題とも密接に結びつけられながら，すべてのヨーロッパ市民が，地理的・社会的条件に関わらず，あらゆる教育環境へ容易にアクセスできる生涯学習社会の構築が重要な課題とされている。ただし，EUは，加盟国の言語や文化の多様性を尊重する立場から，教育制度の統合までは構想しておらず，これまでの国家が果たしてきた役割を補完する方針を堅持している。

1. はじめに

　ここでは，人間生活にかかわる共生の問題を考える題材として，ＥＵ(欧州連合)[1]の教育政策を取り上げる。

　ＥＵは，単一通貨ユーロの導入など，「世界で最も競争力があり，ダイナミックな知識基盤型経済圏」を形成する動きを進めている。こうした動きは，その本質において，ヨーロッパ共通のルールと価値観をもつ市民が連帯した「一つのヨーロッパ」を創造しようとする試みと捉えられる。したがって，ＥＵの教育政策は，国家や民族の枠組みを超えた共生社会の実現に資することが求められるが，各国の自律性や独自性にかかわる文化の問題と直接に結びつくため，単純にヨーロッパ統合を目指すものとはなっていない。このことから，ＥＵが，どのような教育政策を実施しているかについて知ることは，多様な文化を前提とした共生社会の在り方を考えるにあたって有意義といえる。

　以下，人間生活と教育のかかわりを明らかにした上で，ＥＵにおける教育政策の展開をみていく。

2. 人間生活と教育

(1)教育のもつ働き

　まず，そもそも教育とは，人間生活において，どのような働きをもつものなのか考えてみよう。

　人間は，本能のみに従って生活する動物と異なり，周囲の生活環境や他者と互いに影響しあいながら共同生活を送る社会的存在といわれる。もちろん，人間であっても，とりわけ新生児や乳幼児の時期には，本能に基づく衝動的な行動をとる場合があるが，人間としての本質は，社会のルール（規範や習慣など）や他者との関係を理解し，それを自らの判断で受容・批判していく過程にこそ求められる。つまり，人間は，単なる動物として生

まれた後,円滑な社会生活を送るために必要なルールを獲得していかなければ生きていくことのできない存在なのである。このことから,教育には,一人ひとりの人間が,社会のルールを学び,その社会に適した行動をとるように導く社会化の働きがあることが理解できる。

ただし,こうした社会化の具体的な内容は,どのような社会に所属するかによって異なることに注意する必要がある。言い換えれば,それぞれの社会は,そこに所属する人間に対して,独自のルールや価値観を理解し,受容していくことを求める。このような社会からの要求は,その社会に所属する個人の立場からすれば,ルールや価値観を生活にかかる文化（集団的価値）として受け継ぐことである。ここでの文化とは,これまで人類が培ってきた英知（文化財）や習慣等のすべてであり,そうした意味において,教育には文化伝達の働きが認められる。

さらに,人間は,生活の中で社会化や文化伝達の過程を経ることにより,それぞれの社会のルールや価値観に対する自覚的な意識をもつことが可能になる。こうした自覚的な意識は,人間が,社会に依存するだけの存在から,個人の価値観や行動規範に基づいて自立的に生活することができる存在に成長するために不可欠である。このことは,教育の重要な働きの一つとして,社会化や文化伝達という過程を踏まえた人格形成の働きがあることを示している。

(2)教育が行われる場

では,これらの働きをもつ教育は,どこで行われているのだろうか。人間は,生活範囲の広がりによって,異なる社会のルールや価値観に触れ,それらを相対化しながら自己の人格を形成していくものである。したがって,教育は,人間が生活を営む社会全般において行われるものであり,その具体的な場として,家庭,地域及び学校を挙げることができる。

家庭は,最も基礎的な生活の単位であるだけでなく,人間が生まれてすぐに所属する社会である。つまり,ここでは,しつけや子育てなどを通じ,生涯で最初の社会化や文化伝達が行われることを大きな特色としている。

もちろん，家庭で伝えられるルールや価値観は，個人の人格形成の方向を最終的に決定づけるものではないが，後に家庭外での社会生活を送るにあたり，最初の行動規範になるという意味で重要である。

　地域は，主に地理的な条件によって規定される社会であり，居住地や職場など，人間が日常的・継続的な生活を営む場所のすべてを含む。ここでは，人間は，自身を取り巻く生活圏での様々な経験を通じ，他者の存在を知り，他者との関係の中で自己を相対化していくこととなる。なお，地域で生活する者にとっては，生活経験そのものが教育であるため，その働きが明確に自覚されない場合が多い。

　学校は，産業構造の転換を背景として，家庭や地域での生活経験のみでは理解できない知識や技能を獲得する必要性から，教育を専門に行う場として特別に設けられた社会である。ここでは，通常，人生の比較的早い時期の青少年に対し，国家や地域のレベルで共通に必要と認められる知識や技能が意図的・効率的に伝達される。何をもって必要な知識や技能とみなすかについては，所属する国家や地域が掲げる理念や体制などによって相違する。そのため，学校には，個人に対して一定の質と量の教育を提供すると同時に，国家や地域の体制等を支持する集団の形成という働きがあることに留意しなければならない。

(3)教育政策の世界的な潮流

　世界の多くの国々では，近年，教育の問題に高い関心が寄せられ，教育政策が国家の優先的な課題とされている。このことは，国家の経済的な繁栄と個人の豊かな生活を国民に保障していくためには，各国が，教育問題を社会経済の問題と結びつけて考えなければならないと認識しているからにほかならない。

　例えば，1999年の主要国首脳会議（ケルンサミット）は，はじめて教育問題を主要な討議テーマの一つとして取り上げ，国際化や情報化などが急速に進展する現代社会においては，必要に応じて知識や技能を容易に取得・更新できる体制づくりが，これまで以上に重要な課題になるとの見解を示

した。また，日本でも，「人々が，生涯のいつでも，自由に学習機会を選択して学ぶことができ，その成果が適切に評価される」ような生涯学習社会の実現が教育政策の基本方針に掲げられている。つまり，かつてない速度で社会状況が変化していく今日においては，いかに必要な知識や技能を取得・更新していくかという問題が，一人ひとりの生活の中身を直接に決定づけるものとなり，このことが，国や地域のレベルで進められる教育政策の中でも問われるようになっているのである。

3.「一つのヨーロッパ」を志向する教育理念の形成

(1)教育におけるヨーロッパ・ディメンションの導入
EC設立と職業訓練としての教育政策
　EU（欧州連合）における教育政策の起点は，EUの前身であるEEC（欧州経済共同体）[2]の設立をうたった「ローマ条約」(1957年)にまでさかのぼる。「ローマ条約」は，EEC域内における経済活動の調和的拡大や生活水準の速やかな向上等を図るため，ヨーロッパを一つの市場に統合し，人，物及びサービスの自由な移動を実現することを目指すものであった。そのため，教育政策については，経済発展に有用な人材を養成するという観点から，域内共通の職業訓練を実行する政策の必要性を確認する条項（第128条）が掲げられた一方で，初等中等教育を中心とした普通教育に関する規定が設けられていなかった。

　これは，EECを含むEC（欧州共同体）の枠組みの中では，経済活動と直接に関連する教育政策の調整が中心的な課題とされ，加盟国の自律性や独自性にかかわる文化の問題に立ち入ることには強い警戒感があったためである。つまり，設立当初のECは，国家単位で結びついた共同市場の形成を最優先の課題に据えたため，加盟国の文化を反映した多様な教育制度に何らかの共通の施策を講じることに消極的であった。

教育におけるヨーロッパ・ディメンションの提起
　こうしたECの教育政策は，第1回の教育大臣会議の開催（1971年）を契

機として，その内容を職業訓練に限定するものから，普通教育を含んだものへと転換していった。事実，この教育大臣会議の要請によってまとめられた「ジャンヌ報告書」(1973年) は，ECの教育政策が，職業訓練だけでなく普通教育を含めたものとしなければならないことを強調し，そのためには，教育におけるヨーロッパ・ディメンション (European Dimension) の導入，欧州言語を中心とした外国語教育の充実，学校修了証書等の相互認定及び生涯教育 (permanent education) の普及が必要であるとした。

このうちヨーロッパ・ディメンションの導入は，歴史，地理，言語，数学，外国語，第三世界の知識及びヨーロッパ市民としての意識について，ヨーロッパの次元からみた共通のルールや価値観を加盟国の教育に反映させることを意味する。つまり，ECは，それぞれの国家の枠組みを超えて，ヨーロッパで共通に必要と認められる知識や技能の伝達を基本的な教育課題の一つに加えるように提起したのである。ただし，こうした教育は，各国独自のルールや価値観に優先するものではなく，ヨーロッパにおける文化の多様性を前提としていたことに留意しなければならない。また，学校では，新しい特別な教科としてではなく，カリキュラム全般を通じて総合的に扱われることが確認された。

ECによる教育政策の基本方針

「ジャンヌ報告書」に基づく教育政策の基本方針は，1974年の教育大臣会議や1976年の欧州理事会において決議された。ここでは，ECの教育政策が，その内容を職業訓練だけでなく普通教育を含んだものへと拡大したことを受け，次の6つの基本方針が示された。

①EC加盟国並びに非加盟国の子どもに自国の教育と職業訓練を提供する便宜を図ること
②ヨーロッパ各国における教育制度の関連性を高めること
③教育に関する資料と統計を収集すること
④高等教育機関の相互協力を促進すること
⑤欧州言語を中心とした外国語教育を充実すること
⑥あらゆる教育形態へ自由にアクセスできる機会の均等を実現すること

特に②においては，ＥＣ域内の教員や児童・生徒にヨーロッパ・ディメンションの経験を積ませることが奨励された。具体的には，教員の国際交流・訪問研修への派遣，教員と児童・生徒の移動・交換を促進する情報センターの設置，教員養成機関の連携及びヨーロッパに関する教育の促進といった4つの施策が掲げられていた。これらの施策は，ヨーロッパ・ディメンションに関するＥＣの教育政策の柱とされたが，①の基本方針との関連から，ＥＣに加盟していないヨーロッパ諸国の人々をも対象としている。ただし，この時点では，ヨーロッパに関する教育の内容が明らかでないなど，その実現に向けた施策は，実態を伴ったものではなかったといえる。

(2)**教育におけるヨーロッパ・ディメンションの基本方針**
ＥＣによる教育事業の展開

「一つのヨーロッパ」を志向する動きは，日本やアメリカの経済的な繁栄を背景として1980年代に入ってから急速に本格化した。ＥＣ加盟国は，1983年に「シュツットガルト宣言」を発表し，共同市場の形成を目指したＥＣを，ヨーロッパ市民の連帯によるＥＵ（欧州連合）へ移行することに合意した。また，1987年には，「ローマ条約」を大幅に改正した「単一欧州議定書」が取り交わされ，域内の人々にヨーロッパ市民として共通の権利（European citizenship）を保障することがＥＣの政策課題として明確に認識されるようになった。

1985年に発表された「アドニード報告」は，ＥＵへの移行を踏まえた教育政策の基本方針を示したものであるが，ヨーロッパに対する児童・生徒の意識を高める「ヨーロッパの日（European Awareness Day）」が導入されたほかには，1974年と1976年の決議をほぼ踏襲した内容であった。これに続く「ヨーロッパ・ディメンションのより高められた取り扱いについての結論」(1985年)では，域内に生活する一人ひとりの人間の密接な連帯の実現には，加盟国の政治的，社会的及び文化的な生活を相互に理解することが不可欠であるとの立場が示され，教育におけるヨーロッパ・ディメンションの導入が，ＥＣの教育政策の中で特別な位置を占めることが確認された。

ただし，1980年代後半より，ＥＣにおいて展開された教育事業は，石油危機を契機とした欧州経済の長期停滞に対応するためのものであった。これらは，ＥＣの経済発展に役立つという観点から，職業訓練や高等教育に関連した交流等を中心とする事業に偏って行われていた。そのため，初等中等教育を中心とした普通教育については，ヨーロッパ・ディメンションを導入することの重要性が認識されながらも，引き続き，その具体的な在り方や内容が模索されるに留まり，実効性を伴った施策が講じられなかった。

ＥＣの教育事業

事 業 名 称	事 業 内 容	実施期間
COMETT	テクノロジー分野の職業訓練に関する大学と企業の協力	1986-94
ERASMUS	学生や教員の自由な域内移動を促進する協定大学網の構築	1987-
PETRA	青少年の職業訓練と社会・勤労生活への準備	1988-94
YOUTH FOR EUROPE	域内における青少年の交流の促進	1988-94
IRIS	女性のための職業訓練事業ネットワークの構築	1988-93
EUROTECNET	テクノロジーの変化に対応する職業訓練の革新	1990-94
LINGUA	外国語能力の向上のための教授・学習活動の改善	1990-94
TEMPUS	中・東欧及び旧ソ連邦諸国を支援する高等教育交流	1990-94
FORCE	継続教育としての職業訓練の実施	1991-94

【出典】澤野由紀子「マーストリヒト条約とＥＣの教育事業」『内外教育』1993年8月20日

ＥＣによる普通教育に関する教育政策の転換

　普通教育に関するＥＣの教育政策が実効性を伴うようになったのは，

1988年に発せられた「ヨーロッパ・ディメンションに関する決議」からである。

この1988年決議は、ECの教育政策の基本的な課題として次の4点を挙げているが、[3] 特に①では、ヨーロッパ共通の価値を具体的に示した上で、ヨーロッパ市民の育成が、教育におけるヨーロッパ・ディメンションの本質的な意味であることを明らかにした。

① 民主主義、社会正義及び人権の尊重といったヨーロッパの価値を理解し、それらを共有したヨーロッパ市民を育成すること
② 若者がECの社会生活や経済発展に参加できるように準備すること
③ 社会や経済の開放に伴うECの有益性と克服すべき障害を教授すること
④ ECと加盟国の歴史、文化、経済及び社会に関する知識を獲得し、EC加盟国、EC以外のヨーロッパ諸国さらには世界各国との協力の重要性を理解させること

また、1988年決議では、加盟国が独自に定める初等中等教育のカリキュラム等にECが提示したヨーロッパ・ディメンションを反映させることが求められるなど、部分的ながら加盟国が行うべき施策に踏み込んだ言及がなされた。つまり、「一つのヨーロッパ」の形成に寄与するECの教育政策の実現には、教育の問題にかかる権限をもった加盟国が、その実施に積極的に関与していく必要性が認識されたのである。

加盟国は、この1988年の決議を契機として、カリキュラム編成や教員養成をはじめとした自国の教育制度にECの教育政策を反映させる取り組みに本格的に着手することになった。なお、1989年に開催された教育大臣会議において、1988年決議に示された課題は、あくまでヨーロッパにおける言語や文化の多様性と、それを踏まえた各国の教育政策の独自性を尊重するものであることが確認された。

4. EU（欧州連合）の成立と教育事業の展開

(1)マーストリヒト条約の教育規定

　EU（欧州連合）の設立をうたった「マーストリヒト条約」(1993年）は，EUの基本法として位置づけられ，すべての加盟国の「国民」を等しくEUの「市民」とみなすことを明記した。これにより，域内に生活する一人ひとりの人間は，国家の枠組みを超えて，ヨーロッパ市民として共通の権利をもつことがはじめて法的に認められた。つまり，EUは，国家を単位とした結びつきではなく，ヨーロッパ共通のルールや価値観を共有する市民が直接に連帯した超国家的な存在と位置づけられたのである。

　こうした「マーストリヒト条約」には，EUの教育政策についての規定が含まれ，EUが加盟国の施策を支援・補完[4]することを通じて，教育の問題における域内の協力を推進するための基本方針が示された。特に，ここでは，経済政策に深くかかわる職業訓練（第127条）だけでなく，初等中等教育を中心とした普通教育（第126条）についての条項が設けられている点が注目される。ただし，職業訓練については，EUとしての共通政策を実施することが明記されているものの，普通教育については，加盟国の文化の問題にかかわるため，EU共通の政策を導入することが規定されているわけではない。これは，加盟国の多様な教育制度への言及を可能な限り抑制しつつ，加盟国間で教育政策の調和を図り，「一つのヨーロッパ」を実現するための教育事業を進めようとするEUの基本姿勢のあらわれである。

　いずれにしても，EUは，この規定により，職業訓練や高等教育を中心に進められてきた教育事業を初等中等教育に拡大するための法的な根拠を得たことになり，以後，ヨーロッパ市民の育成を意図した教育事業を展開していくことが可能となった。

マーストリヒト条約の教育規定

第126条
1．EUは，文化並びに言語の多様性に関する加盟国の教育内容や教育制度における責務を十分に尊重しつつ，加盟国間の協力を促進し，必要に応じて，加盟国の施策を支援・補完することによって，質の高い教育の実現に寄与する。
2．EUによる施策は次の事項を目的とする。
―加盟国の言語を教育・普及することによって，教育におけるヨーロッパ・ディメンションを実現する。
―高等教育機関の修業年限や修了証書の相互認定によって，学生と教員の域内移動を促進する。
―学校間の協力を推進する。
―加盟国の教育制度に共通した課題について情報並びに経験の交換を推進する。
―青少年や社会教育指導者の交流を促進する。
―遠隔教育の開発を推進する。
3．EUと加盟国は，教育分野において，第三世界，国際組織及び欧州審議会との協力を促進する。
4．本条に掲げられた目的を達成するため，理事会は次の事項を実施する。
―第251条に示す手続きに従って，経済社会評議会並びに地域委員会と協議した上で，加盟国の法令との調整を行うことなしに奨励措置を採択する。
―委員会の提案に基づき，多数決により勧告を採択する。

第127条
1．EUは，加盟国の職業訓練やその内容における責務を十分に尊重しつつ，加盟国の施策を支援・補完する政策を実施する。
2．EUによる施策は次の事項を目的とする。
―職業訓練や再教育による産業構造の変化に対する適応を容易にする。
―労働市場への参入又は再参入を容易にするための職業訓練及び継続的な職業訓練を改善する。
―職業訓練へのアクセスを容易にすることにより，指導員，訓練生及び青少年の域内移動を奨励する。
―職業教育・職業訓練施設と企業の間の協力を推進する。
―加盟国の職業訓練制度に共通した課題についての情報並びに経験の交換を推進する。
3．EUと加盟国は，職業訓練分野において，第三世界，国際組織及び欧州審議会との協力を促進する。
4．理事会は，第251条に示す手続きに従って，経済社会評議会並びに地域委員会と協議した上で，加盟国の法令との調整を行うことなしに本条に掲げられた目的を達成するための奨励措置を採択する。

(2) EUによる教育施策の具体化

「マーストリヒト条約」の教育規定を踏まえ，EUは，1980年代後半より行われてきた教育事業の再編に着手し，1995〜1999年における5か年計画を決定した。この計画により，EUの教育政策は，加盟国の言語や文化の多様性と，それを踏まえた教育政策の独自性を尊重しつつも，加盟国間の協力を通じて，普通教育全般を対象としたSOCRATES（ソクラテス），職業訓練を対象としたLEONARDO（レオナルド）及び青少年の交流促進を目指したYOUTH FOR EUROPE（青少年のヨーロッパ）といった3つの事業を中心に行われることとなった。これらの事業には，1995年以降，EU加盟国に加えてEFTA（欧州自由貿易連合）[5]の7か国が参加している。

SOCRATES（ソクラテス）の概要

SOCRATESは，ヨーロッパの児童・生徒・学生や教員に他国での学習や勤務の機会を提供することを通じ，ヨーロッパ市民としての人格形成を意図した事業であり，「汝，己を知れ」という言葉を残したギリシャの哲学者ソクラテスにちなんで名付けられた。この事業では，あらゆる教育段階でヨーロッパ・ディメンションを実現することが第一の目標に掲げられ，実施にあたっては，特に，居住地域，宗教，性別，心身の障害などの理由から他国での学習や勤務に不利な条件にあるヨーロッパ市民を優先することが基本方針とされた。

①高等教育に関する事業

高等教育に関する事業は，1980年代後半から行われてきたERASMUS（エラスムス）を発展的に継続したものであり，高等教育におけるヨーロッパ・ディメンションの普及と学生の活発な域内移動の実現を目的としている。具体的には，域内の約2000校の大学が，単位互換等の協力をうたった協定書を取り交わし，ヨーロッパにおける学術・高等教育ネットワークを構築した。さらに，このネットワークを利用した域内留学を行う学生に対しては，ERASMUS奨学金が与えられ，その総数は1995〜1999年の5年間で約46万人に達した。

②初等中等教育に関する事業

初等中等教育に関するCOMENIUS（コメニウス）事業は，EUによって初めて実施される普通教育を対象とした事業であり，次世代を担う児童・生徒に民主主義，多元主義及び人権の尊重といった価値を理解させることを目的とした。具体的には，総合学習・外国語学習・革新的な教育方法等についての学校間交流，移民・移動労働者・ジプシー等の子どもに対する教育の提供，教職員の資質向上を図る域内研修といった3つのプログラムが実施された。この事業により，5年間で約1万校の学校が連携し，約3万6000人の教員が他国での勤務を経験した。

③すべての教育段階に関する事業

すべての教育段階に関する事業としては，外国語能力の向上を目指したLINGUA（リングア），遠隔教育やマルチメディアを利用した「開かれた教育（Open Learning）」の普及，教育問題・制度に関する情報交換や学位の相互認定等が挙げられる。特に，LINGUA事業では，約5万人の外国語教員・指導員が研修のために域内留学し，約4万人の児童・生徒が域内交流プログラムに参加した。

LEONARDO（レオナルド）の概要

LEONARDOは，国家ごとに異なる職業訓練の資格・要件の共通化を図り，ヨーロッパにおける職業訓練の水準向上やアクセスの機会均等などを実現しようとする事業である。EUの職業訓練に関する政策では，職業実践に必要な創造力の育成が重視されており，そうした姿勢を明らかにするため，事業名にイタリアの芸術家で，学者でもあったレオナルド・ダ・ヴィンチの名前が冠せられている。1995～1999年の5か年計画中，LEONARDO事業に協力した職業訓練機関，大学及び企業等は約7万5000団体にのぼり，特に，職業訓練にかかる国境を越えた交流を目的とした域内企業への研修には11万人以上の若者が参加した。また，約1万人の職業訓練指導員が，他国での研修・勤務を経験した。

YOUTH FOR EUROPE（青少年のヨーロッパ）の概要

YOUTH FOR EUROPEは，学校教育や職業訓練の枠にとらわれず，ヨーロッパ諸国の青少年による幅広い交流を行う。この事業は，域内外の様々

な歴史，経済及び社会などの異文化を体験し，ヨーロッパ各国の青少年が共有できる価値を自ら見いだすことにより，ヨーロッパ市民としての自覚を育成しようとするものである。具体的には，域内並びに域外の青少年による交流や校外教育に携わる指導者の育成などが行われた。この事業を通じて，交流に参加した青少年の数は，1988年からの通算で約50万人にのぼっている。

(3) 生涯学習社会における教育事業の模索

生涯学習社会への移行

　ＥＵは，SOCRATES, LEONARDO 及び YOUTH FOR EUROPE の事業が開始された1995年，ＥＵ初の教育白書『教えることと学ぶこと―学習社会に向けて』を刊行し，「一つのヨーロッパ」を形づくるには，雇用確保と自己実現の両方に役立つ教育政策を遂行する必要があるとの見解を示した。

　その趣旨は，「マーストリヒト条約」の教育規定を反映して，就学前教育から高等教育・成人教育に至るあらゆる段階において，若者を中心とした雇用状況の改善・安定と同時に，ヨーロッパ市民としての人格形成に資する教育の実現を図ろうとするものである。これは，教育を通じて「一つのヨーロッパ」を実現する市民性を育成しようとする動きであり，教育におけるヨーロッパ・ディメンションの必要性を再確認したものといえる。

　この背景には，国際化，高度情報化及び少子高齢化など，先進諸国に共通する社会状況の急激な変化があり，これに対応するために同白書は，ＥＵの教育環境が，生涯を通じて獲得した知識や技能に応じて生活の中身が決定される生涯学習社会へ移行しなければならないとした。さらに，ＥＵによる教育政策の一般目標として，①新しい知識を幅広く獲得することの奨励，②学校と産業部門との関係の緊密化，③ドロップアウトした若者への対応，④ＥＵ域内で使用される３つ以上の言語の修得，⑤職業訓練への投資額・効果の拡大といった５点を提起した。

　ＥＵは，1996年を「ヨーロッパ生涯学習年」と定め，まずは，生涯学習

社会の実現に向けた改革を進めることについて、広くEU加盟国の中央政府、地方自治体、教育機関及び市民等の理解を促進する事業を展開した。また、EUレベルだけでなく、加盟国や地域のレベルにおいても、それぞれ先の教育白書が提示した5つの一般目標を考慮した教育事業を策定・実施することが求められた。

アムステルダム条約と教育事業

「アムステルダム条約」は、「マーストリヒト条約」を改定したEUの基本法であり、1997年にアムステルダムで開催された欧州理事会で合意された。[6] この改定は、EU統合の基本原理ともいえる、民主主義、社会正義及び人権の尊重などといったヨーロッパ共通の価値を再確認し、その法的保障をEU全域で強化することを目的としていた。そのため「アムステルダム条約」には、新たに雇用問題をはじめとした社会政策にかかる条項[7]が設けられた。

教育規定については、「マーストリヒト条約」の第126条と第127条が、それぞれ第149条と第150条に変更されたものの、条文そのものには手が加えられなかった。しかし、雇用問題がEUの優先的な政策課題の一つと位置づけられたことから、以後、EUの教育政策にも雇用の拡大という観点が強く反映されるようになった。

例えば、1997年11月より設置が進められている「セカンド・チャンス・スクール」は、教育白書『教えることと学ぶこと―学習社会に向けて』で構想された職業教育学校であり、後期中等教育学校の中退者等に職業資格を取得させ、若者の雇用拡大を推進することを主な目的としている。ただし「セカンド・チャンス・スクール」では、単なる職業訓練に留まらず、ヨーロッパ市民としての精神的涵養を深めるための公民教育、体育及び音楽や、マルチメディア等の最新技術に対応するための教育が提供されている。なお、「セカンド・チャンス・スクール」の設置や運営にかかる経費については、地方自治体や企業が中心となって負担し、EUは、その一部をSOCRATESとLEONARDOの事業費から援助するに留まる。

こうした雇用問題を踏まえた教育政策の実施は、EUが、ヨーロッパの

経済的統合だけでなく，社会的統合を本格的に志向し始めたことのあらわれと指摘できる。これに伴い，EUの教育政策は，ヨーロッパ市民としての人格形成に役立つという意味において，ヨーロッパの社会的統合の有効な手段と捉えられるようになった。また，社会的に統合された「一つのヨーロッパ」に必要なヨーロッパ市民の育成には，職業訓練と普通教育の両方に配慮した総合的な教育事業を行わなければならないと認識されており，その結果，EUの教育政策において生涯学習社会の実現という課題が強調されている。

「知のヨーロッパ」の志向

EUは，1997年，SOCRATES, LEONARDO 及び YOUTH FOR EUROPE を中心とした5か年計画（1995～1999年）に続くEUの教育政策大綱として，「知のヨーロッパに向けて」と題する通達を発表した。この通達は，2000～2006年におけるEUの教育政策の基本方針を示すものであり，①あらゆる教育環境にヨーロッパ市民がアクセスできること，②教育を提供する機器等の技術革新を推進すること，③教育の質的向上を図ることを重点課題に据えている。また，これらの重点課題の実現に向けた具体的な施策として，EU域内の学生・教員の交流促進，マルチメディア機器の開発・普及，言語・コミュニケーション能力の向上，教育をめぐる地方自治体・教育機関・企業の協力関係の緊密化などが挙げられた。

「知のヨーロッパに向けて」が提示したEUの教育政策の基本方針は，その後，5か年計画を発展的に継承しつつ再編された SOCRATES, LEONARDO DA VINTI, YOUTH [8]及び TEMPUS [9]の教育事業に反映されることとなった。この2000～2006年の計画では，職業訓練と普通教育の両方に配慮した総合的な教育事業を実施するため，これら4つの教育事業を生涯学習の観点から統合する必要性が指摘されている。具体的には，ヨーロッパの教育全般において，ヨーロッパ市民が，①生涯を通じて継続的に獲得・更新される「知識」，②価値観の共有と多様な文化の相互理解に基づく「市民性」，③社会や産業界から求められるニーズの変化に対応できる「実践能力」を取得することが重視されるべきとされた。

5．教育政策におけるEU―国家―地域の構造

　以上のように，EUでは，教育政策は「一つのヨーロッパ」を実現するための有効な手段として捉えられ，教育におけるヨーロッパ・ディメンションの確立を試みる様々な教育事業が行われている。近年，EU域内の雇用問題とも密接に結びつけられながら，すべてのヨーロッパ市民が，地理的・社会的条件に関わらず，あらゆる教育環境へ容易にアクセスできる生涯学習社会の構築が重要な政策課題とされている。また，EUの教育政策は，その対象を加盟国だけでなくEFTAや中・東欧諸国を含めたヨーロッパ全域に拡大している。

　こうしたEUの教育政策は，従来の国家の枠組みを超越し，共通のルールや価値観によって市民レベルで連帯した超国家的なヨーロッパ空間[10]を創造しようとする動きであるといえる。事実，EUが1992年より毎年実施しているヨーロッパ市民としての意識を測るアンケート調査では，その程度に差異が認められるものの，自らをヨーロッパ市民と考えている者が大部分を占めている。この傾向は，年齢が低く，学歴が高い者ほど顕著であり，特に，EUの教育事業の主な対象となる若者の間で，EUが実際生活に根付いた空間として認識されていると指摘できる。

　一方，ヨーロッパ共通の価値として民主主義，社会正義及び人権の尊重が唱えられる中，独自の文化圏を形成するスペインのカタルーニヤやフランスのアルザスなどにおいては，そうしたヨーロッパ共通の価値に基づくが故に，社会的・文化的マイノリティの自決に基づく民族・地域主義が台頭している。こうした動きは，必然的にEU加盟国の言語や文化の多様性を前提とする教育の問題で顕在化しやすいことから，今後，どのように民族・地域の主張をEUの教育政策に反映させていくかが課題となっている。[11]

　こうしたEUへの統合と地域の分化が同時進行する状況は，これまで教育政策の策定・遂行について最終的な責任を担ってきた国家の役割に何ら

かの変更を迫るものといえる。現在のところ，ＥＵは，「一つのヨーロッパ」を形づくるために加盟国の教育制度を統合することまでは構想していない。域内で生活する人々の間には，教育のヨーロッパ統一主義（Europeanisation）を危険視する観点から，教育の問題にＥＵが積極的に関与することに対して否定的な意見が根強く残っている。[11]

しかし，教育の問題に関しては，本来，ＥＵ―国家―地域の関係が，中央集権的な上下関係ではなく，互いに影響を受け合う相互依存の関係として構想されていることから，ＥＵ統合と地域分化は，国家の新しい役割を双方向から補完する動きとして捉えられるべきである。このことは，ＥＵで実際に生活する一人ひとりの人間からすれば，ＥＵ，国家及び地域のいずれもを自己の人格形成にあたっての基盤とすることを可能にしており[13]，この点に人間生活にかかわる共生の在り方を考える際のヒントが含まれている。

注

1）ＥＵは，「マーストリヒト条約」（1993年）により設立され，加盟15か国（ドイツ，オーストリア，ベルギー，デンマーク，スペイン，フィンランド，フランス，ギリシャ，アイルランド，イタリア，ルクセンブルグ，オランダ，ポルトガル，イギリス，スウェーデン）から構成されている。ＥＵは，ルクセンブルグで開催された首脳会議（1997年）において，新規加盟交渉を行うことで合意し，1998年には，ポーランド，チェコ，ハンガリー，スロベニア，エストニア，キプロスの6か国を正式な加盟交渉国として認めた。さらに，2000年には，これにルーマニア，ブルガリア，スロバキア，リトアニア，ラトビア，マルタが加わり，現在12か国が新規加盟交渉を行っている。

2）ヨーロッパの経済統合機構の一つであり，イタリア，フランス，ドイツ，オランダ，ベルギー，ルクセンブルグの6か国により発足した。その後，イギリス，アイルランド，デンマークが1973年に，ギリシャが1981年に，さらには，スペイン，ポルトガルが1986年に加わって12か国となった。ＥＣは，このEECとECSC（欧州石炭鉄鋼共同体）並びにEURATOM（欧州原子力共同体）の総称である。

3）こうした課題の実現に向けた動きとして，1992年に初めてのヨーロッパ共通教科書『ヨーロッパの歴史』が刊行された。この教科書の訳本が，フレデリック・ドルーシュ著，木村尚三郎監修，花上克己訳『ヨーロッパの歴史』東京書籍，1994年として刊行されている。

4）一般に，EU―国家―地域のように社会組織が重層構造をもつ場合，上位組織に対する下位組織の自律性・独自性の保障を前提として，組織の主体的な施策では対応できない時に限って，上位組織が下位組織に最小限の介入を行うことを意味する。「マーストリヒト条約」は，その総則において，EUと加盟国の権限が競合する分野については，その目的を加盟国が十分に達成することができず，なおかつEUがよりよく達成できる場合にのみ，EUが権限を行使するという補完性（subsidiarity）の原則が明記されている。

5）ヨーロッパの経済統合機構の一つであり，オーストリア，フィンランド，アイスランド，ノルウェー，スウェーデン，スイス，リヒテンシュタインの7か国から構成される。

6）さらに2000年に開催されたEU首脳会議では，「アムステルダム条約」を改定する「ニース条約」を結ぶことが合意された。これは，新規加盟交渉を行っている12か国の正式加盟が2004年には実現する見通しとなり，それに対応するための法的整備を主眼とするものであり，教育規定には全く手が加えられていない。

7）「アムステルダム条約」では，雇用問題のほか，環境，市民の健康及び消費者保護の問題に関する条項が新たに設けられた。こうした社会政策にかかる条項は，「マーストリヒト条約」では附属議定書として添付されていたものであり，「アムステルダム条約」にはじめて正規の条約に盛り込まれた。

8）その前身である YOUTH FOR EUROPE で進められた青少年の交流事業に加え，18～25歳の青少年を対象に他国でのボランティア活動をコーディネイトする「ヨーロッパ・ボランティア・サービス」が行われている。

9）1990年より開始された高等教育交流事業であり，中・東欧諸国を支援するPHAREと旧ソ連邦諸国を支援するTACISから成る。PHAREについては，2000年より，EUへの新規加盟交渉国がSOCRATES事業の対象となったため，この計画では，アルバニア，マケドニア，ボスニア・ヘルツェゴビナが対象とされる。

10) ここでは，空間を自然空間と社会空間から構成される地域性をもつ存在と捉えている。社会空間には，政治空間，経済空間及び生活空間といった側面が認められるが，EUの教育政策は，特に，ヨーロッパの生活空間を統合することに力点が置かれていると考えられる。
11)「マーストリヒト条約」以降の教育規定には，その目的の達成にあたり，欧州理事会と地域の直接協議を行った上であれば，加盟国の法令との調整を行うことなしに奨励措置を講じることができると規定されている。
12) たとえば，イギリスでは，教育政策は，EUからの影響を受けず，国家レベルで策定・遂行されるべきと考える国民が7割以上を占めている。
13) たとえば，スペインのカタルーニヤ地方の人々が，EUによってヨーロッパ市民として人権が保障されながらも，スペイン国民としての帰属意識をもたず，カタルーニヤ人として地域独自の文化を受け継ぐことを通じて自己の人格を確立する可能性が指摘できる。

参考文献
・梶田孝道『統合と分裂のヨーロッパ―EC・国家・民族』岩波書店，1993年。
・西川長夫，宮島喬編『ヨーロッパ統合と文化・民族問題』人文書院，1995年。
・瀬島誠，古賀敬太，池田佳隆，山本周次『激動するヨーロッパ』晃洋書房，1998年。
・福田誠治「ヨーロッパ統一と教育」『比較教育学研究』第21号，日本比較教育学会，1995年，133－143頁。
・小松弘幸「ヨーロッパ教育における教育理念の構造的分析」『名古屋大学教育学部紀要』第43巻第1号，1996年，95－104頁。
・坂井一成「欧州の三層構造論の再検討」『一橋論叢』第1巻第2号，1997年8月，307－325頁。
・アンディ・グリーン著，大田直子訳「教育，グローバライゼーションと国民国家」〈教育学年報6〉教育史像の再構築』世織書房，1997年，339－376頁。
・柿内真紀，園山大祐「EUの教育におけるヨーロピアン・ディメンションの形成過程とその解釈について」『比較教育学研究』第25号，日本比較教育学会，1998年，119－137頁。
・澤野由紀子「EUの生涯学習政策に関する研究」『日本生涯教育学会年報』第

20号，1999年，171－185頁。
・澤野由紀子「EUの教育政策とナショナリズム」『日本教育政策学会年報』第7号，2000年，18－32頁。

参考URL
・Eurydice（欧州教育情報ネットワーク）http://www.eurydice.org/
・Cedefop（欧州職業訓練開発センター）http://europa.eu.int/pol/educ/index_en.htm
・Eurodesk（欧州青少年情報ネットワーク）http://www.eurodesk.org/

マトリクス人間生活学

国際理解と福祉，その実践的な展開
地域づくり（フィリピンのコミュニティ・オーガナイジング）の技法[1]
ダバオ医科大学プライマリ・ヘルスケア研究所のマニュアル[2]から

　子どもが，女性が，男性が，高齢者が，「地域づくり」の課題解決にとりくむ技術である「コミュニティ・オーガナイジング」は，みんなで取り組む活動を決め，動かす方法である。特徴的なのは住民参加による「参加型アクション・リサーチ」の提案である。それは問題を調べるだけで何もしなかったり活動を押しつけたりするのでなく，どのような行動をとるか，外部の支援をどう求めるか，自らの「アクション」を決めるための学習と行動である。本章は「参加型アクション・リサーチ」をとおした地域づくりを支援する方法である「コミュニティ・オーガナイジング」についての研修ガイドである。

1. 解説

地域づくり（CO）と参加型アクション・リサーチ（PAR）

　ここでいう地域づくりとは，住民組織づくり，あるいは地域住民の組織化によって，地域における課題の解決を図るコミュニティ・オーガナイジング（CO）と呼ぶ技術である。そのめざすところは「機能的な地域集団づくり」であり，社会的に貢献しようとする，地域の生活者に根ざした組織を育てることである。一方，参加型アクション・リサーチ（PAR）とは，みんなで取り組む活動を決め動かすための方法である。みんなでなにをしたらよいのか。住民である「人々はできる」という経験から，「参加型アクション・リサーチ」は専門家ではなく住民参加によって行う。何が問題で，原因はなにかを調べるだけでなく，どのような行動をとるか，外部の支援をどこから得るかを決める，自らの「アクション」を決めるための学習と行動という意味で「アクション・リサーチ」と呼ぶのである。本章では CO-PAR ＝シーオー・パール（Community Organizing - Participatory Action Research）を，子どもも含めて地域の人々がパートナーとして地域づくりに参画するために，主体的に課題解決にとりくむボランティア活動として提案する。

実施団体の紹介

　このマニュアルのオリジナルを作成したNGOは，ダバオ医科大学プライマリ・ヘルスケア研究所である。診療所を設置した1967年から数えると35年の歴史があり，フィリピン・ダバオ市に拠点を置き活動してきた。協力機関にはフィリピン政府をはじめ，国連機関，カナダ，アメリカ，日本の政府やNGOなどがある。

　その活動は地域保健の分野をはるかに越えて，20の開発事業を，南東ミンダナオ（Region XI）における120の都市と農村の貧困地域において展開している。1990年代前半には約300地区を支援した時もあった。また今ま

でに住民組織を作る支援や，住民組織強化を支援した協力先は，116もの住民組織にのぼる。これらは国際的にはコミュニティ組織または住民組織（CBOs, Community Based Organizations）と呼ばれるが，フィリピンでは人民組織（POs, People's Organizations）と呼ばれ，法人格をとると多目的協同組合などになる。

2．地域づくりの背景と理解

目的：研修に参加しこれから地域づくりを進めるひとが，次のことができるようになること。(1)地域づくりとその手法が生まれた背景とを説明できる，(2)コミュニティ・オーガナイジングの定義について共通理解をもてる，(3)その目指す目標を説明できる，(4)地域づくりに必須の業務5項目を話し合える。

ゲーム：豊かな国に生まれて「幸せ」
時間：4－5時間
資材：貿易ゲームや人生ゲームなどやトランプの「大貧民」など，不公正さや生活経済の格差を象徴的に表現できるゲーム。

方法：ゲームをルール通りに開始。手持ちのポイントや持ち札（以下，持ち点と略記）に個人差が生じた時点でゲームを中止し，参加者が話し合い，持ち点を3つのランクに分ける。そのランキングで参加者を「金持ち層」「中間層」「貧困層」の3つのチームにわけ，さらに持ち点をチームごとに集計して記録する。しかし，数分間だけゲームを再開するかゲームを再開する直前に，急にゲームを再び中断する。ここで「金持ち層」チームが話し合い結果に関係なく，ランキングなどのゲームルールを一方的に変えられることをゲーム参加者に告げる。たとえば「金持ち層」の持ち点合計をほか2チームの倍以上にするために持ち点の高い人たちを人数にこだわらず集めるなど，持ち点

に大きな格差をつける。ここからはゲームが，個人の運と努力ではなく「金持ち層」チームの実力，つまり「支配」に基づいてプレイされることを参加者に確認のうえ，3チームでゲームを再開する。

話し合いで議論を深める：ゲームで何が起きたか，各チームの感情を思いだし，話し合い，書く。ファシリテータによる参加者観察も活用。その後に深めるため「ゲームが現実社会をどう反映しているか」「わずかしか持たない貧困層に対してどんな態度や言動をとったか」「貧困層はどんな態度や言動をとったか」などと発問して展開する。

コメント：地域づくりとその手法が生まれた背景とを説明できるようになることをねらって，以下について一部または全部を指摘する。(1)ルールを一部の世界の人たちが変えられる「政治」システム，そして持ち点の格差を広げ敗者復活がない「経済」システムが「構造的な戦争」である。それらをさらに悪化させているのは，もう一つの「戦争」によるところが大きい。ゲームで演じられたランキングや豊かなものが貧しいものから奪う戦い，ルールすら変えて支配するパワー，これらが象徴するものは，「弱肉強食」「公正な競争」といった自然なルールや強者の論理ではない。人間の尊厳，人権，生活などを奪っても知らない振りをするか無視するような「精神的な戦争」である。(2)そのため，個人の価値観や自己変革などの「精神的な変革」と，より多くの人々から奪っていくようなシステムに変化をもたらす「構造的な変革」とを，「結びつける」ことが私たちへの挑戦，わたしが解決すべき課題である。(3)素朴な出発点となる課題は，私たちの精神性には自らの限界を超えさせる力があることに気づくことである。現実社会に対する無関心，無力感，恐怖感にも関わらず，「戦う」生きかた，そして生きる意味，使命，魂や精神性を問われる出会いがあることを思い出す。(4)構造的な変革について話すだけではなく，変革に向かって実際に取り組む人が必要である。そのために自己中心の生き方から，人の

ためにも働くようになるのである。(5)共に動くなかで自らが変わるような働き方によって独りよがりをなくし，現実的に目標を実現させる技術のひとつが「コミュニティ・オーガナイジング」である。

ワークショップによって地域づくりとはなにか定義しよう

地域活動を経験したことがある人たちの学習会ならば，地域づくりの定義を，ひとり一言ずつアイデアを板書する。共通点と違いとをまとめる。

講義：地域づくりに必須の5つの業務

地域づくりを進める立場にある人々を対象に，組織化で忘れてはならないポイントについて講義をする。これは地域の人々を対象にしたCO-PARについての説明とは異なり，推進する立場が理解しておくべき業務や作業の範囲である。

コミュニティ・オーガナイジング（以下，COと略記）と参加型アクション・リサーチとの両者をまとめて「なにをするのか」といえば，「人々の潜在能力（ケーパビリティ）ともっている資源とを，アクション・リサーチによる学習と調査をもとに，人々自身にとって意味のある課題と問題意識の解決のために，動員し拡充することによって，目に見えにくい抑圧的で搾取的な条件の変化に影響を与えること」である。これを分解しCOのクリティカル・タスクに整理したのが，「地域づくりに必須の5つの業務」である。クリティカル・タスクとは「目に見えにくい抑圧的で搾取的な条件の変化に影響を与える」ために「不可欠な活動」のことである。グループ活動を数多く広く展開することよりも，将来的に「持続可能」な成果を残すような重要な変化に，活動が影響を与えることをねらう。

(1) 地区診断　Community Diagnosis
(2) 地域の社会的動員　Community Mobilization
(3) 資源の動員　Resource Mobilization
(4) リーダー発掘とグループ　Leader-identification & Group Formation
(5) 価値観と原則への立脚　Value/Principles Grounding

以下,「地域づくりに必須の5つの業務」のそれぞれについて順に見る。

(1) 地域診断　Community Diagnosis
　「現状分析」そのものもおこなうが,事業の実施や準備のための単なる手続きではなく人々ともに実施することによって,「目覚め」や「意識化」をはかる段階である。なお意識化には,社会正義とか良心といった,現実の社会を直視するための人々自らの価値観を問いなおす作業も含む。

(2) 地域の社会的動員　Community Mobilization
　人々が自らにとって意味のある課題に取り組むために,人々を「持続可能」なレベルに組織化する。つまり野のススキのように急に大きくなり急速に枯れていく組織をつくってしまうことや,その場限りの便宜的なボランティアの「動員」ではない。ここで行われる主な活動は次の3つである。(1)コミュニティによる計画づくり:問題の確認,目標設定,(2)組織機能の強化:帳簿管理,作業分析と役割分担,方針決定や経理などのシステムの導入とマネジメント,(3)グループ・アセスメント:グループの成長と組織強化に関する,指標を住民とともに作る支援。こうした経営計画と組織強化に関する支援が,ＣＯのクリティカル・タスクとして必須だといえる。

(3) 資源の動員　Resource Mobilization
　活動目的の達成向けて,システマチックにひと(技術や行政)・もの(資材や機材)・かね(予算)のそれぞれについて,必要なものを確認し,選択し,入手し,きちんと活用することである。とかく外部からの物資や予算援助があればなにかを達成できると考えがちであるが,地域内はもちろん行政の中にある資源を前提にすべきである。さらに資源を,事業の目的達成に向けて,的確に動かすことができるマネジメントが,組織化にとって大きな課題である。これはプロジェクト・マネジメントへの支援が,ＣＯにとってクリティカル・タスクだということである。

(4) リーダー発掘とグループ　Leader-identification & Group Formation
　地域づくりでは,リーダーシップの機会が複数の人々に分配され,住民組織のなかで世代交代が可能なように,リーダーシップを育成することが

必須である。特定の人や「特権的な貧困層」によって，地域づくりや住民組織のコントロールや意思決定が独占されないように留意する。ここで行われる主な活動は次の3つ。(1)ソシオグラム分析，(2)ＯＪＴ，(3)オーナーシップ研修などである。

(5) 価値観と原則への立脚　Value/Principles-Grounding

　組織としての「権力」を正当に行使するように注意する。「活動」が人々を分裂させないように，人々が「まとまる」ための基礎とし，事業が最終目的となってしまわないように，「社会変革の手段」となるように考えていく支援が必要である。つまり住民組織として「まとまる」ための価値観と原則と，住民組織をつくった理由とを，日頃から見直す作業への支援が，ＣＯにとって組織化のクリティカル・タスクである。

3．CO-PAR の作業フェーズ

　CO-PAR の考え方に基づいて，地域づくりやコミュニティ・オーガナイジングを再定義すると，オルタナティブな社会調査をとおして，現状認識，住民組織作り，行政との批判的連携，民主化，エンパワーメントを行うことである。これらを実現させるために必要な，ＣＯのクリティカル・タスクは次のようにまとめられる。地区診断とは「意識化」支援であり，地域の社会的動員とは「経営計画と組織強化」支援であり，資源の動員とは「プロジェクト・マネジメント」支援であり，リーダー発掘とグループづくりとは「民主的なリーダーシップ育成」支援であり，価値観と原則への立脚とは目先の援助やサービス提供に終始するのではなく，根本的な「社会変革を求めていた人々の願いやちからにたちかえる」支援である。これらには相当な難易度の高い支援業務が要求されるが，このように地域づくりとはＣＯのやり方によっては，行政や援助機関に従属するかたちの住民参加制度ではなく，住民が組織的に，経済的・政治的なちからをつけて，社会開発を担う住民組織参加制度づくりとなる。

講義： **CO-PAR** の作業フェーズ
時間：1時間
資材：ＯＨＰプロジェクタ，作業プロセスを書いたＯＨＰシート，ハンドアウト
方法：以下の **CO-PAR** の6フェーズを紹介する。地域の人々と地域づくりを促進する役割を果たす人との間で，これからの作業を明らかにして，人々が参加しやすいように役割分担していくことを説明する。

1　地域診断フェーズ
　調査前
　　1.1　地域にとけ込む
　　1.2　予備的な社会調査
　　1.3　リーダー発掘
　　1.4　地域との協議（調査について）
　　　　調査する集団的な意思決定，およびローカル調査委員会の設置
　調査と報告
　　1.5　ローカル調査委員会の研修会1（調査方法と準備），調査現場指導
　　1.6　ローカル調査委員会の研修会2（調査のまとめや分析，報告準備）
　　1.7　地域との協議（調査報告をもとに話し合い）
　　　　調査結果の報告と意見交換，およびローカル計画委員会の設置
　　1.8　地域診断フェーズで学んだことの振り返り
　　　調査前の活動については4．地域診断フェーズ（調査前）で解説し，調査と報告に関する活動については5．地域診断フェーズ（調査と報告）で解説する。
2　地域計画フェーズ
　　2.1　ローカル計画委員会の研修会
　　　　活動計画と事業提案書を複数作成
　　2.2　地域との協議（事業計画について）
　　2.3　事業提案書のとりまとめと最終化

  2.4　事業提案書をもとに助成申請（外部予算が必要な場合のみ）
  2.5　地域計画フェーズで学んだことの振り返り
   地域計画の発展した事例としてＳＩＡＤを使い、６．地域計画―持続可能な統合的地区開発（ＳＩＡＤ）の項で解説する。
3　事業実施フェーズ（解説は省略）
4　モニタリングと評価そして振り返りのフェーズ（解説は省略）
5　組織づくりおよび組織強化フェーズ（解説は省略）
  5.1　コミュニティづくり
  5.2　組織の構成や体制づくり
  5.3　組織強化研修
  5.4　住民組織の存続（持続可能性）を図る
6　地域からの撤収フェーズ（解説は省略）

前提条件
○　地域づくりや組織化の作業を始める前に対象地域を選定する。
○　事前の「基礎作業（ground working）」を徹底すること。主な活動，たとえば研修会や地域との協議の前に，コミュニティ・オーガナイザーが「基礎作業」を実施する。地域をまわり，ひとりひとり個別に活動そのものや，会合で特定の質問をすることなどといった行動をひきだす。その目的は主なリーダー（キーパーソン）とメンバーの中に、方向性のある意向を形成しておくことである。
○　CO-PAR のプロセスについて，組織化を担当する団体から，地方自治体や役所に，表敬訪問と事業の紹介が終わっていること。
○　CO-PAR 研修に必要な期間は目的に応じて変わる。CO-PAR の採用を検討する組織の中間管理職対象ならば10日間ぐらいの研修期間が必要であるし，インドネシアの大学修士課程と提携して数ヶ月の実習を含めた養成を実施したこともある。それぞれのセッションは１時間から２日間くらいでできるものもあるが，住民組織にとっては実際の活動にとりくむ３～５年のプロセスである。

4．地域診断フェーズ（調査前）

経験——地域にとけこむ，予備的な社会調査，リーダー発掘
時間：1日
資材：グループ発表のための模造紙，太字ペン，掲示用にセロテープ

方法：地域での初期の経験をもとに理解を深める。(1)話し合う前に次の点を各自が紙に書く。「地域で最初に何をなぜしたか」「何をなぜ調べたか」「地域に受け入れてもらう難しさは」「地域に関する予備知識がものの見方や価値観，行動にどう影響したか，なかったらなぜか」「潜在的リーダーをどのように知ったか，それが地域づくりにどう役だったか」(2)担当地域ごとにグループで経験を話し合い，30分ぐらいしたら共通点をグループ発表する。(3)発表から，地域での初期活動，その大切さ，その方法について整理する。(4)それを使いながら以下を確認する。

(1)地域にとけ込む
地域づくりを支援する人が貧しい人々と暮らすことを断続的に体験する。

目標
1　人々のリーダー，歴史，ジェンダー関係，ライフスタイルを知る。
2　尊敬することと，生きるために戦う力を文化が解放することを学ぶ。
3　社会経済・政治についての分析を，地元レベルの生活に関連づける。
4　人々が精神性をどう表現するか，「超越的な存在」との関わりをみる。
5　人々から仲間の一人として受け入れてもらえる。
6　自分のライフスタイルを振り返り，人々のライフスタイルと調和するように，シンプルな服装，物質的な便利さを追い求めないなど，自分を変える。

方法
1　地域で貧しい人々と生活する。外部者の考える「普通の人々の生活」ではない。
2　可能な限り様々な人々を訪ねる。小さな職場や農林水産で働く人々，行商……
3　地域でのおしゃべり，住むこと，食べること，遊び，集まりに参加する。

(2)**予備的な社会調査**
人々がまとまってとりくみやすい課題をシステマチックに探す。

目的
1　地域づくりを支援するひとが，活動地域について知ること。
2　人々が解決したり取り組んだりしたいと思っている地域の課題を確認すること。
3　課題の背景にジェンダー関係（課題がジェンダー問題でない時が要注意）を探る。

方法
1　人々が当初まとまって取り組みやすい課題を選ぶため，以下の基準を考慮する。
　1.1　地域の人々が，大切で，深刻な，緊急を要すると考える課題であること。
　1.2　比較的に多数の人々に影響している課題であること。
　1.3　できれば，最初の取り組みなので，課題解決に「勝てる，限定的でも成功できる」こと。
2　地域統計，行政資料，報告書，地図，土地利用（所有）図などの入手と検討。
3　参加観察，おしゃべりを積極的にする，情報源となる人から学ぶ。

(3)リーダー発見
　変革を担える潜在的なリーダーを継続的にシステマチックにみつける。

目的
　1　キーパーソン，オピニオンリーダー，孤立した人を確認する。
　2　リーダーシップのパターンと，それを取り巻くグループを見つける。

方法――ソシオグラムを使って潜在的なリーダーたちを浮かび上がらせる
　1　地域の人が相談したり信頼したりする人が誰かを，次のような当面の課題に限定して聞いて，インフォーマルな形で個人的に教えてもらう。
　　1.1　生計，農業技術，健康など具体的な課題ごとに誰に相談するか。
　　1.2　具体的に活動を任せ、リードする人として誰を信頼するか。
　2　地域の過半数世帯から聞き取りを進めたら，課題ごとのソシオグラムを作成。そのためには，課題ごとに，誰が誰をなぜ薦める意見だったかを，その場ではなく，しかし忘れないうちにメモにしておく。
　3　研修参加者がその会場で試してみることもできる。
　　3.1　性質の異なる課題についてそれぞれ異なるリーダーを選ぶという想定で，2つ質問する。たとえば(a)一緒に遊びに行く企画を任せたい人と，(b)研修内容について相談したり聞いたりしたい人とを，1人ずつ別の小さな紙かポストイットに書く。質問の(a)(b)別を明記してもらうとともに，自分の名前から出た矢印が相手の名前を指していることが区別できるように記入してもらう。
　　3.2　回収した後で休憩時間をとり，ファシリテータか少人数が参加者名簿の名前に数字を割り当てその小さな紙にも書く。これで匿名性を高め個人名がわからないようにコーディングできる。
　　3.3　ファシリテータが実名を使わずコーディング済みの小さな紙を矢印の向きも含め読み上げる。参加者がメモを作成し，この例では2つの課題についてそれぞれのソシオグラムを作成する。全員で以下の図やチェックリストを参考にソシオグラムを分析する。

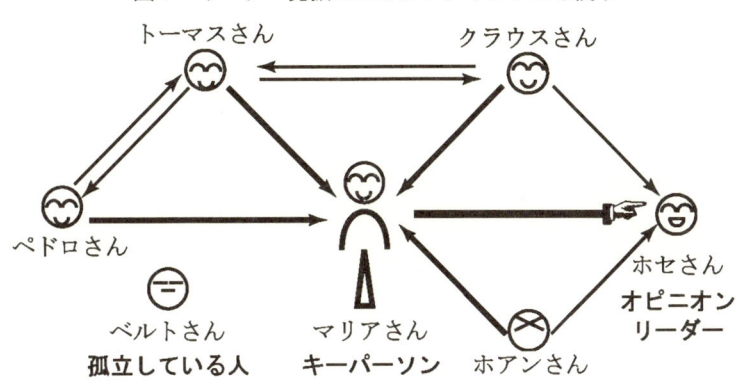

国際理解と福祉，その実践的な展開

図1　リーダー発掘のためにソシオグラムを使う

トーマスさん　　　クラウスさん

ペドロさん

ベルトさん　　マリアさん　　ホアンさん　　ホセさん
孤立している人　**キーパーソン**　　　　　**オピニオン
　　　　　　　　　　　　　　　　　　　　　　リーダー**

Source: Adapted from Luz Canave-Anung (1997), CO-PAR 3rd Ed. p.110

　リーダーの例として，何人もが支持するひと，図ではスター型に矢印があつまるひとがキーパーソンである。そのキーパーソンが意見を求める相手がオピニオンリーダーだ。次世代の潜在的リーダー発掘も大切だ。

図2　同じ集団のなかでも、分野やグループ別にリーダー発掘

ハビエルさん　　イシドロさん

リサさん　クララさん　ルースさん　ベルトさん　ペドロさん
　　　　　　　　　　キーパーソン

　上の図を下の図と並べてみて見ると，集団のなかには分野別に複数のリーダーが潜在することを説明できる。

4　作成したソシオグラムを，以下のチェックリストを参考に分析して，地域の潜在的なリーダーを探す。
　　4.1　キーパーソンとは。スター型の人は誰か。特定の課題で多くの矢印が集まり，信頼され任されていると考えられる人は誰か。
　　4.2　その人を支持するクラスターの人々を色で囲む。
　　4.3　支持する人たちがその人を選んだ動機や価値観はなにか。
　　4.4　オピニオンリーダーとは。キーパーソンから出た矢印が指しており，キーパーソンが信頼し支持する人は誰か。
　　4.5　逆にオピニオンリーダーを支持するキーパーソンたちは誰か。
　　4.6　その人たちが支持する動機とか価値観はなにか。
　　4.7　孤立していて，矢印が向いていない人は誰か。その人と接触があった場合，その課題について一緒に活動できるか。
　　4.8　どのキーパーソンとオピニオンリーダーと活動ができるか。
　　4.9　潜在的なリーダーが複数いれば，より民主的な地域をつくれる。
　5　地域集会で，調査する必要を決定し，ローカル調査委員会を設置。

5．地域診断フェーズ（調査と報告）

　前の調査前の活動において，地域の潜在的なリーダーをみつけるプロセスを活用して，調査をおこなうメンバーを選び，ローカル調査委員会を設置した。この5では，大きく分けると2つの研修会を実施し，その研修のなかで調査方法を学び調査を準備し，実地の調査および分析までをおこなう。最後に地域集会を開催し，調査結果と今後の計画について地域と協議し，計画づくりに関わる新たなリーダーたちを選出するまでを経験する。その住民活動による地域診断フェーズの主な流れは次のとおりである。
　　ローカル調査委員会の研修会1（調査方法と準備），調査を現場指導
　　ローカル調査委員会の研修会2（調査のまとめや分析，報告準備）
　　地域との協議（報告をもとに話し合い，ローカル計画委員会を設置）
　　地域診断フェーズで学んだことの振り返り

ローカル調査委員会の研修会1 (調査方法と準備)

目的：研修課題の組み立ておよび，その目的は以下の通りである。
1　参加型アクション・リサーチ（PAR）と典型的な社会調査の違いを理解する（拙稿，藤女子大学紀要39号を参照）
2　調査目的，内容，必要な情報や数値データを決める
3　キー・インフォーマント，情報入手先を決める
4　調査の方法を決める（後出，方法の項を参照）
5　質問項目や記入用紙を組み立てる
6　調査方法を練習し，記入用紙を事前テストする
7　調査の作業詳細を計画，準備する

時間：2日間。研修課題につきそれぞれ1～3時間を使う。ただしさまざまな調査方法を広く解説する場合はそれだけで半日かかるので，3日間とる。研修会2（調査のまとめや分析，報告準備）も同様。

資材：黒板とチョーク，模造紙，大きなサイズの付箋かカラー用紙を小さく切ったもの，セロテープ，太ペン，罫線ノート，筆記用具，実践例の配布用コピー。

方法：研修参加者に，まず参加型の情報収集に主眼をおいた調査方法を紹介し，さらに地域住民の参画による，主体的な学習と行動を促進するアイデアと事例集であるPRA（参加型速成調査法）も必要に応じて紹介する。事例と理論については以下の2冊が詳しい。

○　プロジェクトPLA編『続・入門社会開発』国際開発ジャーナル社
○　ロバート・チェンバース『参加型開発と国際協力―変わるのはわたしたち』明石書店

参加型の情報収集や意見表明を重視する場合には，以下の方法を選ぶ。

1　世帯インタビュー　Household Interview
2　家庭対話集会　Focused Family Dialogue
3　グループインタビュー　Focused Group Discussion
4　半構造型インタビュー　Semi-structured Interview
5　二次資料を参照する　Reference to Secondary Sources
6　民衆演劇づくり　Popular/Community Theatre
7　地図づくり　Mapping

主体的な学習と行動のきっかけづくりを重視する場合には，PRA（参加型速成調査法）のアイデアと事例集の中から，以下のようなツールを必要に応じて選び，住民が話し合いながら分析することができる。

1　活動歴や郷土史の図式化　Historical Profile/Historical Mapping
2　豊かさランキング　Wealth Ranking
3　統計別の白地図づくり　Census Mapping
4　生活範囲図づくり　Mobility Map
5　土地利用断面図づくり　Transect Map
6　季節カレンダー（生活と労働グラフ）　Seasonal Calendar/Diagram
7　生活時間帯グラフ　Daily Routine Diagram
8　日常生活調査　Daily Activity Profile
9　生計分析グラフ　Livelihood Analysis Profile
10　ベン相関図づくり　Venn Diagram

以下3ページにわたって図で上述のツールの例と方法をいくつか紹介するが，事例として参考にとどめ，地域の人々と相談してその場に応じた方法を創造してほしい。

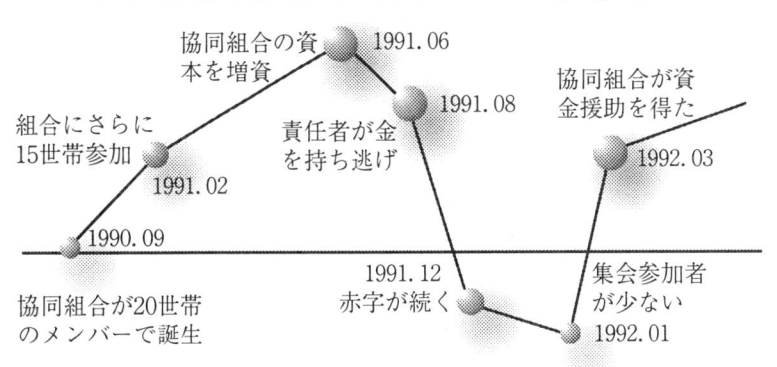

国際理解と福祉，その実践的な展開

図3　活動歴や郷土史の図式化 (Historical Mapping) を使う

```
       協同組合の資     1991.06
       本を増資
組合にさらに         責任者が金    1991.08          協同組合が資
15世帯参加          を持ち逃げ                     金援助を得た
          1991.02                              1992.03

  1990.09
                      1991.12         集会参加者
                      赤字が続く       が少ない
協同組合が20世帯                        1992.01
のメンバーで誕生
```

Source: Luz Canave-Anung (1991), CO-PAR 1st Ed. p.38

模造紙に水平に線を引き，地域，組織，活動の生命線を表すことを説明。そのあがりさがりのきっかけとなった出来事をカードに書く。年月を含めて，元気になった出来事は水平線の上，気落ちする出来事は水平線の下に，時系列で記入する。研修会では各自の人生の一時期を使うのも一案。共通の思いや経験を引き出す話し合いが大切。

図4　組織や役員・構成員の分布図 (Organizational Map) を使う

凡例：
● = 活動的な役員
〇 = 活動しない役員
☆ = 活動的な構成員
✕ = 活動しない構成員

Source: Luz Canave-Anung (1997), CO-PAR 3rd Ed. p.133

評価時に過去と現在の役員の地区ごとの分散や，少数者を含めた包括的民主主義の実際を調べ，組織の「強み弱み」(SWOT/CVA) 分析をおこなう。

図5　生活範囲図づくり (Mobility Map)

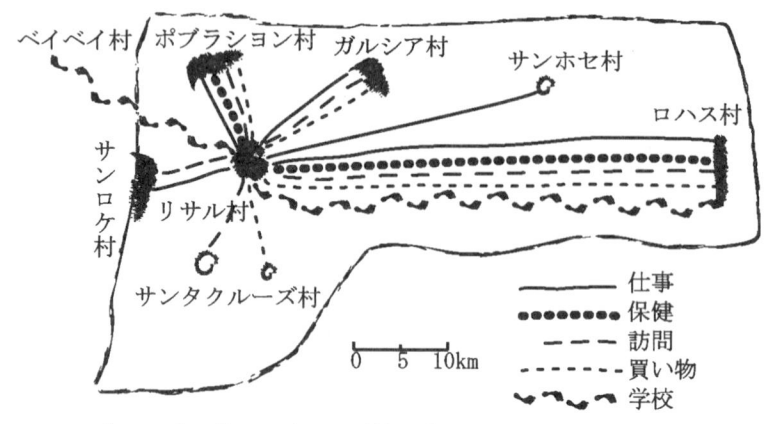

凡例：
―――― 仕事
●●●●●● 保健
― ― ― 訪問
------- 買い物
〰〰〰 学校

Source: Luz Canave-Anung (1997), CO-PAR 3rd Ed. pp.349-350

　年齢層や性別に小グループに分かれ、各自でよく行く先をまとめてから共通点をグループごとにまとめ比べる。色分けや頻度を表す線の太さも工夫できる。空間的な生活範囲の広がりが、自由、視野の広さ、豊かさ、有力者との関係などを連想させるかも知れない。

図6　季節カレンダー／生活と労働グラフ (Seasonal Calendar)

漁民が考える飢えと豊かさの季節（月別グラフ）Samal Island, Davao

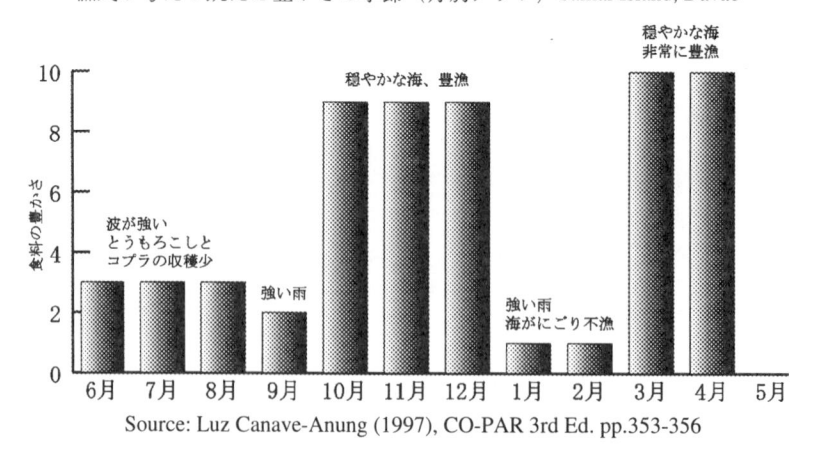

縦軸：食料の豊かさ

- 6月：3　波が強い　とうもろこしとコプラの収穫少
- 7月：3
- 8月：3
- 9月：2　強い雨
- 10月：9　穏やかな海、豊漁
- 11月：9
- 12月：9
- 1月：1　強い雨　海がにごり不漁
- 2月：1
- 3月：10　穏やかな海　非常に豊漁
- 4月：10
- 5月：―

Source: Luz Canave-Anung (1997), CO-PAR 3rd Ed. pp.353-356

前ページの季節カレンダーでは，模造紙か方眼紙に棒グラフを作成。農作業の暦やその地域の太陽暦以外のカレンダーも使う。畜産も含めた農業労働だけでなく，生産者価格の変動，出稼ぎなど季節労働や移動，収入増減，病気，家庭の食料，雨季などの変化を一番忙しい季節を基準に話し合って，グラフにして比べる。

同様な生活と労働に関する変化を表わすために，グラフではなく12～18か月の月別に区切った表を作ることもできる。表の上一行め横に月を書き，左一列め縦に変化を調べる項目をいくつか書く。項目ごとに月別マス目に，絵を描いて表現したり，各人2～3点ずつの持ち点をマスに置いていく作業などによって，年間を通しての変化がわかるようにする。

図7　ベン相関図づくり (Venn Diagram)
村の社会サービスに影響がある役所
Barangay Carromata, San Miguel, Surigao del Sur

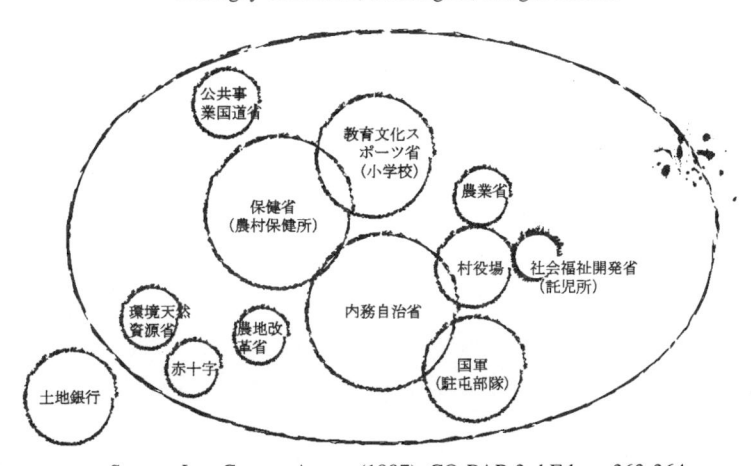

Source: Luz Canave-Anung (1997), CO-PAR 3rd Ed. pp.363-364

自分の地域や団体に関係のある事務所や個人を訪れたり調べ，自分たちへの影響の大きさを，円の大きさで表し，事務所間の協力や情報連絡などの関係の深さを，重なりの大きさで示す。

ローカル調査委員会の研修会2（調査のまとめや分析，報告準備）

目的：住民による学習とデータ収集のまとめかたと，目的は次の通り。
1　分かち合い――調査での経験と果たした役割の大切さとを話し合う
2　データ集計
3　分析――集計したデータやＰＲＡの結果も分析する
4　合成――集計や分析の結果をまとめる
5　発表――地域の人々にわかりやすく発表する
6　検証――集計や分析が，人々のリアリティとずれがないか話し合う
7　課題の優先順位と行動計画案づくり
8　地域との協議――集会で発表と検証，ローカル計画委員会の設置
9　地域診断フェーズで学んだことの振り返り

分かち合い――調査での経験と果たした役割の大切さとを話し合う
方法：1．以下を小グループで話し合う。(a)調査時の出来事，感じたことは？ (b)調査中にわかった傾向は？ (c)役に立った自分の長所は？ (d)自分の短所，たとえば時間を守れないことや話を聞く力の欠如が問題になったか？ (e)ジェンダー課題は無かったか？ (f)発生した問題に対応できたか？　2．調査と情報がなければ，的確な計画や行動ができないと強調する。

事例：南スリガオ州サンミゲルのマグロヨン村では，みんながデータ収集で遭遇した様々な経験を分かち合ったあと，ファシリテータが話をまとめるためにたとえをつかった。もし課題解決を家造りにたとえるなら，調査とは家を建てる基礎の部分にあたり，もし基礎がしっかり強くなければ，解決策にあたるその家は簡単に崩れてしまうと。こうしてローカル調査委員会が地域の抱える課題の解決策に貢献したことを強調した。参加者たちは初め自らの限界を感じていたが，自分たちなりの強みとボランティア活動が提供したものに勇気づけられた。

分析——集計したデータやPRAの結果も分析する

方法：1．データを関連するひとまとまりごとにみながら，比較と変化に注目する。たとえば最も多い回答は何か，観察できるパターンはなにか，どのような変化がみられるかなどを話し合い，わかったこと（観察）を箇条書きにし，必要によっては傾向，原因，結果，そして対策の提言を書く欄も含めて，模造紙などに作表する。2．ほかのデータやPRA（参加型速成調査法）の結果を関連づけて話し合う。たとえば教育や学習に関するデータとPRAツールの一つである豊かさランキングの分析結果とをつなげて分析してみる。3．人々の意識を喚起したい特に重要な調査結果がある場合には，ズームして分析する。たとえばほかの単位や表現に換算して考えてみること，詳細を拡大してみること，より大きな社会状況と関連づけて全体（縮小）表示することなどを試みる。たとえば家計収入や支出の悪化，生産コスト増加，利子のレートや借金の原因などを問題にすることで，意識化にむけた強いインパクトや影響を受けることがある。4．作表した模造紙にもどり，分析からわかった状況を改善するためになにができるか話し合い，調査委員会の意見を提言の欄に記入する。

事例（ズームして分析した経験から）：北ダバオ州ニューバターンのアッパーマガンギット村では，ローカル調査委員会が，借金の現物返済にあてる稲の収穫後に籾（もみ）の袋の数について，現金に換算し，問題の詳細を拡大表示することを試みた。その結果，収穫ごとに110％の利子を支払っているのと同じだとわかり，原因として高利貸しのほかには農協のような農村金融がないこと，世帯に貯蓄がないこと，低所得であることが考えられた。その結果として生計は貧しいままで，高利貸しに依存せざるを得ない。さらにローカル調査委員会はこれら高利貸し，貯蓄，低所得などが家計の消費に与える影響も関連づけて，問題の全体像を考えた。またCOワーカーはミンダナオ島の貧困の現況と関連づけて全体表示した。こうしたデータの拡大表示や全体表示

がローカル調査委員会に与えたインパクトはあまりにも大きく，自分たちの信用組合を直ちに設置するよう提言した。

分析のつづき——ＰＲＡ（参加型速成調査法）の結果を分析する

方法：１．季節カレンダー Seasonal Calendar，豊かさランキング Wealth Ranking，白地図 Mapping，ベン相関図 Venn Diagram などを，見やすいように模造紙に写す。２．関連する集計データを作表した模造紙があれば隣に掲示する。次のように問いかける。

- 世帯がどこに集中するか？たとえば「豊かさランキング」をみて，大多数の世帯が位置づけられる分類はどれか？金融に関する「ベン相関図」をみて，どこからお金を借りる世帯が多いか？
- その原因，背景，家庭や地域に対する影響は何か？
- 三角検証する。ＰＲＡの結果と関連データとを並べてみて，同じか補完する結果か？ たとえば農作業に関するインタビュー結果と「季節カレンダー／生活と労働グラフ」とは共通性があるか？「豊かさランキング」において最貧層に位置づけられた世帯が，世帯インタビューの結果でも最も低所得層であったか？
- 共通性がみられる（ない）ならば，その意味するところはなにか，関連性はなにか，パターン認識できるか？ 地域や社会の全体状況とのつながりは？

事例（ＰＲＡを分析した経験から）：南スリガオ州ヌルシア村のカトゥプガス地区では，ローカル調査委員がつくった植林状況地図を分析していた。図によればその植林サイトに植えた森の樹木の活着率は80％であることを示していた。ＣＯワーカーがファシリテータとして加わり，植林サイトを維持しながら広げ発展させていくニーズにまでみんなの話が及んだ。また同じ州のブエナビスタ村では，ローカル調査委員が作った「豊かさランキング」のデータが，全国レベルの貧困指標と一致した。そこでＣＯワーカーは，スリガオ州が全国で最

も貧しい16の州のうちのひとつであることを提示した。人々はそうしたデータが自分たちの生計に警鐘を鳴らしているだけでなく，州内の（森林など）豊かな天然資源を環境破壊することなく賢く使うことに挑戦しなくてはならないと意見を表明した。

合成――集計や分析の結果をまとめる
方法：1．結果をわかりやすく特徴的にまとめ，発表の準備につなげる。

発表――地域の人々にわかりやすく発表する
方法：1．CO-PAR では「地域との協議」において，調査結果をすぐに提示することによって，自分たちのリアリティと照らしてデータを検証することができ，そのリアリティを改善する取り組みを自らで決めることができることが非常に大切であることを確認する。2．「季節カレンダー（季節の生活と労働グラフ）」などの棒グラフ，「生活時間帯グラフ」や「生計分析グラフ」などの円グラフ，「活動歴や郷土史の図式化」などの折れ線グラフ，絵グラフ（ピクトグラム），詩やよく知られたメロディーにのせた替え歌，民衆演劇や朗読劇，「植林状況地図，土地利用図，地区内のリソースマップ」などの地図など，データや分析にふさわしい発表方法を参加者と話し合いまとめる。

事例：北ダバオ州ニューバターンのファティマ村では，ローカル調査委員会が，村の栄養問題について伝えるのに，パントマイムと短い踊り，そして小道具に野菜を使った。南スリガオ州ヌルシア村などではデータ発表に民衆演劇を使った。

検証――集計や分析が，人々のリアリティとずれがないか話し合う
方法：それぞれの集計データや分析そしてまとめについて，1．正確か点検し，2．人々が集団的に分析し，3．自らの経験や視点を付け加える話し合いの機会をつくってデータの意味づけを豊かにする。

課題の優先順位と行動計画づくり
方法：1．最も緊急で重要だと地域の人々から提言された課題の解決を決め，2．次にその中でも外部予算を必要としない提言された課題の解決を優先して決める。

事例：ニューバターンのコゴノン村では，集会参加者を少人数に分け，ローカル調査委員会が地域活動家とともに，行動計画づくりをファシリテートした。各グループが関心分野，低所得，教育の欠如，栄養不良，予防接種した乳児の数など，具体策があるものに絞って計画を立てた。一日の終わりまでに，個別目標と行動計画を組み合わせたものを数セット策定することができた。それぞれ模造紙に書いて全体集会に報告し，批判と承認を求めた。批判が出たのは目標と行動計画の実行可能性と，女性への配慮不足についてだった。

地域との協議——集会で発表と検証，ローカル計画委員会の設置
方法：1．集計したデータやPRAの結果も分析した結果をまとめて，地域の人々にわかりやすく発表する。2．集計データや分析について，地域の人々のリアリティとずれがないか経験をもとに話し合い，検証結果をまとめる。3．課題の優先順位の決定。4．必要に応じて招待した関連する行政責任者や地方自治体の長からの質疑とコメント。5．それぞれの達成可能な行動計画を作る。6．ローカル計画委員会の設置と人選。7．ローカル調査委員会の苦労への感謝と表彰状贈呈。

地域診断フェーズで学んだことの振り返り
方法：地域との協議のための集会が終わった時点で実施する。次のように小グループで話し合う。1．たったいま終わった作業に関連して、役に立った自分の長所（強み）と短所（弱み）について感じたことは。2．地域との協議の実施に関して意見交換し，互いにフィードバックする。3．調査の経験から学んだことを引き出す。

6．地域計画—持続可能な統合的地区開発（ＳＩＡＤ）

　地域づくりに取り組む草の根の人々は，行政計画にどのようなしくみで参加するのか，その制度的・法的な根拠はなにか。既成政治との連携により「政治的な意思」を形成し，「良い統治，ガバナンス」を地区で実践する方法を紹介する。

事例の背景

　ＳＩＡＤ（シアド）は日本のＮＧＯであるＣＣＷＡやＡＨＩが支援して，エリア・マネジメント等の名称で現場プロジェクト関係者への研修や導入を図ってきた経緯がある。ＣＣＷＡが支援する具体的な事業としては，フィリピン・ミンダナオ島北東部にある南スリガオ州サンミゲル市を中心に実施している「スピード・フォー・スリガオ・センター」事業によって1996年以来，取り組みがすすめられてきた。同地区では環境資源省との協力があり，より「持続可能な開発」のイメージに近い分野も扱う。

住民組織づくりから，地区開発計画への住民参加制度づくりへ

　ダバオ医科大学のコミュニティ・オーガナイジングとは，住民組織強化をはかり，「意識化」支援，「経営計画と組織強化」支援，「プロジェクト・マネジメント」支援，「民主的なリーダーシップ育成」支援，「価値観への立脚」支援をおこなう。つまり住民が組織をつくり，経済的・政治的なちからをつける，社会開発を担う住民組織参加制度づくりをも視野に入れた技術である。住民組織の代表を地方議会に当選させた例や，住民組織と行政との具体的な課題についての交渉例もある。一方「持続可能な統合的地区開発（Sustainable Integrated Area Development=SIAD，シアドと読む）」は，住民が主体となった地域づくりに基づいて，住民組織が政治や行政と組んで，ど

のように住民参加制度を作るのかという方略である。

　持続可能な統合的地区開発（ＳＩＡＤ）は，必ずしも環境活動ではない。地域づくりにおいて，環境問題も分野別の「実質な利益」を獲得する課題の一つであるが，ＳＩＡＤではグローバリゼーションに対抗する人間開発や貧困対策といった，バランスのとれた開発という意味で「持続可能な開発」に取り組むのである。このような問題意識を背景に，ＩＰＨＣにおいては，ＳＩＡＤとは以下のように説明される。

□　ＳＩＡＤとは，貧困撲滅と分配の正義の実現を指向する成長戦略であり，マルチ・ディシプリナリのアプローチかつマルチ・セクターの取り組みをとおして，人々の活発な参加とともに「持続可能」でバランスのとれた開発を目指す。

□　ＳＩＡＤとは，様々な事業・プロジェクトを一括して実施することであり，サービスとベネフィットを所与の地区において相互補完させる。

□　ＳＩＡＤは，統合的地区開発（ＩＡＤ）の枠組みをふまえて，㋐草の根の参加，㋑複数分野のとりくみ，㋒地理的なまとまり，㋓地域と市場などの空間的な統合，㋔政治的なとりくみ，㋕良い統治，という特徴をもつ。

地方自治体のＮＧＯ枠の運用

　フィリピンの地方自治法にはＮＧＯ枠の参加制度が規定されているので，これを運用して，一般的には住民組織はＮＧＯとは言わないが，地方自治体の開発計画策定に住民参加制度を導入しているのである。地方自治法で規定する地方自治体には，ムニシパリティの地方議会である「サングニヤン・バランガイ（ＳＢ）」とは別に，行政の各階層において地方開発委員会（Local Development Council）が設けられており，そこにＮＧＯが参加できると規定されているのである。地方開発委員会（ＬＤＣ）は，バランガイ（村）とムニシパリティ（郡）いう異なったレベルの地方自治体において，バランガイ開発委員会（ＢＤＣ）とムニシパル開発委員会（Ｍ

DC) という名称でそれぞれに設置されている。

　バランガイ開発委員会（BDC）には，バランガイ・キャプテン(村長)，サングニヤン・バランガイ（SB），国会議員の代理などが参加し，NGO代表の参加者数は全委員の4分の1をより少なくならない規定である。

　ムニシパリティ（郡）と呼ばれる地方自治体においては，ムニシパル開発委員会(MDC)が設置され，メイヤー（郡知事)，すべてのバランガイ・キャプテン（村長)，国会議員の代理などが参加し，そしてNGO代表の参加者数は全委員の4分の1をより少なくならないことと，バランガイと同様に規定されている。

　これらのNGO規定は地域の住民組織そのものを含めていないので，SIADでは住民組織，女性組織，先住民組織などのセクターからの代表も含めて，「拡大ムニシパル開発委員会 （EMDC)」を設置している。活用方法によっては単なる形式的な参加になってしまうのは当然だが，このEMDCが「持続可能な開発」を保証するひとつの仕掛けであろう。

エンパワーメントと住民参加の具体的成果

　SIADにおけるエンパワーメントと住民参加では，地方行政と住民組織参加制度によって作成した「長期計画」が具体的な成果である。構想主導型の長期経営計画において不可欠な「構想（vision)」「使命（mission)」「目標（goals)」「方略（strategies)」といったVMGSも策定した。実はこれらは地方行政の長期10カ年計画づくりを支援した成果品の一部である。長期計画そのものは「ムニシパル包括的開発計画（MCDP)」と呼ばれる。これに基づいて年間計画と予算計画が策定されることが法律で決められている。実質的な成果である，教育や保健などの社会開発や，農業やインフラなどの経済開発もこの計画に含める。したがってSIADは，実質的な成果を追い求める具体的な投資計画そのものよりも，住民組織参加制度と政治・行政が一体となった「構想主導の長期経営計画」の計画策定プロセスなのである。

ＳＩＡＤにおける作業プロセス

　ＳＩＡＤの具体的な作業プロセスに，特別な仕組みがあるわけでは無いが，コミュニティ・オーガナイジング，特に **CO-PAR** の経験が基礎にあることを念頭におかないと一般的な行政計画策定の方法にしかみえない。ＳＩＡＤのプロセスを簡略化して列挙すれば，地方自治体にＳＩＡＤについてオリエンテーションを行うこと，現状分析，実現可能な構想づくり，課題解決する案件の確認と優先順位づけ，計画・事業・活動(PPA, Program-Project-Action)の選択と予算化，実施，モニタリングとインパクト評価の実施である。ＳＩＡＤにおける作業プロセスをみることによって，地方自治体と政治，行政計画，予算，住民参加が，どの行政レベルでどのように相互に機能しているのか，住民組織とどのように連携するのかがわかる。

　以下はＳＩＡＤにおける作業プロセスである。

1　地方自治体へのオリエンテーション
　　1.1　地方自治体の長への面会
　　1.2　パートナー合意
　　1.3　ＳＩＡＤオリエンテーションと協議
　　1.4　バランガイ・レベルへのＳＩＡＤオリエンテーションと協議
2　現状分析
　　2.1　バランガイにある１次データ収集。ミニマム・ベーシック・ニーズ（ＭＢＮ）情報入手，参加型速成調査（Participatory Rapid Appraisal=PRA）とマッピング，農産物別プロファイル，人的・社会的資源データの分析。
　　2.2　バランガイの２次データ収集。既存の地図，土地利用計画，バランガイ情報，行政機関／ＮＧＯ／住民組織からのデータの入手と分析。
3　地方自治体の経営分析と戦略計画づくり
　　3.1　現状分析

3.2　ＶＭＧＳ（Vision, Mission, Goals, Strategies）の形成
    3.3　プログラム・プロジェクトの確認
    3.4　地方自治体の改革（拡大開発委員会設置）
4　バランガイ開発計画づくり
    4.1　SWOT分析，開発指標マトリックス，戦略オプションと重点対象地区，計画・事業・活動（PPA, Program-Project-Action）の確認，それらの中での優先順位づけ
    4.2　バランガイ横断のデータと計画の整合性，分析，地方自治体・ＮＧＯ・住民組織の間で統合や調整を必要とする分野の確認。セクターごとに作成したセクター計画を統合。
5　コミュニティ協議
    5.1　バランガイの現状分析，バランガイ開発計画（ＢＤＰ），年間投資計画（ＡＩＰ）の妥当性の確認と最終化作業。
6　バランガイ開発計画（ＢＤＰ）の承認
    6.1　計画の修正，最終化，承認を，バランガイ開発委員会（ＢＤＣ）とバランガイ委員会（ＢＣ，村会議）においておこない，ＢＤＰをムニシパル開発委員会（ＭＤＣ）に提出する。
7　ムニシパル包括的開発計画（ＭＣＤＰ）の承認
    7.1　ムニシパリティのＶＭＧＳの検討と承認
    7.2　目標と方略の決定
    7.3　計画・事業・活動（ＰＰＡ）と地図の最終化
    7.4　地方自治体のＳＩＡＤ体制の見直しと承認
    7.5　財政負担，費用計算，時間枠
    7.6　地方議会（ＳＢ）への提出と，コミュニティ協議または公聴会
    7.7　地方議会と自治体の長（メイヤー）による修正，承認
8　年間投資計画（ＡＩＰ）の承認
    8.1　予算計画。国の委託業務，自主財源の算出，国内歳入割当（ＩＲＡ）のうち20％のＳＩＡＤへの配分，予算提案のとりまとめ，収入支出見込みと決算。

8.2 ＡＩＰと予算に関するコミュニティ協議の実施と，モニタリング・評価チームの設置。
  8.3 ＢＤＣとＭＤＣによるＡＩＰの改訂，精査。
  8.4 ＡＩＰをバランガイから州レベルにいたる地方議会ＢＣ／ＳＢ／ＳＰに提出し承認を得る。
9 政府機関，ＮＧＯと住民組織，法的措置
  9.1 ＭＣＤＰ／ＢＤＰを地方開発委員会（ＲＤＣ），国家経済開発庁（ＮＥＤＡ），国家開発委員会（ＮＤＣ），および関連政府機関や団体に提出する。
  9.2 ＮＧＯや住民組織とともに，資源の動員と調整を行い実施に向けて動く。
  9.3 地方議会での決議など事業計画にむけて必要な手続きをとる。
10 実施・モニタリング・評価
  10.1 計画・事業・活動（ＰＰＡ）の実施とモニタリング
  10.2 ＰＰＡの年次評価
  10.3 ＳＩＡＤのインパクト（影響）評価

まとめ

　本稿は参加型アクション・リサーチによる住民組織づくり（CO-PAR）を見ることを通して，地域づくりの再定義を考えてきた。CO-PAR は「意識化」の手法であり，「社会変革」をめざす性格を強く持っていることが特徴であった。しかしその柔軟で応用可能な手法ゆえに，ムニシパリティやバランガイという地方自治体の中において，ＰＲＡも採用しつつ地方自治体や住民組織の分析，計画能力の育成に継続的に取り組んでもいる。またその「根本的な課題」から逃げないＩＰＨＣとしての使命や手法の特徴ゆえに，地方自治法の枠組みの中で活動を展開しても，地方政治や行政に呑み込まれずに，住民参加制度開発の方略として，オルタナティブな「持続可能な開発」への取り組みを発展させてきた。

その計画手法は，パイロット的な事業が進行中の，「持続可能な統合的地区開発（ＳＩＡＤ）」という新しい名称をもつが，その中にCO-PARで培った実務的な手法が生かされているのは言うまでもない。そのエンパワーメントと住民参加の具体的な成果とは，地方自治体と住民組織が一体となって策定した構想主導の長期計画，つまり「構想」「使命」「方略」などを含む戦略的な経営計画を策定できたという成果であった。そしてＳＩＡＤの作業プロセスから，政治，行政計画，予算，住民参加がどのレベルでどのように相互に機能するのかも見た。これらの成果とその作業プロセスから判断して，「持続可能な統合的地区開発（ＳＩＡＤ）」が，貧困と分配の問題に対して，マルチ・セクターの統合的な計画と事業という意味での「よい統治（ガバナンス）」を推進できるといえよう。

引用・参考文献

Canave-Anung, Luz (1992), *Training Package on Community Organizing-Participatory Action Research*, produced by Mindanao Training Resource Center-Institute of Primary Health Care, Davao Medical School Foundation, first edition, April 1992, Philippines.

Canave-Anung, Luz (1996), *Training Package on Community Organizing-Participatory Action Research*, produced by Mindanao Training Resource Center-Institute of Primary Health Care, Davao Medical School Foundation, second edition, February 1996, Philippines.

Canave-Anung, Luz (1997), *CO-PAR: Community Organizing-Participatory Action Research. Its Concept, Philosophy and Principles*, produced by Mindanao Training Resource Center-Institute of Primary Health Care, Davao Medical School Foundation, 3rd edition, 1997, Philippines.

以下は，ＩＰＨＣでの説明資料とバランガイ・ニューコレリア役場から入手したＳＩＡＤ資料である。

Canave-Anung, Luz, *Community organizing* (originally prepared for CARAM-Chiang Mai, April 2001), Davao Medical School Foundation-Institute of Primary Health Care (DMSF-IPHC), Philippines.

Luz Canave-Anung (2001), *ABC's of CO*, DMSF-IPHC, Davao, Philippines.

Municipality of New Corella (2001), *Brief Profile, Concrete Results of Sustainable Integrated Area Development* (SIAD) *and others*, Davao del Norte, Philippines.

Municipality of New Corella (2001), *SIAD PROCESS* (Flow of Activities), Davao del Norte, Philippines.

　　以下はＰＲＡに関連する書籍である。

ロバート・チェンバース（穂積智夫・甲斐田万智子監訳）『第三世界の農村開発　貧困の解決―わたしたちにできること』明石書店，1995年10月。

ロバート・チェンバース（野田直人・白鳥清志監訳）『参加型開発と国際協力―変わるのはわたしたち』明石書店，2000年6月。

プロジェクトＰＬＡ編『続・入門社会開発』国際開発ジャーナル社，2000年12月。

　　本稿で解説を省略した「モニタリングと評価」「組織づくりおよび組織強化」については以下の拙稿に詳しい。

拙稿「住民組織強化の枠組み―国際福祉における地域計画づくり」藤女子大学『紀要』第38号，2000年12月，pp. 31-34。

拙稿「住民組織アセスメントと評価―国際福祉における地域計画づくり，北ガーナの事例を通して社会調査の組み立てと手法を考える」藤女子大学『人間生活学研究』第8号，2001年3月，pp. 21-40。

拙稿「住民組織づくりをこえた開発計画支援のとりくみ―フィリピン・ダバオ医科大学プライマリ・ヘルスケア研究所の実践」藤女子大学『紀要』第39号，2002年2月，pp. 73-86。

拙稿「フィリピンにおける住民組織強化の関心領域と指標」藤女子大学

『人間生活学研究』第9号，2002年3月，pp. 63-80。

謝　辞

　本稿を書くきっかけとなったのは藤女子大学留学生委員会が実施したフィリピンにおける地域福祉と国際家政にかかる留学協定校調査によるところが大きい。筆者が1994年～2000年に所属した社会福祉法人基督教児童福祉会国際精神里親運動部（CCWA）の社会開発の経験と理念から学び，国際協力事業団（JICA）派遣のフィリピン経済開発庁（NEDA）貧困対策専門家として，1991年にダバオを訪問して以来，プライマリ・ヘルスケア研究所（IPHC）の技術の一部をまとめることは，長年の願いであった。フィリピンで私に教示してくださった多くの実践者と村のひとびとの苦労や志なかばに病気に倒れたスタッフたちを思い起こしつつ，特にIPHCルース・カナヴェ・アヌン元所長の現場指導と研究所運営委員会による翻訳許可に感謝します。そしてあらためて関係団体に感謝申し上げます

川中　信
藤女子大学　人間生活学部　人間生活学科

---

1) LUZ CANAVE-ANUNG, *Community Organizing-Participatory Action Research* (*CO-PAR*) by Institute of Primary Health Care (DMSF-IPHC) in the Philippines.
2) Canave-Anung, Luz (1997), CO-PAR: *Community Organizing-Participatory Action Research. Its Concept, Philosophy and Principles*, produced by Mindanao Training Resource Center-Institute of Primary Health Care, Davao Medical School Foundation, 3rd edition, 1997, Philippines.

マトリクス人間生活学

福祉教育・福祉体験をする上での課題と実践

　少子・高齢化が進む現代社会において，福祉教育は，人間生活に直接的に関わる課題として注目を集めている。特に，学校教育においては，新しい教育課程の実施にともなって，福祉教育に求められる役割が大きくなっているといえる。こうした中，各地で福祉教育に関する様々な提案や実験的な模索がなされているが，その具体的な実施方法となると，問題・疑問が山積している。本章では，こうした福祉教育が多くの問題を抱えていることを認めながら，どのような福祉教育を実践していくべきかについて，具体的な事案を示しながら考えていく。

1. はじめに

　2002年度から小・中学校で実施される新しい教育課程では,「総合的な学習の時間」が新設された（高等学校では2003年度より段階的に導入される）。この「総合的な学習の時間」は,子どもたちの自ら学び,自ら考える力を育成する観点から,学校が創意工夫を生かした特色ある教育活動を行うことができる時間とされているが,福祉・健康の分野は,その柱の一つとして期待されている。また,2003年度からは,高齢化社会におけるスペシャリストを育成するため,高等学校の専門教科として「福祉」が設けられる。

　今までの学校教育の現場では,福祉教育は,人権教育,平和教育,環境教育,健康教育,国際理解教育などと関わりをもって行われることが多かったようである。また,福祉教育がどのようなものであるべきかという議論は,本来,教科（特に社会科）や道徳などとの関連性,さらには,その中での福祉教育の独自性・必要性に及ぶものであるが,実際には,誰もが納得できる定義を示すほどには深められてこなかったといえる。つまり,福祉教育への期待が高まる中,様々な提案や実験的な模索が行われているにもかかわらず,その具体的な実施方法となると問題・疑問が山積しているのである。

　このような状況において,学校教育における「ゆとり」が強調されつつも,新たな教科「福祉」が設けられる現実は,社会に必要な知識・技能の伝達の何もかもを学校教育に負わせればよいという感じがして,個人的には好ましいとは思わない。たとえ,その全てを学校教育で教えられたとしても,本当に創造性の豊かな人間を育成できるのかと疑問に思うのである。また,社会福祉に関するいろいろな問題を小・中学生や高校生に教えなければならないとするだけで良いのか,すなわち,そうした問題を教えること,さらに問題の対応策を教えることだけで,現代社会に求められる福祉教育となりうるのかという疑問も生じる。

　以上のことを踏まえ,本章では,どのように福祉教育を実践すればよい

かを見出す手がかりを得るため，その事案を具体的に提示することを試みる。この事案は，あくまで福祉教育のあり方を考える上での参考例の一つであり，生徒の興味・関心などを踏まえた福祉教育の実践の一助となることを目的としている。

2．福祉教育の概念

(1)人権からみた福祉教育

「教育基本法」から福祉教育を論じると，権利としての福祉教育が浮かび上がる。教育基本法の前文には「われらは，さきに，日本国憲法を確定し，民主的で文化的な国家を建設して，世界の平和と人類の福祉に貢献しようと決意した。この理想の実現は，根本において教育の力に待つべきものである」と明記されている。また第一条において「人格の完成をめざし，平和的な国家及び社会の形成者」を育成することを「教育の目的」として掲げている。したがって，教育は「世界の平和と人類の福祉」を目指すことに留まらず，そうした社会を形成できる人々を育成する任を負うものといえる。この意味で，日本の教育は，本来的には平和教育と福祉教育を中心的な課題とするという考え方が成り立つ。つまり，平和教育と福祉教育を受けることは，日本国民の権利として保障されると考えられるのである。

こうした考え方に基づく福祉教育の概念は，全社協の「福祉教育研究委員会」の規定に認められる。これには，福祉教育は「憲法13条，25条等に規定された人権を前提にして成り立つ平和と民主主義社会を作りあげるために，歴史的にも，社会的にも疎外されてきた社会福祉問題を素材として学習することであり，それらとの切り結びを通して社会福祉制度，活動への関心と理解をすすめ，自ら人間形成を図りつつ社会福祉サービスを受給している人々を，社会から，地域から疎外することなく，共に手をたずさえて豊かに生きていく力，社会福祉問題を解決する実践力を身につけることを目的に行われる意図的な活動」[1]と定義されている。また，一番ケ瀬康子は，上述のような人権論的視点から，福祉教育を発達教育と自己実現

の基本的人権を実現するための営みとして位置づけ，"福祉"教育とはさまざまな価値観を前提としながらも，"人権"をまもるものとして，日常生活における不断の努力を媒介にし"社会福祉"を焦点とした実践教育である。構造的には，人権教育を基軸にすえ，共に生きぬくための生活教育を媒介とした"社会福祉"をめぐる実践教育である」[2]であるとした。

このように，福祉教育は「人権教育」「生活教育」「実践教育」の柱として，社会福祉に焦点を当てながら，その生活者，主権者としてのあり方を模索する教育活動と捉えられる。一番ケ瀬によれば，「人権教育」は自らが人間らしく生きるための主権者としての教育であり，「生活教育」は自らが日常生活にかかわる課題を解決するためのあり方を模索するものである。また，「実践教育」とは，自らが人間らしい生活を創造するための教育活動[3]とされる。こうした定義は，子どもの自ら学び，自ら考える力を育成しようとする新教育課程の基本方針と一致する。

この新教育課程で目指される学校教育は，家庭や地域社会の教育力の低下などを背景として，社会全体に「ゆとり」がないことを指摘し，「ゆとり」の中で「生きる力」を育むことが大切であるとの認識に基づいている。このような状況の中で福祉教育は，今日の混迷，荒廃している教育を揺さぶり，見直しを図り，教育本来の目標を取り戻す一助となることが求められ，福祉の教育・実践を通して，生きる力を育成することが必要だと考えられる。

(2) 人間の生き方からみた福祉教育

さらに，人間の倫理的・道徳的な生き方とのかかわりから「福祉の心」という言葉が使われている。福祉の心とは，「自立と連携」の精神を支える心のことであり，人間の尊厳と人間性を尊重することを基盤とする生き方である。それゆえに，福祉教育は，自立教育と連帯教育が十分に行われることによって，初めてその目的や目標の達成が可能になる。つまり，福祉教育は，社会生活を営む人間の「自立と連携」の心を育成し，福祉社会や福祉のまちづくりをめざす実践教育であると捉えられる。こうした立場

から，西尾祐吾，上續弘道は，福祉教育を道徳教育・社会科教育・人権教育との関連と相違を論じながら，「福祉教育は人間の多様性やその背景を理解させ，共感を持たせ，あらゆる人々との強制を可能ならしめる社会的基盤を用意するための教育である」として，その目標や内容を明確にしようとした。

　また，福祉教育は「共に生きる力」を育む教育実践の創造とも言われている。しかし，このように福祉教育が理解されているにもかかわらず，福祉施設への訪問・交流活動を計画し，実施，展開するに当たっても，施設サービスの利用者の実質的・主体的な関与・参加があまり考慮に入れられていることが少なかったようである。さらに，指導する人，指導される人との区別が歴然と存在していたのである。このように，「共に生きる力」の創造といいながら，慰める側・慰められる側，教える側・教わる側を作り，分離した後での共に生きることが計画されていると指摘できる。こうした計画に基づく限り，慰める側は慰められる側を，慰める側の論理性で慰められているのである。同様に福祉教育は，教える側の論理で一方的な価値観が教えられるに留まる。「共に生きる力」というときには，両者がそれぞれの力を出し合って，それぞれの新たな力の創出を探求しながら平等で自由に表現できるという環境を創り出すことが必要なのである。

　「教育」という言葉のイメージは，教える者と教わる者という権力的な関係に基づく意図的，計画的な教育実践という堅苦しい感じが拭えない。その一方で「学習」という言葉には教える者と学ぶ者の支え合いと相互理解によって両者が高めあうというニュアンスがある。特に福祉の場合は，単に知識を教室で教わるのではなく，地域の様々な人や施設などと触れ合うことによって学ぶことが大切である。[4]

　以上のことから，福祉教育は，その本質において，共に助け合い，共に創造していくことを求める一つの学習であるとする方向性を模索するものといえる。この考えは，福祉は上から助けるのではなく，同じ目線で人々と共に辛苦を分かち合いながら，より幸せな人間生活を創出しようとするところにある。

ところで，どのように福祉教育の概念を規定しようが，選択した概念に基づいた活動をしようとすれば，この活動を論理的に形成する必要性がある。この論理性の中には，展開するための論理性とそれを説明するための論理性があると考えるが，この論理性はある人が考えた論理性を利用するというものではなく，実践を展開しようとする人々自身が自らの論理性を展開することに意味があると考えるのである。

3．共に生きる力を育む福祉の学習

　教える者と学ぶ者とが支え合い，理解し合って福祉を正しく把握し，共に力をあわせて実践活動ができるように計画することは大切であると，何時も言われている。教える者と学ぶ者が支えあいながら相互理解を導くことは，福祉では避けることのできないことである。福祉には，助ける者と助けられる者の関係に立った上での相互理解をしようとする傾向があった。北海道社会福祉協議会・福祉教育専門委員会も，「これまでの福祉についての考え方には『一人暮らしのお年寄りはさみしい人たちだから，励ましてあげなさい』とか『障害者の人はかわいそうだから，やさしくしてあげなさい』などと『何かをしてあげる』という施しや同情の意識が根底にありました」[5)]と認めている。

　しかし，お年寄りや障害者からすれば，このような励ましは，施しや同情を感じながら人の厚意を受けるといった矛盾を抱えることになり，心から生きがいのある生活ができるとは思えない。こうした矛盾をなくすために，福祉教育は，助けられる人も助ける人も生きがいを感じながら生活できるように，「自立と連帯」「自立と共生」を達成することを目指すものとして重要視されるのである。

　この「自立と連帯」「自立と共生」を可能にするには，人間は平等であり，自由であるということの理解が重要である。人に世話になっているだけでなく，命令されている状態であったり，強制されていたりする状態であったりする人は決して自立しているとはいえない。人間は自由に自分の

意思を表現でき，自由に選択できる状態にあってはじめて自立した存在になることができる。したがって，人間が自立するためには自由でなければならない。この自由である人々が，連帯したり，共生したりできるためには，「人は平等である」ということを互いに理解することが前提とされなければならないのである。自由である人間は，自由であるがゆえに個人のもつ多様性に気づかされ，自分と異なる部分と似た部分をもつ他人を，自分と同じ人間として認識し，人間として平等な権利をもっていることを認めなければならないのである。蛇足になるかもしれないが，このように平等で自由な状況であっても，教師・生徒という役割からくる義務や立場がそれぞれに生まれることに留意しなければならない。

　このように自由に表現するための平等性をもっていることは，その結果生じる影響に関してもそれぞれ平等に責任を取る責務を負う。これに対しては「子供に責任を負わせることは……」という議論が出てくるが，だとすれば，責任を取れない人と共生することは不可能といわざるを得なくなる。平等で自由であるという環境のもとには，このように責任を平等に負わされるというきつい環境であることも私たちは認識しておかなければならない。

4．論理性について

　「自由」とか，「平等」とかいう概念の重要性を述べたが，このために全ての人間が相互に理解することがますます必要になる。他人に理解してもらうためには，理解されるように論理性をもって，説明しなければならない必要性が生じてくる。この必要性を充足するためには，論理的に自分自身の中で構築し，他人に受け入れられることが重要である。ここでは，そうした論理性について考えてみる。

　私たちが社会で何かをするためには必ず論理性が必要とされる。この論理性は目標を立て，説明し，計画し，実行するときに，それぞれの段階ごとにどうしても必要なことである。

この論理性について，私は面白い体験をした。日本で育った私は，数学を学ぶことはこの論理性を学ぶのに不可欠なことであるかのように理解していた。ところが，イタリア留学をしている間，イタリア人からこのような意見を耳にしたことがまったくなかったのである。逆にラテン語，イタリア語を学ぶことが論理性の教育であると明言してはばからないイタリア人が多いのである。イタリア人は数学に論理性があることを認めるものの，数学の論理は特殊であると考えているようである。

　バートランド・ラッセルは「言語なしに思考は存在しうるし，正しい考えとまちがった考えというものも存在しうる。しかし，それはともあれ，かなり複雑な思考は，すべて言語を必要とするということは否定できない」[6]と述べた。言葉なしの思考というものはありうるかもしれない。けれど，それはきわめて単純な，直感的，印象的なものにすぎず，もし，それによる思考が可能だとしても，言葉なくして内容を表現することなどできはしまい。私は人間の思考は言葉とともに始まると考える。人間は言葉をもつことで，はじめて考えることができるようになったのだ。この意味では『はじめに言があった。……言の内に命があった。命は人間を照らす光であった』という聖書の言葉はまさしく言語の本質を言い当てているように思われる」[7]。

　当然のことながら，思考なくして論理性はありえない。そして，論理性のある思考に言語が必要なことは論じるまでもないことである。このように考えると数学を代表とする理科系の学問にも，言語研究を中心とする文系の学問にも論理性があると考えるのは当然であると考えるのが普通である。しかし，理系の言う論理性と文系の言うものとは当然違う。例えば，理系の学問の中では面白さを表現するための論理性は認められないが，面白さを量的に測量することや，その原因を追求することは大いに認められる。一方，文学ではこの面白さを追求することは認められ，それの量的測定などはあまり重要ではないのである。従って，私は理系には理系の論理性が，文系には文系の論理性があると言いたいのである。当然のこととして，それぞれの学問がそれぞれの思考と論理性をもっているということに

ほかならないのである。

　日本では正しい論理性は一つしかないと考えているのかもしれないが，先に述べたように求めた目的が異なれば，私たちの組み立てる論理性も変ってくる。問題を考えるときには論理性が必要なのである。この論理性を獲得するためにさまざまな体験をすることは，重要である。今までのように論理ということを数学という一つの教科に任せるのではなく，それぞれがそれぞれの方法で分担を担う必要があるのである。

　このように考えるとき，福祉教育を通してそれなりの論理性を考えることは意味あることである。福祉教育は実践教育であるといわれる面をもっていることを既に述べたが，実践ができるような論理性そのものを意味付けるために，この意味付けを論理性をもって説明することも重要である。

　特に総合的な学習の時間の中で社会福祉に焦点を当てて福祉教育を利用し，「人権教育」「生活教育」「実践教育」として展開するような教育実践を論理的に組み立てることは，実践教育として多くの困難を伴うがゆえに，教える本人にとっても，教わる人にとっても必要不可欠となる。さらに，地域の人々の協力を得るために論理的な展開をしていることは非常に強い武器となることは言うまでもないことである。

　このように，自由である個人として，自分で論理的に活動を組み立てることは，活動自体が自発性の高い活動でなければならないのである。この自発的活動においては，何をすべきとか何をすべきでないとかを教えることではなく，（最低限のことは必要であるが）その場で必要とされることを自分で見出し，自分も充実しながら働く方法を自ら模索する方法を見出すように手助けすることが福祉教育であると考えることは，一つのあり方として間違えではないのである。

　これと同じ考え方は，中村修二による次の文章中にも見出される。

「私の教育論は学校時代における挫折と研究生活の成功から導き出されたものです。本当の教育とは，子供たちに，誰もやっていないことを自分の力で挑もうとする心を教えることだと私は考えているのです。別に大きな発明や発見などできなくてもいい。ごく小さなことでもいいから『自

分にもできるんだ』と自信を持たせ，たとえそれが困難であっても取り組む気にさせるのが本当の教育なのです。そのために必要なのは『素質をのばすこと』です。教育の真の目的はここにあると私は思います。〈中略〉教育とは『みんなと同じことをする』ことではないはずです。まったく逆で，人とどれだけ違いを出せるかが，実際の人生の勝負ではないでしょうか。」[8]

　このように考えると，教育は決して同じ量の知識を与えることではなくマニュアルを与えてそれを実行することを教えるのでもなく，何が必要とされているのか気づかせ，気づいたことに自分としては何をするのかを自己選択・決定させなければならないのである。この自己選択・決定の過程を自身の中で論理性をもって行うことが重要なのである。

　当然，個人の自由を認める以上は，気づくことも，気づいたことに対して取る対応策も個人差があるものである。この自由があるがゆえに生じる違いを相手に理解させるために，自分の持っている論理性で自分の取った行為の適応性を説明することが必要になるのである。このときに人間は自由に表現する平等な権利を持っているのである。どこかの施設に行ったときにはこのように気づくことがあるが，この気づきに対してこのような対応策が取れるというようなマニュアルを前もって作っておくことは，個人の自由を制限していることに他ならないのである。個人の多様なニーズに基づく福祉を題材にして行われる教育は，自由に人々のニーズを認識させ，自由に対応策を考えさせるところに意味があると考える。このときに高齢者は寂しい思いをしているという概念を強制的に生徒に植え付けることが，高齢者にとって本当の意味で寂しさを忘れさすことになるかどうか分からないのである。「共生する社会」というものを目指している福祉教育であれば，高齢者の本当の意思，寂しいとか，つらいとかいう事柄を表現させる必要性もあると考えている。当然，表現のできない人たちのことも考慮に入れてのことであるが……。

5．循環性の必要性

　学習に参加する全ての人々が，体験を通して自分や他者への関わり方に気づき，自分と他者がどのように共生ができるのかを考える過程において，他者の存在や他者との違いに気づき，この気づきを自己の存在や存在の意味を考えるきっかけにし，それらを深く確認することで他者の存在やその意味の重要性にも考えを及ぼすことができる。このように自己から他者へ，そして他者から自己へと循環しながら相互理解や共生のあり方をより深く探求していくことが必要なのである。私たちは北海道社会福祉協議会福祉教育専門委員会において，福祉教育が実践教育である面を考慮に入れて，"Creative Human Relations"から引用した循環型学習の活用ができると提案した。実践的な学習では，教師から教わるばかりでなく，教わるものが主体的に気づき，理解し，判断し，行動することが重要なのである。実践活動を通しての学習は失敗さえも学びの糧とするようなしたたかさをもたなければならないし，指導するものは失敗からも学べるように支え，援助

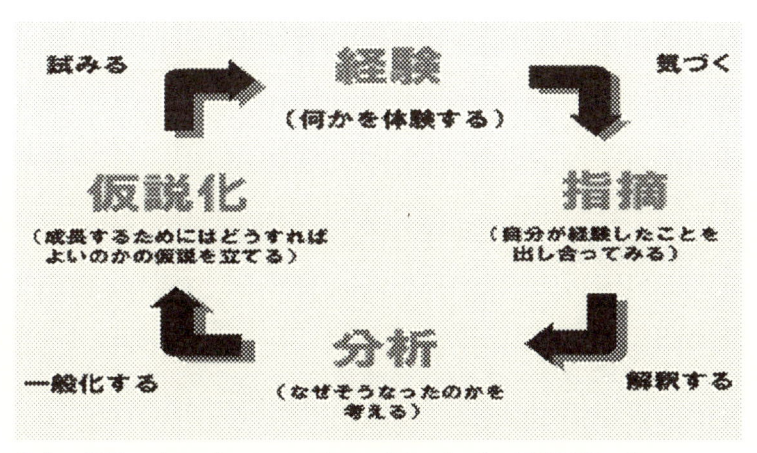

出典：URL：https://www.presstime.co.jp/product/book/CHR-New.htm
　　　『新版 Creative Human Relations』プレスタイム社

していくことが必要なのである。
　この考え方を図式化すると前頁のようになる。

　この過程で最も重要なことは，考えることを学ぶことであり，考えを論理的に組み立てること，論理的に表現することである。当然，他者の考えたことを論理的に分析することや，他者の論理性を理解することも重要である。このように考えると取り扱う題材はどのようなものでもよいのであって，どのように観察し，分析し，仮説化して自分自身で論理づけるかがもっとも重要な問題となる。
　現実的には実践活動を通して，いろいろな発展があると思うが，実践活動をするための仮説化から入ることも，実践から入ることも，教える立場からパイロット的な実践として行ってきた体験をもとにして提案したり，分析したりすることからも始められる。どこから始めるかが問題ではなく，観察力に基づいた論理性のある考え方を提案することが求められる。
　このようにして開始された実践活動が思考を重ねて循環しながらより深いものになる。このときに，何も毎回新しい実践をする必要もなく，考え方，論理性を深めることが最も重要なのである。このように考えると，マニュアル的にどのように行動すれば正しいのかを教育するのではなく，ある意味マニュアルを作ることを試みることが教育である。教育しようとするものは，必要とすることを気づき，行動を取れるために適した環境，さらに自分で結果が評価できる環境を準備することである。

6．福祉教育を実践するにあたって

　福祉教育をどのように展開するかは本当に難しいことである。そこでこのようなやり方もあると考えるので，高齢者との関わりを例に取りながら，一例として提示してみたい。
　○学習の目的
　人が老いていくことを高齢者との交流を通して知り，人間の存在を問い

直すきっかけとして，自分自身を見つめなおすことが第一の目的である。世代の違いや運動機能の違いなどを知ることによって，人間の多様性を理解するように導くことなど，様々な目的は考えられる。特に，高齢者はいろいろな障害を持つ場合も多く，高齢者が抱えなければならなくなった障害を知って，障害の多様性とそれにともなって生じる多様な社会的障壁を知ることにも導くことができる。このように，高齢で障害を抱えた人の人間性を考えてみることなども，自分を含めた人間性を考える上で大きな学習目標にすることができる。

〇学習を展開するにあたって

高齢者は，ニュースなどで老人ホームに入れられ，寂しく可哀想な人生最後の時期を送っている人と一般的に伝えられるので，この側面だけが生徒たちには強調されているように思える。しかし，高齢になればなるほど痴呆性老人が増えるように，人間として本来持っていた機能が低下する一面を持っていることも事実であるが，大部分の高齢者は元気に日常生活を送っていることもまた現実である。この現実を踏まえて，生徒にいきなり寝たきりの高齢者との交流をさせるのではなく，元気な高齢者との交流から始めるのも一つの手段としてあり，高齢者が寝たきり高齢者をどのように考えるかを知ることも重要な観点となる。このようにいろいろな高齢者を知ることによって，自分たちが将来なりたい高齢者像を描くことは重要である。そして，最後に寝たきり，痴呆の高齢者との交流につなげることが本来的な学習であると私は考えている。この高齢者とのいろいろな交流のあり方の過程の中で，

1．誰もがみんな歳をとること実感する。
2．高齢者とのふれあいのあり方を考える。
3．高齢者を敬い，いたわる心を考える。
4．高齢者のいろいろな過ごし方を知る。
5．高齢者の暮らし方と場所を知る。
6．身体が老化することに意味を知る。
7．高齢者から学ぶことを教わる。

8．高齢者の生活を支えるものとは。
  9．高齢者の願いを知る。
  10．自分たちでも役に立てる喜びを知る。
など，まだまだたくさんのことが学習のキーワードとしてあげられる。これを教師から提案することも，学習の一つのあり方ではあるが，生徒から考えさせることも別のあり方である。
　実践教育において，事前説明が必要とする人と説明がないほうがいいという人と両極端に分かれる。これは，事前指導で先入観を持たせることの利点と欠点である。そして，新鮮な目で見ることによって，専門家すら気づかなかったことを気づく人に出会うこともある。事前指導が重要かどうかは，教師が狙っていることが何なのかに大きく作用されることはいうまでもないことである。事前指導なしに実践教育に入ると相手に迷惑になることも多くあるので，このような形態で実践をする場合には，教師は前もって相手側にその旨を十分に理解していただけるように説明する必要がある。

　〇指導上の留意点
　高齢者となることは老化による様々な障害を抱えるリスクが多くなることを意味している。従って，実習をする生徒に加齢にともなう心身の変化に気づくこと，病や障害を不幸にも抱えてしまった高齢者が何を求めているのかに気づくこと，それらを抱えながらも必死に生きている姿に気づくことが重要であるということである。ところで，実習中に直接高齢者の死にあたるという機会はほとんどないと考えられるが，人間の死という現実にも直視する力を養うように指導することも大切である。

7．体験プログラムの一例

　この体験プログラムの一例は北海道社会福祉協議会ボランティアセンター・福祉教育専門委員会のなかで私たちが議論をし，まとめられたもののなかの一つである。従って，より多くの体験プログラムを希望される方

体験内容	ねらい・ポイント
高齢者疑似体験	老いることは自然な姿であることを理解し，体の機能低下を理解しながら，高齢者をいたわる心を学ぶ。
高齢者と一緒の料理教室	高齢者と一緒に料理を作り，昔からのおいしい手軽にできる料理を学ぶ。
食事と一緒にやさしさ届けよう！	配食サービスを通して，高齢者の日常生活を知る。
高齢者への声かけ活動	地域に住む高齢者とのふれあいを通して，思いやりの心を学ぶ。
お便り活動	地域に住む高齢者とのふれあいを通して，思いやりの心を学ぶ。
高齢者訪問活動	高齢者などとのふれあいを通して，生命の大切さや尊厳を学び，思いやりの心を獲得する。

は『福祉の学習——共に生きる——』を参考にしていただきたい。教師は次のようなことを考慮に入れながら，授業を展開することが必要と思われるが，こればかりでなく気づかれることは少しでも多くして，利用されることを期待する。これはあくまでもこのような活動ができるという提案の一つであり，このまま活用しても，それぞれ前に述べたように生徒の自主的参加は望めるものである。生徒の自主的参加を如何に引き出すかが，本当のねらいであると言うことを忘れてはならない。

体験内容「高齢者疑似体験」
ねらい
　老いることは自然な姿であることを理解し，体の機能低下を理解しながら，高齢者をいたわる心を学ぶ。
対象
　小学校高学年，中学校，高等学校
学習ポイント
　人は誰でも歳を重ねる「老い」の現実を高齢者を擬似的に体験しながら，人がどのように老いていくかを考え，その結果として持ちうるリスクを理

学習の進め方

	学習内容
1．導入	① 誰でもが歳をとることを認識する。 ② 身体の老化について考える。
2．課題設定	① 身体の機能低下を体験する。 ② コミュニケーションに必要な配慮をする。 ③ 介助される側の気持ちを考える。
3．学習プロセス	① 高齢者の身体について想像する。 ② 体験装具を装着し「見る」「聞く」「触る」「歩く」などの基本動作を体験してみる。 ③ 自動販売機でジュースを買う，公衆電話で電話をかける，パンフレット台の広報誌を読むなどの体験コースを設定する。
4．ポイント	① 体験の際は，必ずグループ単位（2〜3名）で行動し，一人は介護者として危険がないように見守り，もう一人はどのようなところが大変なのか観察・記録する。
5．まとめ	① 自分の日常生活と比較して大変だったところを話し合う。 ② 高齢者と接する際の配慮や工夫について考える。 ③ 普段の生活の中で，高齢者に必要な配慮を考える。

解する。

指導上の留意点

- 誰でも老化に伴う機能低下はあるが，個人差が大きいことも注意。
- 相手の状態に合わせた配慮，心配りの必要性。
- 身体の機能低下に伴って，その人の人間性の低下がないことに気づく。
- 高校生などは，介護実習の事前学習としても活用できる。

このように考えられると思われるが，もっとも私が大切にしたいことは生徒にどのように考えさせ，論理付けをさせるかがもっとも必要とされる

ところで，生徒がどのように考えるか・思うかとともに，どうしてそのように考え・思うに到ったか説明・発表させることも重要なのである。

例えば，導入部分でも，「①誰でもが歳をとることを認識する」過程に関しても，自分が歳をとることを考えたことがあるか，またあるならばどのような自分を想像するか，なぜそのように想像するかを論じてみることも必要である。この論じ方が，非常に楽天的か，悲観的かは他人との比較で理解しやすくなる。

また，「②身体の老化について考える」についても，一年草などほかの生命体の実例を挙げながら老化の現実と老化の意味を気づかせることが重要である。

これらの例を考えながら，何も高齢者の問題だけに止まる必要もなく，もっと広い考え方，着眼点に気づかせることが必要なのである。後は指導する教師の創造性と一緒に学習する生徒の発想の多様性によって授業の発展は大きく異なってくる。大きく発展させることが，福祉教育に止まらず総合的な学習へとも展開できる可能性と共に，他の教科との結びつきを生徒に気づかせることにもなるのである。

参考文献
・一番ケ瀬康子，小川利夫，木谷宣弘，大橋謙策編著『福祉教育の理論と展開』光生館，1987年
・一番ケ瀬康子，大橋謙策編著『学校における福祉教育実践Ⅰ』光生館，1988年
・木谷宣弘，大橋謙策編著『学校における福祉教育実践Ⅱ』光生館，1986年
・一番ケ瀬康子，大橋謙策編著『福祉教育資料集』光生館，1993年
・全社協・福祉教育研究協会『学校外における福祉教育のあり方と推進』（中間報告）1982年9月
・北海道社会福祉協議会・福祉教育専門委員会『福祉の学習』北海道社会福祉協議会，2001年

・長崎県『長崎県福祉教育手引書　長崎県の福祉教育』2001年
・坂野貢『福祉教育の創造――視点と論点――』相川書房，1989年
・西尾祐吾，上續広道『福祉教育の課題』晃洋書房，2000年

注
1）全社協・福祉教育研究協会『学校外における福祉教育のあり方と推進』中間報告，1982年9月
2）一番ケ瀬康子『福祉教育の理論と発展』光生館，1987年
3）北海道社会福祉協議会・福祉教育専門委員会　資料2より，2000年
4）北海道社会福祉協議会・福祉教育専門委員会『福祉の学習』北海道社会福祉協議会，2001年，5頁
5）同上書，5頁
6）バートランド・ラッセル，鎮目恭夫訳『人間の知識』みすず書房，1960年，96頁
7）大野晋，森本哲郎，鈴木孝夫『日本・日本語・日本人』新潮選書，2001年　96頁
8）中村修二『"ノーベル賞候補"は劣等生』文藝春秋　2001年9月，203-208頁

マトリクス人間生活学

消費者としての生活環境

　20世紀が「生産者優位」の社会であったならば，21世紀は「消費者優位」の社会である。いや，「生活者優位」といった方がよいかもしれない。前世紀における社会経済の発展は，人間生活に諸々の功罪をもたらした。
　一方，現代の私たちは，日々の生活に必要な財を自ら生産するのではなく，そのほとんどを企業の生産活動に依存している。しかし，これまでのような企業中心社会ではなく，これからは自立した消費者として生活の質の豊かさを追求していかなければならない。ここでは，消費者問題，消費者運動，及び消費者保護立法の流れを追いながら，「消費者主権」の考え方を柱として，消費者としての生活環境の変化について述べる。

1. 消費者と生活者

今日, われわれの生活をめぐる問題はその多くがまた消費者としての問題でもある。そこで, まず消費者と生活者の違いについて考えてみよう。
"消費者"とは, 生産者に相対する言葉であり, 物 (goods) や用役 (service) を購入・消費する立場として位置づけられる。それに対して, "生活者"といった場合はどうであろう。これは消費者のことでもあるし, またその中には生産者も含まれる。両者を比較した場合, 後者の方がさし示す内容はより広いといえよう。生活者とは, 「家庭生活や地域社会とのつながりに配慮し, 環境・福祉, あるいはボランティア活動などにも関心を示す人たちという意味合いを含む」[1]ともいわれる。

第二次大戦後, 生活物資の絶対的不足といった状況を出発点とし, 昭和30年代後半以降になると, "消費は美徳"という掛け声のもとに, 多くの消費者は大量生産された財を購入することがその役割かのように認識し, 行動した。こうした大量生産・大量消費行動が経済の高度成長を達成させたのであった。しかし, これらは反面, 公害問題や資源・環境問題を必然的にもたらすことにもなった。

今や, 生活者の立場から私たちの生活を見直す時期にきている。資源・環境問題などとの関連も含めて"消費者の権利"を守ることがすなわち"生活者の権利"を守ることになる。

2. 消費者問題とは何か

消費者問題とは, 一般には「消費者として購入した財やサービス, またその取引をめぐって生じる消費者の被害あるいは不利益の問題」と定義される。しかし最近の消費者問題はこうした定義には入りきれない問題も多い。豊田商事事件[2]や, 先物取引・原野商法などといった悪徳商法も多く社会問題化し, 実際に購入した財やサービスに限らず, 契約をめぐるトラ

ブルや，販売方法をめぐる問題も多くなっている。そこで消費者問題とは，「広く消費者という立場で損害をこうむった場合」とか，さらに「消費者が日常生活でこうむる不利益全体」など，その定義は拡大してきている[3]。

(1)消費者問題の発生と現代における消費者問題

消費者問題の発生を簡単に追ってみよう。自給自足の経済段階では，基本的には消費者問題といったことは起こりえない。生産者＝消費者という関係が成り立っているからである。商品経済の段階になってはじめて，商品を生産する企業と，それを購入・消費する立場としての消費者が位置づけられるようになる。その後さらに，生産や流通の拡大に伴い，欠陥商品が販売されたり，取引上のトラブルなどが生じたりと，徐々に消費者問題が発生してくる。いわゆる「古典的消費者問題」の発生である。しかしごく初期においては，消費者問題といっても生産者と消費者の間で私的に解決されることがほとんどであった。また，M.ウエーバーがいうように，資本主義の初期における企業家は，禁欲・節制を重視するプロテスタンティズムという宗教的支柱をその経営理念にもち，企業の社会的責任ということを強く意識していた[4]。

しかし資本主義が成熟してくるにしたがい，企業家による利潤追求の姿勢が前面に押出されてくるようになると，消費者と企業家との間の利害の対立が顕著になった。今日のような大量生産・大量消費の経済段階では，消費者問題の発生はいわば必然的なものとして位置づけられる。ここでは，商品の生産・流通において，消費者と生産者の立場は大きくかけ離れ，消費者は生産者に比べ，その購入しようとしている商品やサービスに関する知識や情報が絶対的に少ない。また，消費者が欲しいと考える商品を企業が生産するといった状況ではなく，現代では生産者がいわば消費者本来の購買欲求をも無視して，次々と新商品を開発し，宣伝，販売している。そこではもはや消費者は，自分が欲しい物は何か，いらないものは何かと考えるのではなく，多様に生産され，販売されている商品・サービスから，より自分の嗜好に合うものを取捨選択し，どれを購入するかの判断のみを

まかされる様な状況に追い込まれている。消費者に対して，あくまでも生産者の方が優位な立場に立っているのである。こうして現代における消費者問題は，生産者（売り手）と消費者（買い手）の力関係のアンバランスがその背景として必然的にあるのだと解釈される。こうした状況は，「構造的消費者問題」[5]といわれる。

構造的消費者問題発生の背景としては，以下のようなことが指摘されている。すなわち，①技術革新に伴う消費者側の新商品に対する知識・情報の立ち後れ，②マーケティング戦略の多様化により，消費者に商品を様々な手法で印象づけ，購買意欲をそそる，③消費者のニーズを無視した販売方法，④大企業の独占化による消費者の不利益が増大，⑤情報化社会の到来の一方，情報の氾濫による消費者の主体性喪失，⑥サービス取引の拡大により，サービスをめぐる消費者問題の多発，⑦販売方法の多様化による悪徳商法などの消費者被害の増大などである。

3. 消費者運動の展開

(1)欧米における消費者運動の展開

消費者運動とは、「消費者問題の解決と防止を目的とする社会運動」をいう。世界の消費者運動の出発点とされるのは、1844年イギリスのロッチデールにおいて，労働者が当時の粗悪な商品に対して対抗すべく組織した28人のフランネル職工による「ロッチデール公正開拓者組合」である。これはまた世界で最初の消費生活協同組合の誕生でもあった。当時の企業家が粗悪な商品を高値で販売することによって甘い汁を吸っていたのに対し，労働者はそうした商品を買わざるをえず，しかもその生活水準は低かった。そこで28人の職工は自分たちの生活を守るために，当時の企業家が売る粗悪な商品に対して，"混ぜ物のない品質"，"適正な量目"，"正直な物差し"，"公正な取扱い"，"掛値のない販売"などを要求して運動を展開した。彼らのこうした運動は，当時は"気の触れた労働者たちの集まり"といった形で揶揄されるものであった。しかし19世紀後半にはこうした運動がイ

ギリス国内はもとより世界各国に広がっていった。このようなイギリス型の消費者運動を「生活協同組合型」という。

消費者運動のもう一方は，アメリカを中心とする「商品テスト型」である。アメリカでは，1899年にフローレンス・ケリーが「全国消費者連盟」という組織を設立し，これがアメリカで消費者という名を冠した最初の組織といわれる。これは，当時の労働者を中心に，劣悪で高い商品を買わされることに甘んじるのではなく，「消費者連盟」のラベルの付いた商品を購入することを勧めるものであった。

1928年になると，S.チェースとF.J.シュリンクは，『あなたのお金の値打ち』"Your Money's Worth"を出版し，当時の消費者が品質や性能に欠陥があり，有害な商品をどんなにか高い値段で買わされているかについて，商品名をあげて暴露した。この本は，当時のベストセラーになり，その後どうしたら良い買い物ができるかといった問い合わせが殺到する。そうした経緯があって，F.J.シュリンクは消費者に情報を提供する目的で「消費者研究所」"Consumer's Research Incorporation"を設立した。研究所では，当時家庭で購入されていた多くの日用品の信頼性についてのテストが行われ，その結果が公表された。これが「商品テスト」の始まりであるとされる[6]。

その後1933年，シュリンクはアーサー・ガレットとともに『一億人のモルモット』を出版し，アメリカ人が，食品・医薬品・化粧品のメーカーがおこなっている毒物実験のモルモットになっていると指摘した。さらに1936年には，アーサー・ガレットが中心になり「消費者同盟」"Consumers Union"を設立，機関誌『消費者レポート』"Consumer Reports"を発刊した。「消費者同盟」は，その後アメリカにおける商品テストを中心とする消費者運動の中枢的役割を果たすことになった。

1960年には，アメリカ，イギリス，オランダ，ベルギー，オーストラリア5ケ国の消費者協会によって，消費者問題を解決するための国際協力機関として「国際消費者機構」(略称IOCU：International Organization of Consumers Unions, 95年からはICに改称) が設立された。1999年現在，110ケ国245団体が

加盟している。

　以上のように，イギリスとアメリカの消費者運動の展開は，一方が生活協同組合型，もう一方が商品テスト型として，異なった発展過程を持つ。こうした相違の背景には，アメリカがイギリスに比べて，建国の歴史も浅く，また多民族国家であるために協同組合組織をつくる基盤が脆弱であったこと，また"フロンティア精神"といわれるものがあり，努力すれば誰でもが資本家という立場を獲得しえたことなどが考えられる。

　第二次世界大戦が終了し，大量生産・大量販売方式が本格化してくるなかで，1962年にレイチェル・カーソンは，『沈黙の春』"Silent Spring"を出版した。これは，第二次大戦を契機に，新しく合成殺虫剤（DDT，パラチオン等）が出回り，空からこの恐ろしい毒薬をまき散らしている，「アメリカでは春がきても自然は黙りこくっている。そんな町や村がいっぱいある」として，農薬による被害，人体への影響を訴えたものであり，当時の反響は非常に大きいものであった[7]。

　こうしたなかで，同じく1962年，当時のアメリカのケネディ大統領は，『消費者利益の保護に関する大統領特別教書』を提出し，消費者問題は単なる心構えで対処すべきことではなく，大統領としての立場からの行政的措置が必要不可欠であるとの考えを明らかにした。ここに「消費者の4つの権利」が提唱され，これはまたたくうちに世界の消費者運動及び消費者行政に大きな影響を与えることになった[8]。

『ケネディ教書』における「消費者の4つの権利」

1) The right to safety — to be protected against the marketing of goods which are hazardous to health or life.

2) The right to be informed — to be protected against fraudulent, deceitful, or grossly misleading information, advertising, labelling, or other practices, and to be given the facts he needs to make an

1) 安全を求める権利：健康や生命に危害を及ぼす商品の販売に備えるための

2) 知らされる権利：不正な，詐欺的な，はなはだしく誤解させるような情報や広告や表示やそのほかの慣行に備えるために保護され，情報に基づいて選択するのに必要

informed choice.

3) The right to choose — to be assured, wherever possible, access to a variety of products and services at competitive prices; and in those industries in which competition is not workable and Government regulation is substituted, an assurance of satisfactory quality and service at fair prices.

4) The right to be heard — to be assured that consumer interests will receive full and sympathetic consideration in the formulation of Government policy, and fair and expeditious treatment in its administrative tribunals.

とされる諸事実を提供されるための

3）選ぶ権利：多様な製品やサービスに競争価格で接近してゆくことが保証されるために，そしてまた競争がおこなわれていないので政府によって規制されている産業では，納得のゆく品質の保証と公正な価格でのサービスが保証されるための

4）意見を聞いてもらう権利：政府の政策が形成される際には，消費者の利益に対して十分同情的な配慮がおこなわれ，行政審査の際にも公正かつ迅速な処理を保証されるための

「消費者の4つの権利」にみられるような消費者にとっての基本的な権利を"消費者主権"といい，その確保を目指す立場を"コンシューマリズム"（消費者主権主義）といっている。

消費者運動の新たな展開は，ラルフ・ネーダーの登場による。彼はアメリカ上院の交通安全問題に関するアドバイザーであったが，1965年，『どんなスピードも安全ではない』"Unsafe at Any Speed" を出版し，当時のGMの欠陥車問題を指摘し反響を呼んだ。これ以降，消費者運動は欠陥商品の告発を中心に展開されるようになった。彼は1989年に来日し，消費者主権を目指す立場から，日本においても早期にPL法や情報公開法の成立が不可欠であることを訴えた。

1980年代後半には，旧ソ連でのチエルノブイリ原発事故発生や，フロンガスによるオゾン層破壊といった問題を契機として，地球環境問題が強く意識されるようになった。1990年には，世界各地で環境問題をテーマとした催し（"アースデー"，地球の日）が行われた[9]。この運動の呼びかけ人であ

るデニス・ヘイズは，企業が環境に対して責任ある行動をとるように求める「バルデーズ原則」（のちに，「セリーズ原則」に改称）を提唱した[10]。こうして，消費者運動は消費者の日常生活に直接関わる問題だけではなく，広く企業ビジネスのあり方にも影響を及ぼし始めた。

(2)日本における消費者問題と消費者運動の展開

戦前における消費者問題としては，明治11年3月7日付『朝野新聞』に，「千葉県下葛飾郡池田某は馬肉を牛肉と偽り，赤尾某方に売払い欺き取りたる1円16銭なるに付，詐欺取財条に依り，一昨日5日懲役60日申付けられた」と，不当表示に関する今日と同じ様な消費者問題がみられる。

明治から大正時代にかけての消費者運動は，労働運動の補助的役割として位置づけられたのが特徴で，神戸灘や東京江東地区などで消費組合（購買組合）が結成され，ここを通して値段の安い日用品の共同購入などがおこなわれていた。

第二次大戦中は，さすがに消費者運動は影を潜めており，大戦後，特に昭和30年代以降，大量生産・大量販売による大衆消費社会に入ってから，消費者問題及びその解決を目指す運動は活発になってくる（表－1参照）。

戦後のわが国の消費者問題としては，昭和30年8月の「森永ヒ素ミルク事件」や，昭和35年の「にせ牛缶事件」が代表的である。これらは"もはや戦後ではない"とか，"消費は美徳"を合言葉に，経済成長優先で突き進むことになった当時の社会状況を背景にして，技術革新による新商品の氾濫や，宣伝・広告の拡大などに押され，消費者が正しく商品知識を持ち商品選択をおこないえなかった結果でもあった。

「森永事件」は，企業責任を追及するといった点では消費者意識の目覚めでもあった。ついで昭和37年には，「サリドマイド事件」が発生するなど，1960年代は消費者の健康や生命に関わる形での消費者問題の発生が特徴である。また，大量生産・大量販売により多くの商品が登場した過程で，"うそつき"食品や家電製品などの欠陥商品も多くみられた。

1970年代になると，公害問題を含め，消費者問題はさらに活発に展開さ

れた。その代表が，地婦連が中心になって行なった「カラーテレビ不買運動」である。ここでは，特にカラーテレビの二重価格表示が問題になったが，この影響は，他の家電製品の価格値下げにも大きく影響した。

ところが1973年，第4次中東戦争の勃発によりOPEC（アラブ石油輸出国機構）の石油供給削減と原油価格の値上げは，日本社会に"第一次石油危機"をもたらした。洗剤やトイレット・ペーパーなどの生活必需品の価格高騰を招き，消費者もまた"生活物資供給不足発生の可能性"の情報に対して買い占め行動を起こすなど，日本社会はパニック状態となった。この当時，企業の売り惜しみや価格のつり上げに対しては，いわゆる「生活二法」(国民生活安定緊急措置法，石油需給適正化法) が制定され，こうした緊急事態に対して政府が介入する必要のあることを明らかにした。

1980年代以降は，サラ金・クレジット問題，先物取引・まがい商法などの悪徳商法の広がりなど，新たな消費者問題が顕在化してきた。また，この頃からわが国の消費者問題は，環境問題やゴミ問題などといった今日の多くの社会問題と重なり合ってくる。1990年代も，これまでのような地球環境問題といった広がりの中で消費者運動が展開され，企業側に対しては今後の生産活動において環境に対する配慮が不可欠であることを意識させた。2000年には加工乳をめぐる食中毒事件，食品への異物混入問題などが発生し，さらに不況下でサラ金地獄に陥る者も多数あらわれるなど，社会問題化している。

4．消費者保護施策・消費者立法

消費者保護とは，「企業と消費者との力関係が基本的に弱い立場にある消費者の利益を擁護すること」をいう。こんにち，消費者問題への対応としては，消費者保護施策の必要性が非常に高い。これは，大量生産・大量販売・大量消費といった経済システムにあっては，いったん消費者問題(被害) が起こると，それが広範囲に，かつ深刻な事態を招きかねないからである。そのような状況になると，もはや，生産者と消費者の相対的な問題

表−1　戦後における消費者問題と消費者保護関連法

年	消 費 者 問 題	消 費 者 保 護 関 連 法
1947	・食料確保国民大会	・独占禁止法施行・食品衛生法公布
48	・不良マッチ退治主婦大会 ・主婦連合会（主婦連）結成	・薬事法改正 ・消費生活協同組合法公布
49		・工業標準化法（JIS法）公布
50		・農林物資規格法（JAS法）公布
51	・主婦連，着色料オーラミンの使用禁止運動	
52		・栄養改善法公布・計量法公布
53	・主婦連，10円豆腐運動開始	
54	・黄変米配給反対運動 ・主婦連，10円牛乳運動開始	
55	・森永ヒ素ミルク事件 ・新生活運動協会設立	・繊維製品品質表示法公布
56	・水俣病発表	
57	・主婦連，不良ジュース追放運動 ・第1回全国消費者大会 ・サリドマイド新薬認可	
60	・ニセ牛缶事件	
61	・多摩川で合成洗剤原因の発泡	・割賦販売法公布
62	・中性洗剤の有害論争 ・サリドマイド事件発生	・不当景品類及び不当表示防止法公布 ・家庭用品品質表示法公布
65	・アンプル入りカゼ薬でショック死続出 ・主婦連，10円豆腐店支援運動 ・主婦連ヘアスプレーの危険性指摘 ・缶入りジュースのスズ溶出中毒	
66	・主婦連，ズルチン使用禁止を要望 ・ユリア樹脂からホルマリン検出	
67	・ポッカレモン不当表示事件 ・タール系色素緑色1号使用禁止	・LPG（液化石油ガスの保安確保及び取引の適正化に関する法律）公布
68	・地婦連100円化粧品「ちふれ」発売 ・カネミライスオイル事件 ・うそつき食品「粉末ジュースはジュースと呼ばないで」と消費者団体と業者が対立	・消費者保護基本法公布
69	・主婦連100円化粧品「ハイム」発売 ・欠陥車問題発生 ・消費者団体，うそつき食品規制等の「食品法」制定運動 ・チクロ問題発生	
70	・消費者5団体，チクロ入り食品不買運動 ・欠陥電子レンジ事件	・JAS法改正

消費者としての生活環境

71	・地婦連「家電二重価格実態調査」発表 ・カラーテレビ不買運動開始 ・家電各社カラーテレビ値下げ ・アリナミン有害論問題化 ・良質で安い牛乳を飲むための消費者の集い ・コカコーラのびんの破裂頻発 ・過剰包装追放運動広がる ・再販製品ボイコット運動高まる	・旅行業法改正 ・宅建業法改正
72	・欠陥リモコン・PCB追放大会 ・カラーテレビ問題化 ・グルタミン酸ナトリウムの毒性問題化 ・台風10号で欠陥プレハブ続出	・景表法改正 ・割賦販売法改正
73	・石油タンパク禁止運動 ・豆腐の買控え運動 ・水銀,PCB汚染魚追放運動 ・合成洗剤の安全性問題化 ・買い占め騒動,生活必需物資不足騒動 ・石油供給削減による原油価格引き上げ	・計量法改正 ・製品安全法（消費生活用製品安全法）公布 ・生活安定法（国民生活緊急安定措置法）公布 ・石油需要適正化法成立
74	・標準価格スタート ・買占め物資放出要求運動 ・洗剤と不良品の抱き合せ,無定価商品の氾濫等,悪質商法横行 ・価格凍結の撤廃・再販縮小 ・資源問題で不安高まる ・合成洗剤追放全国集会	・商品の原産国に関する不当な表示の指定告示 ・BLマーク告示
75	・合成洗剤不買運動 ・六価クロムの不安高まる ・塩ビモノマーの有毒性表面化	・飼料法改正
76	・赤色2号使用中止広がる ・訪問販売トラブル続出 ・無農薬野菜運動広がる ・欠陥マンション住宅問題化 ・「サラ金」被害続出 ・空き瓶回収トレー追放運動広がる	・訪問販売などに関する法律公布
77	・レモンなどの防腐剤使用商品の不買運動 ・カネミ油症訴訟で原告勝訴の判決 ・円高差益還元要求運動 ・「サラ金」問題深刻化	・独禁法改正
78	・健康食品販売のマルチ商法摘発 ・スモン裁判で患者側勝訴の判決 ・調理・冷凍食品にJASスタート	・無限連鎖講の防止に関する法律公布

	・放射線照射食品問題	
	・一般消費税反対運動	
	・電力・ガス等円高差益還元	
	・欺瞞商品大量出回る	
79	・ネズミ講法律で禁止	・エネルギーの使用の合理化に関する法律公布
	・自動販売機販売をめぐる被害続出	・薬事法改正
	・中国製花火事故多発	
	・有リン合成洗剤追放	
	・省エネ，省資源キャンペーン広大	
	・エア式魔法瓶の欠陥指摘	
	・金相場空前の乱高下	
	・先物取引で被害続出	
80	・子供のためのテレビ・コマーシャル規制要求高まる	・宅建業法改正
	・過酸化水素の使用実質禁止	・不動産のおとり広告に関する表示の指定告示
	・空き缶回収問題	・消費者信用の融資費用に関する不当な表示の指定告示
	・情報公開制度への動き活発化	
81	・空き缶回収システムづくりへ世論高まる	
	・学校給食改善運動広まる	
	・薬づけ養殖魚の安全問題	
82	・海外の商品先物取引問題	・旅行業法の一部改正
	・原野商法の被害続出	・おとり広告に関する表示告示
	・コピー商品の表示適正化要望	
83	・水銀乾電池回収問題	・食品添加物の物質名（78品目）表示義務づけ
	・食品添加物規制緩和問題	
84	・石油ヤミカルテル事件有罪判決	・割賦販売法改正
	・臭化メチル残留基準越す古米問題	
85	・マルチまがい商法問題（豊田商事事件）	
	・石油フアンヒーター中毒事件	
	・輸入ワインから不凍液・ジエチレングリコール検出	
86	・円高差益還元問題	・特定商品等の預託等取引契約に関する法律制定
	・生鮮野菜から食品添加物検出	
87	・霊感商法問題	・環境庁，環境を汚さない商品にエコマーク新設
	・オートマチック車の欠陥問題	
	・塩素系と酸性タイプ洗浄剤混合使用で中毒死続発	
88	・フロンガスのオゾン層破壊問題	・宅建業法改正
	・輸入農産物の安全性問題	・訪問販売法改正
		・化学的食品添加物表示基準改正
89	・消費税問題・内外価格差問題	・化学的合成品以外の食品添加物表示基準制定
	・増え続けるゴミの処理問題	
	・エコマーク商品認定	
90	・地球環境問題	
	・湾岸危機による原油価格問題	

消費者としての生活環境

91	・輸入農産物の農薬汚染問題 ・多重債務問題の発生 ・ダイヤルQ2のトラブル増加	
92	・ゴルフ会員権乱売事件で被害多発 ・多重債務による自己破産増加問題 ・若者によるマルチ商法問題	
93	・超低金利時代に ・悪徳商法被害の相談件数過去最高	・おとり広告に関する表示の指定告示改正
94	・平成の米騒動・一転して米豊作 ・米余り現象 ・価格破壊進む	・製造物責任法制定（1995年7月施行）
95	・米の本格的な競争時代へ ・食品の期限表示スタート ・消費者は製造年月日の併記を要望	・容器包装リサイクル法成立
96	・O-157による食中毒発生 ・史上最低の超低金利 ・大型懸賞などの規制緩和 ・薬害エイズ訴訟	
97	・化粧品と一般用医薬品の再販売価格維持制度廃止	・容器包装リサイクル法施行
98	・「ポケットモンスター」テレビ放映問題 ・ホルムアルデヒドによる「シックハウス症候群」	
99	・クローン牛の食肉流通問題 ・チャイルドシートの総点検 ・パソコン「ホームページ内職商法」 ・市民団体「遺伝子組み換え食品いらない」キャンペーン ・河川から環境ホルモン検出	
2000	・フランス中心に狂牛病広がる ・「インターネット通販トラブル110番」開設 ・ココ山岡ダイヤモンド買い戻し商法実刑判決	・容器包装リサイクル法完全施行 ・消費者契約法成立（2001, 4月施行） ・改正廃棄物処理法成立 ・家電リサイクル法成立（2001, 4月施行） ・訪問販売法改正（「特定商取引に関する法律」に名称変更）

資料）松村晴路；くらしのための消費者論, 法律文化社, 1998年,
国民生活センター；戦後消費者運動史, 大蔵省, 1997年,
日本消費者教育学会；新・消費者保護論, 光生館, 1994年,
国民生活センター；消費生活統計年報, 大蔵省, 1998～2001年.

処理では解決不可能な状況になってしまう。

わが国における消費者保護施策としては，戦後まもなくの混乱期において，衣食住消費生活に関連して「食品衛生法」(昭和22年),「工業標準化法」(昭和24年),「農林物資規格法」(昭和25年)などが制定されている（前掲表－1）。

昭和30年代後半からの高度経済成長期においては，物資は豊富になったが，一方では不良製品や有害食品，危険食品が氾濫し，それらから消費者を守るための消費者保護施策の必要性が叫ばれるようになった。折しもアメリカでは1962年ケネディ大統領により「消費者の4つの権利」が提唱され，わが国においても消費者保護のための基本方針を確立する必要性が認識されてきていた。

こうした経緯の中で1968年に「消費者保護基本法」が制定・施行された（参考資料－1）。これは"消費者保護の憲法"とも呼ばれ，消費者保護のための基本理念が述べられている。

「消費者保護基本法」
・目的（第1条）：消費者の利益の擁護及び増進に関して，国，地方公共団体，及び事業者の果たすべき責務と，消費者の果たすべき役割を明らかにする。
・国の責務（第2条）：消費者保護に関する総合的な施策の策定と実施。
・地方公共団体の責務（第3条）：国の施策に準じた施策と，地域の状況に応じた消費者保護施策の策定と実施。
・事業者の責務（第4条）：供給する商品や役務の危害防止，適正計量，適正表示と，国・地方公共団体の消費者保護施策への協力，及び消費者苦情の処理（これを実現するための消費者対応部門の設置）。
・消費者の役割（第5条）：すすんで消費生活に関する知識の修得と，自主的・合理的な行動。

このように，消費者の利益を守るため，あるいはその増進にむけて，国

や地方公共団体さらに事業者(生産者)の果たすべき責任や義務を明らかにするとともに,消費者の果たすべき役割について述べられている。

現在ある消費者保護のための各種関係法は,こうした「消費者保護基本法」のもとに体系づけられる(表-2)。

表-2　消費者政策の柱と関係法律・制度等

Ⅰ. 安全の徹底	安全対策の推進	：食品衛生法、薬事法、消費生活用製品安全法、建築基準法など
	危害情報等の収集・活用	：事故情報収集制度、国民生活センターの危害情報システム
	消費者危害に関する苦情処理体制の整備	：PIO-NETによる情報交換・苦情処理テストの実施
	救済制度の適正な整備・充実	：製造物責任法、SGマーク、BLマークなど
Ⅱ. 適正な選択の確保	公正自由な競争の確保	：独占禁止法、不当景品類及び不当表示防止法
	計量・規格・表示の適正化	：計量法、JAS規格、JIS規格、家庭用品品質表示法など
Ⅲ. 消費者取引の適正化		：特定商取引法割賦販売法、消費者契約法など
Ⅳ. 消費者支援の強化	消費者教育の推進	：学校・生涯教育における消費者教育の充実
	消費者啓発の推進	：消費者月間(5月)
	事業者の消費者志向の促進	：消費者志向優良企業表彰制度など
	消費者意向の反映	：各種審議会への消費者団体の参加、モニター制度など

資料)日本消費者教育学会:新・消費者保護論,光生館, p.25-30.

5．商品テストの役割

アメリカにおける本格的な商品テストの始まりは，前述した1928年，S．チェースとF．J．シュリンクによる『あなたのお金の値打ち』"Your Money's Worth"である。これは一種の暴露本であったが，その反響は非常に大きく，消費者からはどのようにしたら良い商品を買うことができるのかといった問い合わせが殺到した。そこでシュリンクは改めて「消費者研究所」を設立し，各種日用品の信頼性について調査し，報告した。これが，アメリカにおける「商品テスト」の始まりである。その後アメリカでは，"Consumers Union"が設立され，その機関誌である"Consumer Reports"は，世界最大の商品テスト誌とされる。イギリスでは，"Which"，ドイツでは，"Test"といった代表的な商品テスト誌がある。

日本では，1948年に創刊された花森安治による『暮しの手帖』が，1954年に日用品のテスト報告を掲載している。本誌は創刊以来広告を一切掲載せず，テスト商品名・事業者名を明記する方針を厳守し，テスト結果を公表している。その他の代表的な商品テスト機関としては，生協が1972年に商品試験室を開設し，生協ブランドの商品を中心にテストを行っている。また日本消費者協会（機関誌：月刊『消費者』）等の消費者団体，国民生活センター（機関誌：『たしかな目』）や地方公共団体の消費生活センターといった行政機関，及び各百貨店や大手スーパーなどの業界団体も商品テストを実施している。

(1)**商品テストの種類**

商品テストとは，広義にいえば，商品に対する何らかの試験・検査のすべてを指すと考えられる。この中には，行政が行う商品検査，たとえば安全性の確保に関する法律やJIS基準に適合しているかどうかなどについて試験するものも含まれる。また，企業が行う製品の品質や出荷時の最終検査，及び運送・配達時の梱包検査なども広く商品テストと呼ぶことができ

る。一方，狭義の商品テストとは，消費者による消費者のための商品テストとして位置づけられるものである。つまり，大量生産・販売されている商品の中から，品質がよく，安全で，性能のすぐれた商品，価格や内容量にごまかしのない商品を，消費者が購入する際の手助けとなるように，また購入した商品に対する苦情が正当かどうかを判断するためにも商品テストは必要とされる。

商品テストの種類としては，①商品比較テスト，②試買テスト，③苦情処理テストがある。

①商品比較テスト：同一目的の商品を一般市場で購入し，各銘柄間の性能の優劣を比較する。消費者の商品購入の際の手助けとなることが目的である。消費者協会等の主要な業務で，テスト結果は情報として，雑誌などに公表される。

②試買テスト：商品がJISやJASなどの基準に適合しているか，或いは商品の安全性や品質等について問題がないかどうかをテストする。国民生活センターや地方自治体の消費者センターなどの業務として，行政的な立場から，その時問題になっている，或いはその地域で特に問題になっている商品についてテストし，情報を提供する。

③苦情処理テスト：危害や危険などが寄せられた商品に対するテストで，一般に公表されないことが多い。

全国都道府県，制令指定都市の消費生活センターに寄せられた苦情相談データは，PIO-NET（全国消費生活情報ネットワーク・システム）によってまとめられ，いつでも必要な時に情報を検索できるようになっている。

6．消費者被害と救済

消費者被害とは，「消費者が商品やサービスを購入，消費する際に生命や身体，もしくは財産にうける損害」である。この損害には，人身上の損

害と経済的損害が含まれ、損害の深刻さやその程度もさまざまである。また、同じ損害でも消費者が個人的に、単発的にうけた被害もあれば、それが多数の被害者を出し社会問題化する場合もある。とくに今日の経済システムのもとでは、集団的被害の発生につながるケースが必然的に多くなる。これまで、社会的に多数の被害者を出したものとしては、1955年の「森永ヒ素ミルク事件」、1961年の「サリドマイド事件」、1968年の「カネミ油症事件」、1985年の「豊田商事事件」などが代表的である。

商品・サービスに関連して身体的被害を受けた（危害）とか、或いはある商品の購入・消費を通して他の物品に被害を受けた（物的拡大損害）など、商品事故による相談件数は増加している。

最近における危害情報の商品例としては、「24時間風呂」のレジオネラ菌の身体への危険性が反響を呼んだ。これに対して物的拡大損害は、防虫剤による衣類への"しみ"、住宅の雨漏りによる家具・寝具の汚損、冷蔵庫の発火による壁の類焼などが上位にあげられる。

一方、販売方法をめぐる消費者被害が多いことも最近の傾向である。訪問販売やマルチ販売、ネガティブ・オプション、キャッチセールスなどといった悪徳商法があげられる。この救済としては、「訪問販売法」（昭和51年制定、2001年からは規制の対象範囲を拡大し、「特定商取引に関する法律」に名称変更）がある。一般に、商品やサービスの販売方法としては、店舗販売と無店舗販売があるが、このうち無店舗販売（訪問販売、通信販売など）は、突然自宅にセールスマンが訪ねて来るなど、消費者の購入意志が不確かな状況であったり、セールス・トークにのせられてつい契約してしまうなど、消費者が不利な状況に置かれていることが多い。近年におけるこうしたトラブルの多発に対しては、規制が必要不可欠である。特にこの法律には、"Cooling Off"の規定が盛り込まれている。"クーリング・オフ"つまり「頭を冷やして、契約を考え直す」は、一定期間内であれば、一切の不利益なしに、契約を解除できるとするものだが、その適用範囲や期限は商品によって、或いは販売方法によってそれぞれ決まっている。

つぎに、消費する際の被害救済に対しては、1995年施行の「製造物責任

法」，また昨今の契約に関するトラブルの多発に対しては，2001年施行の「消費者契約法」がある。これら消費者保護関係法の制定・施行は，生産者側にさらなる安全性への配慮と消費者に対する意識を喚起させ，或いは，消費者と事業者が対等な立場で契約を結ぶといったことを保証する意味で，コンシューマリズム実現に向けての第一歩である。

「製造物責任法」"Product Liability"：[ＰＬ法] 1994年制定，1995年7月施行
(参考資料-2)

　従来は商品事故や欠陥商品による被害に対して，製造業者の故意または過失が立証できなければ損害賠償請求できなかったが，「PL法」は相手方の過失を立証せずに商品の欠陥の立証によってその被害を認めようとするものである（第1条：目的)。この種の法律は，アメリカでは1960年代，EU諸国でも1980年代には成立していたが，海外との商取引が拡大するなかで，日本の企業だけが製造物責任を持たないことに対する不公平感が背景にあった。

　この法律にいう「製造物」(第2条) とは，「製造又は加工された動産」をさし，未加工の農産物，不動産，無体物（電気・ソフトウエア・サービスなど）は除かれる。また，「欠陥」とは，通常の使用方法において通常その製品にあるべき安全性が欠けていることを指す。しかし，製造物の欠陥そのものに対する責任を問うのではなく，製品の欠陥により拡大損害（他人の生命，身体又は財産を侵害）が発生した場合にこれによって生じた損害を賠償することを規定した法律である。つまりこの法律により損害賠償が認められるのは，安全性に関わる拡大損害が生じた場合であり，製造物が壊れただけでは適用されない。

「消費者契約法」2000年5月12日制定，2001年4月1日施行（参考資料-3）

　この法律の目的（第1条）は，消費者と事業者間の情報の質及び量や交渉力に格段の差があることを前提に，不適正な契約から生じる消費者被害を防止し，あるいは救済することにある。

もちろんこの法律成立の背景には，契約に関する消費者トラブルが非常に多くなってきたことがあげられる。事業者は，契約が結ばれる前に消費者に対して平易・明確に契約内容などの重要事項を必ず伝えること。また将来価値が変動・不確実な商品に対して断定的な判断をしたりして購入を勧めないこと。さらに消費者が事業者に退去して欲しい旨，或いは消費者が退去する旨を伝えたにもかかわらず退去しない，させない場合には，消費者はその契約を取り消すことができるとするものである。
　これら21世紀の消費者保護立法は，常に事業者と消費者が対等の関係に立って購入・消費行動を行なうことを保証しようとするものである。しかしこれまでの適用事例は少なく，また消費者のこれらの法律に対する理解もいまだ不十分な状況といえよう。

7．21世紀の消費者

　現在，私たちの生活は，多くの物やサービスの利用なくしては成り立たない。生活に必要な財の多くは，外部から商品として購入することによって日常生活が営まれている。
　特に近年は，経済のサービス化に伴い，家庭におけるサービス支出の増大も顕著である。また高齢社会を反映して，介護サービスをめぐる取引上のトラブルも多くなっている。市場には，多種多様な商品・サービスがあふれ，私たちはそれらのなかから自由に自分の欲しい財を選択しているように思う。この選択は，一見非常に自由であるように思えるが，反面どれが本当に自分にとって必要な物であるのか迷ってしまうことも多い。
　現代は,消費者の欲望までも生産者がつくり出す時代であるといわれる。大量生産された物やサービスは，巧みな広告・宣伝によって，消費者の欲望を刺激する。さらに販売方法や支払い方法も一層多様化している。このように便利になった高度大衆消費社会，しかしそこには消費者として反省すべき多くの課題も隠されていた。
　こうした時代の流れのなかで，これまでのような企業優先の考え方に変

わって，消費者の権利を主張していこうとするコンシューマリズムの方向が強く志向されてきている[11]。さらに1980年代以降，熱帯雨林の破壊，地球温暖化・砂漠化，酸性雨問題などを背景に，地球規模での環境保全を提唱する消費者運動，"グリーン・コンシューマリズム"（緑の消費者主義）が展開されるようになった。環境に配慮した商品の購入を勧める運動とともに，環境破壊につながるような生産活動をしている企業を糾弾する等，積極的に企業への働きかけも行っている。[12]従来のような"賢い"消費者といった枠にとどまらず，消費者運動が企業の生産原理までをも変えていこうとしているのである。企業側においても消費者への配慮や環境問題への対応が不可欠な状況を強く認識するようになっている。

消費者と企業とのより対等な関係を築くためには，消費者保護施策の充実も欠かせない。消費者問題の複雑化にともない，「製造物責任法（PL法）」（1995年施行）や，「消費者契約法」（2001年施行）の制定が加速度的に実施された。21世紀は，これまでの生産者優位であった社会の不都合を反省し，消費者優位さらに生活者優位の社会を目指して歩みはじめた。

注
1）朝日新聞「社説」：1994，1，10付。
2）豊田商事事件：昭和56年から60年頃にかけて，豊田商事が純金の売買を，主に一人暮らし老人や主婦を対象として行った現物まがい商法の一つ。短期間に全国的にこの商法を展開し，多数の人々が多額の資産をだまし取られた。
3）消費者問題とは何かについては，物価や，公害問題とは互いに関連しあう面も多いが，一応区別してとらえた方がよいとする考え方もある。佐原洋：改訂生活経済学，ドメス出版，p.121-125。
4）近代西ヨーロッパの資本主義が，プロテスタンテイズムの禁欲主義に支えられていたのに対し，現代の企業はこれとは別な意味でその社会的責任を果たさざる得ない状況にある。つまり企業の社会的貢献といった形で，「フイランスロピー」（慈善）理念を実現させるべく企業による慈善事業・社会事業活動への参加や，「1％クラブ」（所得の1％以上を自主的に社会貢献活動にまわ

す），「メセナ」（企業による芸術・文化活動への支援）といった企業による社会貢献，文化・芸術活動への支援がおこなわれている。
5) 日本消費者教育学会：新・消費者保護論，p. 2-11。
6) これに先立ち，エレン・リチャーズは，1870年代後半，「家庭研究所」"Center for Right Living" において，衣料から食物まで，実用品から家具まで，あらゆる商品を検査し，当時の消費者の無知につけこんだ虚偽の広告や品質表示を厳しく批判した。また家庭に入ってくる食物や製品をテストするための組織が各都市に必要であると提案したとされる。ロバート・クラーク，工藤秀明訳：エコロジーの誕生―エレン・スワローの生涯，新評論，1994年，p. 96, 146, 211。
7) 「……自然は沈黙した。……春がきたが，沈黙の春だった。いつもだったら，こまどり，すぐろまねしつぐみ，鳩，かけす，みそさざいの鳴き声で春の夜は明ける。そのほかいろんな鳥の鳴き声が響き渡るのだった。だが，いまはもの音ひとつしない。野原，森，沼地――みな黙りこくっている。……すべては，人間がみずからまねいた禍だったのだ。……アメリカでは，春がきても自然は黙りこくっている。そんな町や村がいっぱいある。いったい何故なのか。……地球が誕生してから過ぎ去った時の流れを見渡しても，生物が環境をかえるという逆の力は，ごく小さいものにすぎない。だが，二十世紀というわずかのあいだに，人間という一族が，おそるべき力を手に入れて，自然をかえようとしている。ただ自然の秩序をかきみだすのではない。いままでにない新しい力――質の違う暴力で自然が破壊されてゆく。」レイチェル・カーソン，青樹簗一訳；沈黙の春，新潮社，1987年，p. 12-16。
8) 「消費者の4つの権利」は，その後1966年，ジョンソン米大統領により「消費者教育の権利」が追加された。また，1982年にはIOCUが，「消費者の8つの権利，5つの責任」を提唱した。「消費者の8つの権利」：①生活の基本的ニーズが保障される権利，②安全である権利，③知らされる権利，④選ぶ権利，⑤意見を反映される権利，⑥補償を受ける権利，⑦消費者教育を受ける権利，⑧安全な環境の中で働き生活する権利。消費者の義務としての「5つの責任」：①問題意識；つまり商品やサービスの用途，価格，質に対し，敏感な問題意識を持つ責任，②自己主張と行動；自己主張し，公正な取引が果たされるように行動する責任，③社会的使命；自らの消費行動が，他者に与

える影響，とくに社会的弱者と言われる人々に及ぼす影響を自覚する責任，④環境影響への自覚；自らの消費行動が環境に与える影響に関心を持ち，理解する責任，⑤連帯責任；消費者全体の利益を擁護し促進するため，消費者として連帯する責任，である。

9) 1970年，アメリカ上院議員ゲイロード・ネルソンの発案により，環境保護を訴える世界的な市民運動が誕生したが，その後スタンフォード大学学生自治会委員長デニス・ヘイズが，全国的に地球環境を保護するための運動を呼びかけ，1990年4月22日を「アースデー：地球の日」とする大キャンペーンを展開した。

10)「バルデイーズ原則」（のちに「セリーズ原則」）として，以下の10項目を企業が採用するように求めた。①生態圏への有害物質放出の削減，②天然資源の持続的活用，③廃棄物の削減と確実な処理，④エネルギーの有効利用，⑤地域環境や労働者の健康と安全上のリスク削減，⑥安全な商品・サービスの提供，⑦事故を起こした場合の十分な補償，⑧環境や健康上の危険に関する情報の公開，⑨環境問題担当役員および管理者の設置，⑩以上の各原則に関する年次報告書の作成・公開。

11)「コンシューマリズムは，生活の価値を守り，消費者福祉社会を実現するための一つの哲学・思想であり，消費者問題に対する具体的な反応活動である消費者運動とは異なる」とする意見もある。今井光映：アメリカ家政学現代史Ⅱ，光生館，1995年，p.8-9。

12) さらに，消費者としての倫理意識や社会的責任を自覚した消費者として，「エシカル・コンシューマー」"ethical consumer"という言葉も登場してきており，今や消費者問題は環境問題，人権問題，さらに政治問題にまで拡大されようとしている。松村晴路編著：くらしのための消費者論，法律文化社，1998年，p.154-155。

参考文献

1．小木紀之：消費者問題論，放送大学教材，1994年。
2．日本消費者教育学会：新・消費者保護論，光生館，1994年。
3．正田彬・金森房子：消費者問題を学ぶ，有斐閣選書，1991年。

4．多田吉三編著：消費者問題，晃洋書房，1995年。
5．国民生活センター：戦後消費者運動史，大蔵省，1997年。
6．国民生活センター：くらしの豆知識，各年。
7．国民生活センター：消費生活統計年報，2001年。
8．今井憲治：消費者救済の法律相談，青林書院，1997年。
9．松村晴路：くらしのための消費者論，法律文化社，1998年。
10．(社) 消費者関連専門家会議編：消費者対応実務辞典，法令総合出版，1988年。
11．岩田正美：消費社会の家族と生活問題，培風館，1991年。
12．国民生活センター：消費社会の暮らしとルール，中央法規，2000年。
13．野々山宏他：Q＆A消費者契約法，ぎょうせい，2000年。
14．今井光映・紀嘉子：アメリカ家政学史，光生館，1990年。

参考資料－1 　「消費者保護基本法」

1968年5月30日制定，施行

第1章　総　則

(目的)
第1条　この法律は，消費者の利益の擁護及び増進に関し，国，地方公共団体及び事業者の果たすべき責務並びに消費者の果たす役割を明らかにするとともにその施策の基本となる事項を定めることにより，消費者の利益の擁護及び増進に関する対策の総合的推進を図り，もって国民の消費生活の安定及び向上を確保することを目的とする。
(国の責務)
第2条　国は，経済社会の発展に即応して，消費者の保護に関する総合的な施策を策定し，及びこれを実施する責務を有する。
(地方公共団体の責務)
第3条　地方公共団体は，国の施策に準じて施策を講ずるとともに，当該地域の社会的，経済的状況に応じた消費者の保護に関する施策を策定し，及びこれを実施する責務を有する。

（事業者の責務）
第4条　事業者は，その供給する商品及び役務について，危害の防止，適正な計量及び表示の実施等必要な措置を講ずるとともに，国又は地方公共団体が実施する消費者の保護に関する施策に協力する責務を有する。

　2　事業者は，常に，その供給する商品及び役務について，品質その他の内容の向上及び消費者からの苦情の適切な処理に努めなければならない。

（消費者の役割）
第5条　消費者は，経済社会の発展に即応して，みずからすすんで消費生活に関する必要な知識を修得するとともに，自主的かつ合理的に行動するように努めることによって，消費生活の安定及び向上に積極的な役割を果たすものとする。

（法制上の措置等）
第6条　国は，この法律の目的を達成するため，必要な関係法令の制定又は改正を行わなければならない。

　2　政府は，この法律の目的を達成するため，必要な財政上の措置を講じなければならない。

第2章　消費者の保護に関する施策等

（危害の防止）
第7条　国は，国民の消費生活において商品及び役務が国民の生命，身体及び財産に対して及ぼす危害を防止するため，商品及び役務について，必要な危害防止の基準を整備し，その確保を図る等必要な施策を講ずるものとする。

（計量の適正化）
第8条　国は，消費者が事業者との間の取引に際し計量につき不利益をこうむることがないようにするため，商品及び役務について適正な計量の確保を図るために必要な施策を講ずるものとする。

（規格の適正化等）
第9条　国は，商品の品質の改善及び国民の消費生活の合理化に寄与するため，商品及び役務について，適正な規格を整備し，その普及を図る等必要な施策を講ずるものとする。

　2　前条の規定による規格の整備は，技術の進歩，消費生活の向上等に応じて行なうものとする。

（表示の適正化等）

第10条　国は，消費者が商品の購入若しくは使用又は役務の利用に際しその選択等を誤ることがないようにするため，商品及び役務について，品質その他の内容に関する表示制度を整備し，虚偽又は誇大な表示を規制する等必要な施策を講ずるものとする。

（公正自由な競争の確保等）

第11条　国は，商品及び役務の価格等について公正且つ自由な競争を不当に制限する行為を規制するために必要な施策を講ずるとともに，国民の消費生活において重要度の高い商品及び役務の価格等であってその形成につき決定，認可その他の国の措置が必要とされたものについては，これらの措置を講ずるにあたり，消費者に与える影響を十分に考慮するよう努めるものとする。

（啓発活動及び教育の推進）

第12条　国は，消費者が自主性をもって健全な消費生活を営むことができるようにするため，商品及び役務に関する知識の普及及び情報の提供，生活設計に関する教育を充実する等必要な施策を講ずるものとする。

（意見の反映）

第13条　国は，消費者の保護に関する適正な施策の策定及び実施に資するため，消費者の意見を国の施策に反映させるための制度を整備する等必要な施策を講ずるものとする。

（試験，検討等の施設の整備等）

第14条　国は，消費者の保護に関する施策の実効を確保するため，商品の試験，検査等を行なう施設を整備するとともに，必要に応じて試験，検査等の結果を公表する等必要な施策を講ずるものとする。

（苦情処理体制の整備等）

第15条　事業者は，消費者との間の取引に関して生じた苦情を適切かつ迅速に処理すために必要な体制の整備等に努めなければならない。

　　2　市町村（特別区を含む。）は，事業者と消費者との間の取引に関して生じた苦情の処理のあっせん等に努めなければならない。

　　3　国及び都道府県は，事業者と消費者との間の取引に関して生じた苦情が適切かつ迅速に処理されるようにするために必要な施策を講ずるよう努めなければならない。

第3章　行政機関等

（行政組織の整備及び行政運営の改善）
第16条　国及び地方公共団体は，消費者の保護に関する施策を講ずるにつき，総合的見地に立った行政組織の整備及び行政運営の改善に努めなければならない。

（消費者の組織化）
第17条　国は，消費者がその消費生活の安定及び向上を図るための健全かつ自主的な組織活動が促進されるような必要な施策を講ずるものとする。

第4章　消費者保護会議等

（消費者保護会議）
第18条　総理府に，消費者保護会議（以下「会議」という。）を置く。
　2　会議は，消費者の保護に関する基本的な施策の企画に関して審議し，及びその施策の実施を推進する事情をつかさどる。
第19条　会議は，会長及び委員をもって組織する。
　2　会長は，内閣総理大臣をもって充てる。
　3　委員は，関係行政機関の長のうちから，内閣総理大臣が任命する。
　4　会議に，幹事を置く。
　5　幹事は，関係行政機関の職員のうちから，内閣総理大臣が任命する。
　6　幹事は，会議の所掌事務について，会長及び委員を助ける。
　7　会議の庶務は，経済企画庁において処理する。
　8　前各項に定めるもののほか，会議の組織及び運営に関し必要な事項は，政令で定める。

（国民生活審議会）
第20条　消費者の保護に関する基本的事項の調査審議については，この法律によるほか，経済企画庁設置法（昭和27年法律第263号）第8条の定めるところにより，国民生活審議会において行なうものとする。

参考資料－2　「製造物責任法」

1994年7月1日制定，1995年7月1日施行

（目的）
第1条　この法律は，製造物の欠陥により人の生命，身体又は財産に係る被害が生じた場合における製造業者等の損害賠償の責任について定めることにより，被害者の保護を図り，もって国民生活の安定向上と国民経済の健全な発展に寄与することを目的とする。

（定義）
第2条　この法律において「製造物」とは，製造又は加工された動産をいう。
　②　この法律において「欠陥」とは，当該製造物の特性，その通常予見される使用形態，その製造業者等が当該製造物を引き渡した時期その他の当該製造物に係る事情を考慮して，当該製造物が通常有すべき安全性を欠いていることをいう。
　③　この法律において「製造業者等」とは，次のいずれかに該当する者をいう。
　　1　当該製造物を業として製造，加工又は輸入した者（以下単に「製造業者」という。）
　　2　自ら当該製造物の製造業者として当該製造物にその氏名，商号，商標その他の表示（以下「氏名等の表示」という。）をした者又は当該製造物にその製造業者と誤認させるような氏名等の表示をした者
　　3　前号に掲げる者のほか，当該製造物の製造，加工，輸入又は販売に係る形態その他の事情からみて，当該製造物にその実質的な製造業者と認めることができる氏名等の表示をした者

（製造物責任）
第3条　製造業者等は，その製造，加工，輸入又は前条第3項第2号若しくは第3号の氏名等の表示をした製造物であって，その引き渡したものの欠陥により他人の生命，身体又は財産を侵害したときは，これによって生じた損害を賠償する責めに任ずる。ただし，その損害が当該製造物についてのみ生じたときは，この限りでない。

（免責事由）
第4条　前条の場合において，製造業者等は，次の各号に掲げる事項を証明し

たときは，同条に規定する賠償の責めに任じない。
1　当該製造物をその製造業者等が引き渡した時における科学又は技術に関する知見によっては，当該製造物にその欠陥があったことを認識できなかったこと。
2　当該製造物が他の製造物の部品又は原材料として使用された場合において，その欠陥が専ら当該他の製造物の製造業者が行った設計に関する指示に従ったことにより生じ，かつ，その欠陥が生じたことにつき過失がないこと。

（期間の制限）
第5条　第3条に規定する損害賠償の請求権は，被害者又はその法定代理人が損害及び賠償義務者を知った時から3年間行わないときは，時効によって消滅する。その製造業者等が当該製造物を引き渡した時から10年を経過したときも，同様とする。
②　前項後段の期間は，身体に蓄積した場合に人の健康を害することとなる物質による損害又は一定の潜伏期間が経過した後に症状が現れる損害については，その損害が生じた時から起算する。

（民法の適用）
第6条　製造物の欠陥による製造業者等の損害賠償の責任については，この法律の規定によるほか，民法（明治29年法律第89号）の規定による。

　　附　則（抄）
（施行期日等）
①　この法律は，公布の日から起算して1年を経過した日（平成7年7月1日）から施行し，この法律の施行後にその製造業者等が引き渡した製造物について適用する。

参考資料－3　　「消費者契約法」

2000年5月12日制定，2001年4月1日施行

第1章　総　則

（目的）
第1条　この法律は，消費者と事業者との間の情報の質及び量並びに交渉力の

格差にかんがみ，事業者の一定の行為により消費者が誤認し，又は困惑した場合について契約の申込み又はその承諾の意思表示を取り消すことができることとするとともに，事業者の損害賠償の責任を免除する条項その他の消費者の利益を不当に害することとなる条項の全部又は一部を無効とすることにより，消費者の利益の擁護を図り，もって国民生活の安定向上と国民経済の健全な発展に寄与することを目的とする。

（定義）

第2条　この法律において「消費者」とは，個人（事業として又は事業のために契約の当事者となる場合におけるものを除く。）をいう。

　2　この法律において「事業者」とは，法人その他の団体及び事業として又は事業のために契約の当事者となる場合における個人をいう。

　3　この法律において「消費者契約」とは，消費者と事業者との間で締結される契約をいう。

（事業者及び消費者の努力）

第3条　事業者は，消費者契約の条項を定めるに当たっては，消費者の権利義務その他の消費者契約の内容が消費者にとって明確かつ平易なものになるよう配慮するとともに，消費者契約の締結について勧誘をするに際しては，消費者の理解を深めるために，消費者の権利義務その他の消費者契約の内容についての必要な情報を提供するよう努めなければならない。

　2　消費者は，消費者契約を締結するに際しては，事業者から提供された情報を活用し，消費者の権利義務その他の消費者契約の内容について理解するよう努めるものとする。

　　　　　第2章　消費者契約の申込み又はその承諾の意思表示の取消し

（消費者契約の申込み又はその承諾の意思表示の取消し）

第4条　消費者は，事業者が消費者契約の締結について勧誘をするに際し，当該消費者に対して次の各号に掲げる行為をしたことにより当該各号に定める誤認をし，それによって当該消費者契約の申込み又はその承諾の意思表示をしたときは，これを取り消すことができる。

　　(1)　重要事項について事実と異なることを告げること。当該告げられた内容が事実であるとの誤認。

　　(2)　物品，権利，役務その他の当該消費者契約の目的となるものに関し，将来におけるその価額，将来において当該消費者が受け取るべき金額そ

の他の将来における変動が不確実な事項につき断定的判断を提供すること。当該提供された断定的判断の内容が確実であるとの誤認。
2 消費者は、事業者が消費者契約の締結について勧誘をするに際し、当該消費者に対してある重要事項又は当該重要事項について当該消費者の利益となる旨を告げ、かつ、当該重要事項について当該消費者の不利益となる事実（当該告知により当該事実が存在しないと消費者が通常考えるべきものに限る。）を故意に告げなかったことにより、当該事実が存在しないとの誤認をし、それによって当該消費者契約の申込み又はその承諾の意思表示をしたときは、これを取り消すことができる。ただし、当該事業者が当該消費者に対し当該事実を告げようとしたにもかかわらず、当該消費者がこれを拒んだときは、この限りでない。
3 消費者は、事業者が消費者契約の締結について勧誘をするに際し、当該消費者に対して次に掲げる行為をしたことにより困惑し、それによって当該消費者契約の申込み又はその承諾の意思表示をしたときは、これを取り消すことができる。
  (1) 当該事業者に対し、当該消費者が、その住居又はその業務を行っている場所から退去すべき旨の意思を示したにもかかわらず、それらの場所から退去しないこと。
  (2) 当該事業者が当該消費者契約の締結について勧誘をしている場所から当該消費者が退去する旨の意思を示したにもかかわらず、その場所から当該消費者を退去させないこと。
4 第1項第1号及び第2項の「重要事項」とは、消費者契約に係る次に掲げる事項であって消費者の当該消費者契約を締結するか否かについての判断に通常影響を及ぼすべきものをいう。
  (1) 物品、権利、役務その他の当該消費者契約の目的となるものの質、用途その他の内容
  (2) 物品、権利、役務その他の当該消費者契約の目的となるものの対価その他の取引条件
5 第1項から第3項までの規定による消費者契約の申込み又はその承諾の意思表示の取消しは、これをもって善意の第三者に対抗することができない。
（媒介の委託を受けた第三者及び代理人）
第5条 前条の規定は、事業者が第三者に対し、当該事業者と消費者との間に

おける消費者契約の締結について媒介をすることの委託（以下この項において単に「委託」という。）をし，当該委託を受けた第三者（その第三者から委託を受けた者（2以上の段階にわたる委託を受けた者を含む。）を含む。次項において「受託者等」という。）が消費者に対して同条第1項から第3項までに規定する行為をした場合について準用する。この場合において，同条第第2項ただし書中「当該事業者」とあるのは，「当該事業者又は次条第1項に規定する受託者等」と読み替えるものとする。

2　消費者契約の締結に係る消費者の代理人，事業者の代理人及び受託者等の代理人は，前条第1項から第3項まで（前項において準用する場合を含む。次条及び第7条において同じ。）の規定の適用については，それぞれ消費者，事業者及び受託者等とみなす。

（解釈規定）
第6条　第4条第1項から第3項までの規定は，これらの項に規定する消費者契約の申込み又はその承諾の意思表示に対する民法（明治29年法律第89号）第96条の規定の適用を妨げるものと解してはならない。

（取消権の行使期間等）
第7条　第4条第1項から第3項までの規定による取消権は，追認をすることができる時から6箇月間行わないときは，時効によって消滅する。当該消費者契約の締結の時から5年を経過したときも，同様とする。

2　商法（明治32年法律第48号）第191条及び第280条ノ12の規定（これらの規定を他の法律において準用する場合を含む。）は，第4条第1項から第3項までの規定による消費者契約としての株式又は新株の引受けの取消しについて準用する。この場合において，同法第191条中「錯誤若ハ株式申込証ノ要件ノ欠缺ヲ理由トシテ其ノ引受ノ無効ヲ主張シ又ハ詐欺若ハ脅迫ヲ理由トシテ」とあり，及び同法第280条ノ12中「錯誤若ハ株式申込証若ハ新株引受権証書ノ要件ノ欠缺ヲ理由トシテ其ノ引受ノ無効ヲ主張シ又ハ詐欺若ハ脅迫ヲ理由トシテ」とあるのは，「消費者契約法第4条第1項乃至第3項（同法第5条第1項ニ於テ準用スル場合ヲ含ム）ノ規定ニ因リ」と読み替えるものとする。

第3章　消費者契約の条項の無効

（事業者の損害賠償の責任を免除する条項の無効）
第8条　次に掲げる消費者契約の条項は，無効とする。

(1) 事業者の債務不履行により消費者に生じた損害を賠償する責任の全部を免除する条項

(2) 事業者の債務不履行（当該事業者，その代表者又はその使用する者の故意又は重大な過失によるものに限る。）により消費者に生じた損害を賠償する責任の一部を免除する条項

(3) 消費者契約における事業者の債務の履行に際してされた当該事業者の不法行為により生じた損害を賠償する民法の規定による責任の全部を免除する条項

(4) 消費者契約における事業者の債務の履行に際してされた当該事業者の不法行為（当該事業者，その代表者又はその使用する者の故意又は重大な過失によるものに限る。）により消費者に生じた損害を賠償する民法の規定による責任の一部を免除する条項

(5) 消費者契約が有償契約である場合において，当該消費者契約の目的物に隠れた瑕疵があるとき（当該消費者契約が請負契約である場合には，当該消費者契約の仕事の目的物に瑕疵があるとき。次項において同じ。）に，当該瑕疵により消費者に生じた損害を賠償する事業者の責任の全部を免除する条項

2　前項5号に掲げる条項については，次に掲げる場合に該当するときは，同項の規定は，適用しない。

(1) 当該消費者契約において，当該消費者契約の目的物に隠れた瑕疵があるときに，当該事業者が瑕疵のない物をもってこれに代える責任又は当該瑕疵を修補する責任を負うこととされている場合

(2) 当該消費者と当該事業者の委託を受けた他の事業者との間の契約又は当該事業者と他の事業者との間の当該消費者契約の締結に先立って又はこれと同時に締結されたものにおいて，当該消費者契約の目的物に隠れた瑕疵があるときに，当該他の事業者が，当該瑕疵により当該消費者に生じた損害を賠償する責任の全部若しくは一部を負い，瑕疵のない物をもってこれに代える責任を負い，又は当該瑕疵を修補する責任を負うこととされている場合

（消費者が支払う損害賠償の額を予定する条項等の無効）

第9条　次の各号に掲げる消費者契約の条項は，当該各号に定める部分について，無効とする。

(1) 当該消費者契約の解除に伴う損害賠償の額を予定し，又は違約金を定

める条項であって，これらを合算した額が，当該条項において設定された解除の事由，時期等の区分に応じ，当該消費者契約と同種の消費者契約の解除に伴い当該事業者に生ずべき平均的な損害の額を超えるもの　当該越える部分
　(2)　当該消費者契約に基づき支払うべき金銭の全部又は一部を消費者が支払期日（支払回数が２以上である場合には，それぞれの支払期日。以下この号において同じ。）までに支払わない場合における損害賠償の額を予定し，又は違約金を定める条項であって，これらを合算した額が，支払期日の翌日からその支払をする日までの期間について，その日数に応じ，当該支払日に支払うべき額から当該支払期日に支払うべき額のうち既に支払われた額を控除した額に年14.6パーセントの割合を乗じて計算した額を超えるもの　当該越える部分

（消費者の利益を一方的に害する条項の無効）
第10条　民法，商法その他の法律の公の秩序に関しない規定の適用による場合に比し，消費者の権利を制限し，又は消費者の義務を加重する消費者契約の条項であって，民法第１条第２項に規定する基本原則に反して消費者の利益を一方的に害するものは，無効とする。

第４章　雑　則

（他の法律の適用）
第11条　消費者契約の申込み又はその承諾の意思表示の取消し及び消費者契約の条項の効力については，この法律の規定によるほか，民法及び商法の規定による。
　２　消費者契約の申込み又はその承諾の意思表示の取消し及び消費者契約の条項の効力について民法及び商法以外の他の法律に別段の定めがあるときは，その定めるところによる。

（適用除外）
第12条　この法律の規定は，労働契約については，適用しない。

附　則

　この法律は，平成13年４月１日から施行し，この法律の施行後に締結された消費者契約について適用する。

著者紹介 (執筆順)

住田 和子 (すみだ かずこ)

□担当　E.H.S.リチャーズの生活環境思想とその時代
　　　——女子高等教育と科学——

藤女子大学人間生活学部教授。1973年，お茶の水女子大学大学院人文科学研究科教育学専攻修士課程修了。光塩学園女子短期大学助教授，広島大学教育学部助教授を経て，1992年より現職。2002年4月より藤女子大学大学院人間生活学研究科教授を兼担。主にE.H.S.リチャーズのヒューマン・エコロジー思想や生涯家政教育・環境教育等を研究。専門はＳＴＳ教育を視野に入れた生活学原論・教科教育学。

北川 誠二 (きたがわ せいじ)

□担当　循環型社会形成を目指して

元藤女子大学人間生活学部教授。福井大学工学部繊維染料学科卒業。北海道立工業試験場勤務の後，藤女子短期大学家政科助教授・教授を経て，1992年～2002年3月まで藤女子大学人間生活学部教授。専攻は，繊維・高分子と染色学の学際面からの衣環境論。

石井 よう子 (いしい ようこ)

□担当　食生活と環境問題

藤女子大学人間生活学部助教授。実践女子大学大学院家政学研究科食物栄養学修士課程修了。藤女子短期大学家政科講師等を経て現職。食環境論，調理学・実習などを担当。

※ 佐 藤　　祝（さとう　のり）

□担当　ホームプロジェクトと学校家庭クラブ活動

藤女子大学人間生活学部教授。日本女子大学家政学部卒業。北海道の高等学校家庭科教諭として勤務の後、北海道立教育研究所研究員、北海道教育委員会指導主事、北海道の高等学校で教頭・校長を務める。1997年より藤女子短期大学教授を経て現職。家庭科教育法、衣環境論、被服実習などを担当。

※ 中 村　　涼（なかむら　りょう）

□担当　人間の発達——発達観を顧みるためのヒント——

藤女子大学人間生活学部講師。1999年広島大学大学院教育学研究科教育心理学専攻博士課程後期修了。博士（心理学）。2000年より現職。2002年4月より藤女子大学大学院人間生活学研究科講師を兼担。社会心理学、発達心理学、臨床心理学等を担当。人間の理解のしくみに関心を持ち、説明文を通した知識獲得過程を研究している。専門は教育心理学・認知心理学。

※ 木 村　晶 子（きむら　あきこ）

□担当　エコロジカルな生き方と宗教

藤女子大学人間生活学部講師。Franciscan University of Steubenville 大学大学院哲学科修士課程修了。1996～1997年南山大学宗教文化研究所非常勤研究員、藤女子大学人間生活学部助手を経て、1999年より現職。主として環境思想について研究。専門は中世宗教哲学。

※ 阿 部 　 包（あべ　くるみ）

　□担当　共生と共同体をもとめて──イエスとパウロの言葉から──

藤女子大学人間生活学部助教授。北海道生まれ。北海道教育大学岩見沢分校卒業。北海道大学大学院文学研究科博士後期課程満期退学。1985年以降北海道女子短期大学講師・助教授・教授を経て、2000年より現職。2002年4月より藤女子大学大学院人間生活学研究科助教授を兼担。主に使徒パウロにおけるユダヤ的伝統との連続・非連続を研究。専門は宗教学・新約聖書学。

※ 内 田 　 博（うちだ　ひろし）

　□担当　オランダにおける共生社会の伝統

藤女子大学人間生活学部助教授。名古屋大学大学院経済学研究科博士後期課程単位修得退学（経済学修士）。名古屋大学経済学部助手，藤女子短期大学講師，同助教授を経て現職。2002年4月より藤女子大学大学院人間生活学研究科助教授を兼担。主に，マルクス以後のマルクス主義，キリスト教社会運動を研究。専門は社会思想史・経済思想史。

※ 高 瀬 　 淳（たかせ　あつし）

　□担当　ＥＵにおける教育政策の展開

藤女子大学人間生活学部講師。広島大学大学院教育学研究科博士課程後期単位修得退学。1994〜95年モスクワ教育大学留学の後，広島大学教育学部助手，文部省大臣官房調査統計企画課専門職員を経て，2000年より現職。主にロシアにおける教師教育や教育行政制度を研究。専門は教育行政学・比較教育学。

※ 川 中　　信（かわなか　まこと）

❏担当　国際理解と福祉，その実践的な展開

藤女子大学人間生活学部助教授。上智大学大学院文学研究科新聞学専攻修士課程修了。日本ユニセフ協会，ユニセフ・ネパール，国際協力事業団（JICA），NGOでもある社会福祉法人基督教児童福祉会（CCWA）等を経て，2000年より現職。2002年4月より藤女子大学大学院人間生活学研究科助教授を兼担。主に子どもと女性の貧困と健康に関する国際協力を実践。国際協力，社会福祉関連科目などを担当。

※ 伊 藤 春 樹（いとう　はるき）

❏担当　福祉教育・福祉体験をする上での課題と実践

藤女子大学人間生活学部教授。上智大学理工学部数学科・文学部社会学科卒業後，同大学大学院文学部社会学科博士課程中途退学。1977年からイタリアに留学し，国立ペルージャ大学医学部卒業，同大学大学院医学部神経学研究科修了（医学博士）。同大学特別研究員を経て，1996年より現職。2002年4月より藤女子大学大学院人間生活学研究科教授を兼担。主にイタリアの精神医療，障害者福祉を研究。専門は障害者福祉。

※ 飯 村 しのぶ（いいむら　しのぶ）

❏担当　消費者としての生活環境

藤女子大学人間生活学部教授。お茶の水女子大学大学院家政学研究科家庭経営専攻修士課程修了。藤女子短期大学家政科講師，助教授を経て，2000年より現職。専門は生活経済論・生活経営論・生活構造論。

マトリクス人間生活学

　　　　　　　　　平成14年11月20日　発行

著　者　藤女子大学人間生活学研究会
発行所　株式会社 溪 水 社
　　　　広島市中区小町1-4（〒730-0041）
　　　　電　話（082）246 － 7909
　　　　FAX（082）246 － 7876
　　　　E-mail: info@keisui.co.jp

ISBN4 － 87440 － 726 － 9　C1036